高等职业教育产教融合系列教材·电子商务类

网店运营实务

主　编　杨银辉　周井娟
副主编　王云平　吴长春

北京理工大学出版社
BEIJING INSTITUTE OF TECHNOLOGY PRESS

内 容 简 介

本书按照网店运营的实际工作过程分为七个主要模块，对应共有 7 章，分别为网店运营前期准备、网店开设基础操作、网店装修、网店推广与营销、网店客服、网店物流与配送和数据运营。全书内容理论与实践相结合，将实际工作项目和鲜活生动的网店运营案例贯穿始终，图文并茂，深入浅出，充分体现了任务引领和项目课程等当今最新课程改革成果的核心思想。

本书可作为电子商务及相关专业网店运营课程教材，也可作为社会网店运营培训教材，还可供网络创业者阅读参考。

版权专有　侵权必究

图书在版编目（CIP）数据

网店运营实务 / 杨银辉，周井娟主编 . —北京：北京理工大学出版社，2020.5（2022.1 重印）

ISBN 978 – 7 – 5682 – 8167 – 6

Ⅰ.①网… Ⅱ.①杨…②周… Ⅲ.①网店 – 运营管理 – 高等学校 – 教材 Ⅳ.①F713.365.2

中国版本图书馆 CIP 数据核字（2020）第 030107 号

出版发行 /	北京理工大学出版社有限责任公司
社　　址 /	北京市海淀区中关村南大街 5 号
邮　　编 /	100081
电　　话 /	（010）68914775（总编室）
	（010）82562903（教材售后服务热线）
	（010）68948351（其他图书服务热线）
网　　址 /	http://www.bitpress.com.cn
经　　销 /	全国各地新华书店
印　　刷 /	三河市天利华印刷装订有限公司
开　　本 /	787 毫米 × 1092 毫米　1/16
印　　张 /	15.5
字　　数 /	360 千字
版　　次 /	2020 年 5 月第 1 版　2022 年 1 月第 3 次印刷
定　　价 /	48.00 元

责任编辑 /	封　雪
文案编辑 /	毛慧佳
责任校对 /	刘亚男
责任印制 /	施胜娟

图书出现印装质量问题，请拨打售后服务热线，本社负责调换

产教融合电子商务系列教材专家委员会名单

主　任：	浙江工商职业技术学院	陈　明
	浙江商业职业技术学院	沈凤池
副主任：	浙江经济职业技术学院	谈黎虹
	金华职业技术学院	胡华江
	嘉兴职业技术学院	李玉清
	浙江盈世控股有限公司创始人	张　军
	北京理工大学出版社	姚朝辉
委　员：	宁波星弘文化创意有限公司	张万志
	浙江工商职业技术学院	史勤波
	长城战略咨询公司	吴志鹏
	浙江工商职业技术学院	蔡简建
	宁波灿里贸易有限公司	唐高波
	浙江工商职业技术学院	刘永军
	宁波卢来神掌品牌策划有限公司	卢奕衡
	浙江工商职业技术学院	俞　漪
	宁波达文西电子商务有限公司	张　军
	浙江工商职业技术学院	许　辉
	宁波云上电子商务有限公司	孙家辉
	浙江工商职业技术学院	蒋晶晶
	宁波云影网络有限公司	王邵峰
	浙江工商职业技术学院	卢星辰
	宁波飞色网络科技有限公司	王云平
	浙江工商职业技术学院	杨银辉
	宁波飞凡电子商务有限公司	沈兴秋
	浙江工商职业技术学院	陈佳乐
	宁波正熙跨境电子商务有限公司	韦全书
	浙江工商职业技术学院	周锡飞

序　言

创建于 2015 年 6 月的宁波市电子商务学院，是由宁波市教育局和宁波市商务委员会授权浙江工商职业技术学院牵头组建的一所集电子商务人才培养培训平台、电子商务创业孵化平台、电子商务协同创新平台、电子商务服务与政策咨询为一体的特色示范学院。学院主要依托各级政府、电商产业园、行业协会、电商企业，探索"入园办学"和"引企入校"的模式，发挥教学育人、服务企业和公共平台等功能，充分体现了产教融合、校企合作的办学理念。

浙江工商职业技术学院正是秉承了产教融合、服务地方经济建设的办学理念，将电子商务、国际贸易（跨境电商）、市场营销等多个专业的教学与实训置于电商产业园区之中，形成了颇具特色的产教园教学模式。这种"入园办学"的模式对教师的专业知识与能力来说无疑是个十分严峻的挑战，而应对挑战的唯一路径就是教师深入企业，参与企业运营与管理，甚至自主创业。经过多年努力，成果是斐然的。电子商务学院的张军老师 2013 年初作为指导教师参与浙江慈溪崇寿跨境电子商务产教园项目的运作，至今已成为浙江盈世控股公司创始人之一，该公司营业额达 20 亿，员工 1 200 人。目前，该公司名下的电商生态园为学校提供一流的学习与实践基地。周锡飞老师获得了全国教师技能竞赛一等奖；许辉老师成为全国知名的电商培训师；蔡简建老师指导学生参加比赛，获得浙江省职业院校"挑战杯"创新创业竞赛一等奖两项、全国高职高专大学生管理创意大赛金奖。更多的教师则是兼任了企业电子商务运营总监、项目负责人等，他们在产教园中成功地孵化多个学生创业团队，其中"飞凡电商"2018 年销售额达 3 亿元之多。

"师者，所以传道授业解惑也"。将自主创业或者参与企业运作、指导学生实战的教学经验与理论形成书面文字，编写成教材，必受益于广大读者，善莫大焉。基于此，浙江工商职业技术学院与北京理工大学出版社共同策划了这套产教融合电子商务系列教材。教材专委会聘请富有创业实践经验的企业家和富有教学经验的专业教师共同开发编写教材，邀请资深电子商务职业教育专家担任教材主审，最大限度地保证教材的先进性与实用性，充分体现产教融合的理念。专委会希望本套教材会对广大同行与学生起到有益的作用。

习近平总书记在党的十九大报告中指出的"完善职业教育和培训体系，深化产教融合、校企合作"，为高职教育在新时代推进内涵建设和创新发展进一步指明了方向。国务院办公厅印发的《关于深化产教融合的若干意见》指出，"深化产教融合，促进教育链、人才链与产业链、创新链有机衔接，是当前推进人力资源供给侧结构性改革的迫切要求，对新形势下全面提高教育质量、扩大就业创业、推进经济转型升级、培育经济发展新动能具有重要意义。"因此，对高职院校而言，必须与行业企业开展深度合作，提高人才培养质量，才能提升学校在地方经济社会发展中的参与度和贡献率。浙江工商职业技术学院的电子商务类专业正是沿着这一正确的道路在前行。

产教融合电子商务系列教材专家委员会

前　言

据中国互联网络信息中心（China Internet Network Information Center，CNNIC）第 44 次中国互联网络发展状况统计报告显示，截至 2019 年 6 月，我国网民规模达 8.54 亿，其中手机网民规模达 8.47 亿，网民规模跃居世界第一位。随着网络环境的改善，网络购物市场的发展也非常迅速，当今我国网络购物用户规模达 6.38 亿，网上购物已经成为网民的主要网络活动之一。面对如此诱人的网购市场，越来越多的企业和个人将目光投向网店运营。网上开店不仅不受时间、地域限制，方便快捷，而且成本低，经营方式灵活，因此近年来发展势头迅猛。

虽然网上开店技术难度不大，但是要经营好一家网店，却需要很多的知识和技巧。本书在对我国当前主流 C2C 电子商务平台（以淘宝网为主）运营规则进行综合分析的基础上，按照网店的实际运行工作过程——市场调研与货源组织、商品图片拍摄与处理、网店注册与装修、推广引流、物流配送、客服与管理选择并组织学习内容。在编写方法上，本书主要采用模块化内容组织模式，每个模块都采用理论与实践相结合的方法，实际工作项目和鲜活生动的网店运营案例贯穿全书，图文并茂，深入浅出，充分体现了任务引领和项目课程等当今最新课程改革成果的核心思想。

本书共分为 7 章，主要内容如下：

第 1 章为网店运营前期准备。介绍淘宝个人店铺、淘宝企业店铺、天猫店铺及其他平台店铺的基本概念，电商零售平台的交易、评价、晋级和处罚规则，网上开店应如何做好货源准备以及如何规避网店经营中存在的进货、金融和物流风险等。

第 2 章为网店开设基础操作。重点以淘宝网为例，介绍如何注册账户、进行淘宝开店实名认证、店铺基本设置和商品的分类与发布。

第 3 章为网店装修。以淘宝网为例，介绍网店装修的原则和作用、如何确定合理的店铺装修风格、电脑端网店首页设计要点、商品详情页设计要点和无线端店铺设计要点等。

第 4 章为网店推广与营销。重点介绍搜索优化、站内（以直通车、钻石展位和淘宝客为主）和站外（以平台、社交媒体和淘宝渠道为主）等几种常见的网店推广手段，以及以淘金币、试用中心、聚划算和天天特价为主要代表的营销手段。

第 5 章为网店客服。介绍网店客服的作用和必备基本功；依据在线接待客户的流程，如何开展进门问好、接待咨询、推荐产品、处理异议、促成交易、确认订单、下单发货、礼貌告别和售后服务等；网店客服相关数据和考核重要指标。

第6章为网店物流与配送。介绍基本的商品包装方法和包装保护技术以及如何实施仓储管理、捡货配货、分类包装和物流配送等。

第7章为数据运营。重点解读网店流量指标和流量来源，并从数据运营的角度对订单和客户进行相关分析。

感谢宁波灿里贸易有限公司的吴长春先生、宁波飞色网络科技有限公司的王云平总经理为本书的编写提供了宝贵的企业案例与数据，感谢沈凤池教授为本书编写提纲的拟订、审核和最终确定提出了宝贵建议。

在本书编写过程中，编者参考了许多资料，大多数引用资料给出了出处，或者列于参考文献中，但难免有所遗漏，在此对为本书的出版提供相关参考资料的同人表示衷心的感谢。

由于时间仓促，编者水平有限，书中难免有不妥和疏漏之处，敬请读者批评指正。

编　者

目 录

第1章 网店运营前期准备 (1)
    1.1 认识网络店铺 (1)
    1.2 电商零售平台规则 (6)
    1.3 网店货源准备 (13)
    1.4 网店运营风险规避 (19)

第2章 网店开设基础操作 (23)
    2.1 账号注册与认证 (23)
    2.2 店铺设置 (32)
    2.3 商品发布与分类 (34)

第3章 网店装修 (58)
    3.1 概述 (58)
    3.2 电脑端网店首页设计 (70)
    3.3 商品详情页设计 (82)
    3.4 无线端店铺设计 (93)

第4章 网店推广与营销 (103)
    4.1 搜索优化推广 (103)
    4.2 站内推广 (112)
    4.3 站外推广 (144)
    4.4 活动营销 (161)

第5章 网店客服 (171)
    5.1 概述 (171)
    5.2 网店客户类型分析 (178)

5.3　网店客服沟通技巧 ·· (180)
　　5.4　网店客服基础数据 ·· (192)

第 6 章　网店物流与配送 ·· (197)

　　6.1　商品的包装方法 ·· (197)
　　6.2　包装保护技术 ·· (204)
　　6.3　网店物流管理 ·· (206)

第 7 章　数据运营 ·· (221)

　　7.1　流量分析 ·· (221)
　　7.2　订单分析 ·· (230)
　　7.3　客户分析 ·· (233)

参考文献 ·· (234)

第1章

网店运营前期准备

当今人类社会的发展已经步入互联网时代。新的时代有新的文明诞生，互联网的高效、快捷颠覆了传统的信息传播方式，其开放和透明还原了人与人之间信任的基础，口口相传也再次以互联网的风格和特点回归，一个生机勃勃的基于互联网的商业新世界正在形成，新的商业文明也开始浮现。"诚信、透明化、责任、全球化"是其前提，"信息时代的商业文明"是其时空定位与推进方向。

随着网络技术与互联网应用环境的日趋成熟，网上营销模式不断创新，越来越多的网民习惯于网上购物，同时很多网民也计划着开设自己的网店，成为网络卖家。网上开店是指以第三方提供的电子商务平台为基础，由卖家自行开展电子商务活动的一种形式，是在互联网时代背景下诞生的一种新的商业模式。但是网上竞争日益激烈，每天都有上百个店铺开张，而能站稳脚跟、能营利的卖家却不多。网店经营若想取得成功，卖家首先需要做好一些前期准备：如了解当前网络店铺的常见形式并能选择适合自身的店铺类型，了解电商零售平台常见规则，了解客户和市场需求并能选择合适的经营项目，以及预测网店运营常见风险并能开展合理的规避对策。

1.1 认识网络店铺

目前主流网络零售平台主要有阿里巴巴旗下的淘宝网（www.taobao.com）和天猫商城、京东商城、拼多多等。在网上开店通常有以下这几种形式：淘宝个人店铺、淘宝企业店铺、天猫商城和其他平台店铺，下面将一一展开介绍。

1.1.1 淘宝个人店铺

淘宝网为亚洲最大网络零售商圈，首页如图1-1所示，由阿里巴巴集团于2003年5月10日投资创办。致力于打造全球首选网络零售商圈。据调查显示，2018年，平均每个月有超过6亿名用户活跃在淘宝网上。每位女性用户平均每天打开淘宝网页约为10次，每位男性用户平均每天打开淘宝网页的次数则在7次左右。

淘宝网的使命是"没有淘不到的宝贝，没有卖不出的宝贝"。淘宝网倡导诚信、活泼、

图 1-1

高效的网络交易文化,坚持"宝可不淘,信不能弃"。在为淘宝会员打造更安全高效的网络交易平台的同时,淘宝网也全心营造和倡导互帮互助、轻松活泼的家庭式氛围。每位在淘宝网进行交易的人,不但交易迅速高效,而且能交到更多朋友。

淘宝网目前业务跨越 C2C(个人对个人)、B2C(商家对个人)两大部分。其中 C2C 就是通常所说的淘宝集市或个人店铺,其开店过程简单易操作,无须缴纳开店费用,是大多数个人店家的主要选择方式。开设淘宝个人店铺的资格条件:阿里巴巴工作人员无法创建淘宝店铺;一个身份证只能注册一个账号并对应创建一个淘宝店铺;相同的账号如创建过 U 站或其他站点,则无法创建淘宝店铺,可更换账号开店;相同的账号如创建过天猫店铺,则无法创建淘宝店铺,可更换账号开店;相同的账号如在 1688 有过经营行为,则无法创建淘宝店铺,可更换账号开店。

淘宝个人店铺的具体开设步骤将在本书后面章节展开详细介绍。

1.1.2 淘宝企业店铺

淘宝企业店铺是指通过支付宝商家认证,并凭借工商营业执照开设的店铺。它是一种介于企业和个人卖家之间的店铺,其开通需要认证企业营业执照,但是又不像天猫商城那样要求企业要有 100 万元以上的注册资金。相比普通个人店铺,淘宝企业店铺在以下几方面具有一定优势:

(1)在店铺信息展示上,注册淘宝企业店铺会在店铺搜索、宝贝搜索、下单页、购物车等页面上都有一个明显的企业店铺标识,用以区分企业店铺和个人店铺。单击店铺页面上的国徽标识,还可以查看其工商营业执照。

(2)在商品发布数量上,企业店铺比个人店铺高出很多。一冠以下的企业店铺可发布的商品数量等同于一冠个人店铺的发布数量。以女装为例,一冠以下的企业店铺可以发布的商品数量提升至5 000;而个人店铺一冠以下的发布数量最多为1 000,一冠至五冠的个人店铺则为5 000。

(3) 在橱窗推荐位上,企业店铺比个人店铺多了10个橱窗位的额外奖励。

(4) 在账号数量上,企业店铺在个人店铺的基础上再增加18个。

(5) 在店铺名设置上,企业店铺可以使用个人店铺不能使用的"企业""集团""官方"等特殊关键词。

(6) 在直通车报名上,企业店铺在信用等级分中的门槛很低,只要大于零即可;而个人店铺则需要考虑其消保保证金情况、信用等级、店铺评分等诸多因素。

企业店铺在申请时,可以法人名义和代理人名义两种方式,其中若以法人名义的,需要企业/实体店铺的营业执照、法人身份证件、银行对公账户;若以代理人名义的,则需要企业/实体店铺的营业执照、法人身份证件、银行对公账户、代理人的身份证或者盖有公司红章的身份证复印件、委托书。

在淘宝网创建企业店铺的具体步骤如下:

第1步:注册淘宝账号和企业支付宝账号。

(1) 注册淘宝账号:在未登录情况下,单击淘宝网首页左上角的"免费注册"按钮,根据页面提示进行操作。

(2) 企业支付宝账号注册和认证:打开支付宝官网(www.alipay.com),单击"立即注册"按钮。

(3) 单击"企业账户"按钮,输入电子邮箱和验证码(公司账户只能使用电子邮箱注册),单击"下一步"按钮。

(4) 单击"立即查收邮件"按钮,进入邮箱进行激活。

(5) 除填写法定代表人外,还需填写实际控制人信息。

(6) 申请企业支付宝账号需要进行实名认证。填写好以上信息后,单击"企业实名信息填写"按钮,继续完成认证。

(7) 在法定代表人这一列选择"立即申请"。

(8) 填写企业基本信息,上传营业执照。

(9) 填写对公银行账户信息。

(10) 填写法人信息,上传法人证件照片。

(11) 法人身份信息审核成功后,等待人工审核(审核营业执照和法人证件,时间为2个工作日)。

(12) 人工审核成功后,等待银行给公司的对公银行账户打款。

(13) 填写确认金额。

(14) 认证成功。

第2步:选择"卖家中心"→"免费开店"→"企业开店"。

(1) 进入"卖家中心"页面,选择企业开店。

(2) 进行支付宝企业认证。

(3) 进行店铺责任人认证。
(4) 签署开店相关协议。
(5) 创建店铺成功。

1.1.3　天猫商城

天猫商城原名为淘宝商城，2012年1月11日开始启用独立域名（www.tmall.com），如图1-2所示。与淘宝个人店铺不同，它是商家对个人的经营模式。天猫商城比普通店铺更具吸引力的是它的服务，它不仅是大卖家和大品牌的集合，同时也提供比普通店铺更加周到的服务。

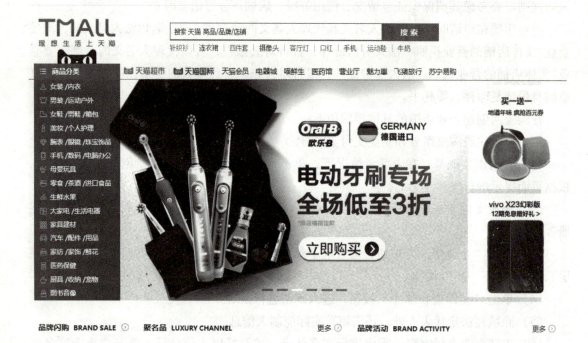

图1-2

天猫店铺包括旗舰店、专卖店和专营店三种类型。其中旗舰店是指商家以自有品牌（商标为R或TM）或由权利人独占性授权入驻天猫开设的店铺，专卖店是指商家持他人品牌（商标为R或TM）授权文件在天猫开设的店铺，专营店是指经营天猫同一经营大类下两个及以上他人或自有品牌（商标为R或TM）商品的店铺。在一个经营大类下，专营店只能申请一家。

开店需提供企业信息与相关资质，如企业营业执照副本复印件、企业税务登记证复印件、商标注册证及授权书等。不同种类店铺需要提供的资质不同。

在天猫经营必须交纳保证金、年费及技术服务费，具体内容如下：

保证金：在天猫经营必须交纳保证金。保证金主要用于保证商家按照天猫的规范进行经营，并且在商家有违规行为时根据《天猫服务协议》及相关规则规定用于向天猫及消费者支付违约金。根据店铺性质及商标状态不同，保证金的金额分为5万元、10万元和15万元3档。

年费：商家在天猫经营必须缴纳年费。年费金额以一级类目为参照，分为3万元和6万元2档。

技术服务费：商家在天猫经营，需要按照其销售额（不包含运费）的一定百分比（简称费率）实时交纳技术服务费。

1.1.4 其他平台店铺

1.1.4.1 京东商城

京东商城（www.jd.com）是京东公司于 2004 年打造的一个 B2C 电子商务平台，专注网络零售。其 2004 年初正式涉足电子商务领域以来，销售额一直保持高速增长。目前京东商城在线销售家电、数码通信、电脑、家居百货、服装服饰、母婴、图书、食品、在线旅游等大类，数万个品牌，百万种优质商品。京东商城首页如图 1-3 所示。

图 1-3

京东商城的经营模式主要分为京东自营、开放平台（Platform Open Plan，POP）和优创店铺。自营就是京东自己进货、销售与配送；而 POP 则是商家利用京东商城平台销售产品，京东仅提供平台服务；优创店铺是在 2017 年 10 月 19 日京东为了响应国家"精准扶贫"及支持"大众创业，万众创新"的政策号召，针对农产品、手工匠人、设计师和产品有品质的个体工商户及个人推出的"优创项目"，并设立优创店铺及频道帮助其入驻京东商城。符合条件的个人或个体工商户只需要提供个人身份证，不需要提供商标，就可以成为京东商城的商家。

1.1.4.2 拼多多

拼多多是一家专注于 C2B 拼团的第二方社交电商平台，成立于 2015 年 9 月。图 1-4 所示为拼多多首页。用户通过发起和朋友、家人、邻居等的拼团，可以以更低的价格购买优质商品。其中，通过沟通分享形成的社交理念形成了拼多多独特的新社交电商思维。目前，拼多多平台的商品已覆盖快消、3C、家电、生鲜、家居家装等多个品类。作为新电商开创者，拼多多致力于将娱乐社交的元素融入电商运营中，通过"社交+电商"的模式，更多的用户可以带着乐趣分享实惠，享受全新的共享式购物体验。目前拼多多已迅速发展成为中国第三大电商平台。

图1-4

1.2 电商零售平台规则

俗话说："没有规矩，不成方圆。"各行各业都有行为规则。在网络零售平台上开店同样也要遵守平台规则，这是在互联网平台上参与人际交往、社区活动、贸易活动时必须遵守的规范、制度和章程，也是作为一个网民理应受到的道德和行为约束。但在实际网上开店的过程中，经常会有一些卖家因为事先准备工作不充分，尤其是对一些比较重要的规则不了解,导致由于违反规则而遭到处罚扣分甚至封停店铺,给自己带来了许多麻烦和损失。所以,在开店之前了解平台规则是很有必要的。本节将以淘宝集市店铺为例,简单介绍淘宝网主要的交易规则、评价规则、晋级规则和处罚规则等。

1.2.1 交易规则

1.2.1.1 注册

（1）会员应当严格遵循淘宝系统设置的注册流程完成注册。会员在选择淘宝会员名、淘宝店铺名或域名时应遵守国家法律法规,不得包含违法、涉嫌侵犯他人权利、有违公序良俗或干扰淘宝运营秩序等的相关信息。淘宝会员的会员名、店铺名中不得包含旗舰、专卖等词语。会员名注册后无法自行修改。淘宝有权回收同时符合以下条件的不活跃账户:

①绑定的支付宝账户未通过实名认证。

②连续6个月未登录淘宝或阿里旺旺。

③不存在未到期的有效业务,有效业务包括但不限于红包、淘金币、集分宝、天猫点券等虚拟资产及其他订购类增值服务等。

（2）会员符合以下任一情形的,其淘宝账户不得更换其绑定的支付宝账户。

①已通过支付宝实名认证且发布过商品或创建过店铺。

②尚有未完结的交易或投诉举报。

③支付宝账户尚未被激活或尚有不可用状态款项。

④申请绑定的新支付宝账户与原支付宝账户的实名认证信息不一致。

⑤其他不适合更换绑定支付宝账户的情形。

1.2.1.2 经营

（1）会员必须符合以下条件,方可按照淘宝系统设置的流程创建店铺或变更店铺经营主体。

①通过淘宝身份认证、提供本人（包括企业及企业店铺负责人等）真实有效的信息,且企业店铺负责人关联的企业店铺数不能超过5家。

②将其淘宝账户与通过实名认证、信息完善的支付宝账户绑定。

③经淘宝排查认定,该账户实际控制人的其他阿里平台账户未被阿里平台处以特定严重违规行为处罚或发生过严重危及交易安全的情形。

（2）已创建的店铺若连续5周出售的商品数量均为零,淘宝有权将该店铺释放。一个淘宝会员仅能拥有一个可出售商品的账户。

（3）会员应当按照淘宝系统设置的流程和要求发布商品。淘宝会员账户已绑定通过实名认证的支付宝账户,即可发布闲置商品,但创建店铺后方可发布全新及二手商品。若会员创建店铺后发布商品,并使用支付宝服务,将视为接受由支付宝（中国）网络技术有限公司提供各类支付服务,并遵守《支付服务协议》有关规定。

淘宝会员发布商品的数量可能受到以下限制:

①淘宝网有权根据卖家所经营的类目、信用积分、违规情形等维度调整其商品发布数量上限。

②淘宝网卖家发布闲置商品不得超过 50 件。

（4）"商品如实描述"及对其所售商品质量承担保证责任是卖家的基本义务。"商品如实描述"是指卖家在商品描述页面、店铺页面、阿里旺旺等所有淘宝提供的渠道中，应当对商品的基本属性、成色、瑕疵等必须说明的信息进行真实、完整的描述。

卖家应保证其出售的商品在合理期限内可以正常使用，包括商品不存在危及人身和财产安全的不合理危险，具备商品应当具备的使用性能，符合商品或其包装上注明采用的标准等。

1.2.1.3 市场管理措施

为了提升消费者的购物体验，维护淘宝市场正常运营秩序，淘宝按照本规则规定的情形对会员及其经营行为采取以下临时性的市场管理措施：

（1）警告。是指淘宝通过口头或书面形式对会员的不当行为进行提醒和告诫。

（2）商品下架。是指将会员出售中的商品转移至线上仓库。

（3）单个商品搜索降权。是指调整商品在搜索结果中的排序。

（4）全店商品搜索降权。是指调整会员店铺内所有商品在搜索结果中的排序。

（5）单个商品搜索屏蔽。是指商品在搜索结果中不展现。

（6）单个商品单一维度搜索默认不展示。是指商品信息在按价格、信用、销量等单一维度的搜索结果中默认不展现，但可经消费者主动选择后展现。

（7）全店商品单一维度搜索默认不展示。是指会员店铺内所有商品在按价格、信用、销量等单一维度的搜索结果中默认不展现，但可经消费者主动选择后展现。

（8）限制参加营销活动。是指限制卖家参加淘宝官方发起的营销活动。

（9）商品发布资质管控。是指会员在特定类目或属性下发布商品时，必须按系统要求上传真实有效的资质信息。

（10）单个商品监管。是指在一定时间内商品信息无法通过搜索、商品链接等方式查看。

（11）店铺监管。是指在一定时间内会员店铺及店铺内所有商品信息无法通过搜索、店铺或商品链接等方式查看。

（12）支付违约金。是指根据协议约定或本规则规定由卖家向买家和/或淘宝支付一定金额的违约金。

（13）卖家绑定的支付宝收款账户的强制措施。是指对与卖家的淘宝账户绑定的支付宝收款账户采取的限制措施，包括但不限于取消收款功能、取消提现功能、禁止余额支付、交易账期延长、交易暂停、停止支付宝服务等。

1.2.1.4 市场管理情形

（1）卖家应积极提升自身经营状况，为消费者提供高品质的商品及优质的服务。对于符合商品品质好、服务质量高等情形的卖家，淘宝会适当给予鼓励或扶持的措施。

（2）会员必须按照淘宝认证要求，提供本人（包含企业）真实有效的信息，提供的信息包括但不限于：身份信息、有效联系方式、真实地址、支付宝相关信息等证明身份真实性、有效性、一致性的信息；对于信息不全、无效或虚假的信息，将无法通过认证。

为保障会员认证信息的持续真实有效，维护消费者权益，对已经通过淘宝认证的会员，淘宝将视情况通过定期或不定期复核的方式，验证认证信息的真实有效性。如果在复核过程中发现会员提供的认证信息不全、无效或虚假，淘宝将依据情形严重程度，采取限制发布商品、下架商品、店铺屏蔽、限制创建店铺等临时性的市场监管措施。

（3）卖家应妥善管理其所发布的商品信息。对近90天内未编辑、未经浏览且未成交的商品，淘宝网将定期进行下架。

（4）经新闻媒体曝光、国家质监部门等行政管理部门通报，系质量不合格的线下某一品牌、品类、批次的商品，或与阿里系平台抽检的不合格商品相同的商品，或其他要求协查的商品及店铺，淘宝将依照其情形严重程度，采取限制发布商品、下架商品、删除商品、商品监管、店铺监管、店铺屏蔽等处理措施对其进行临时性的市场管控，直至查封账户。

（5）卖家若发布有违公序良俗或《淘宝服务协议》的商品或信息（本规则中已有明确规定的，从其规定），淘宝将对该类商品或信息进行临时性的下架或删除处理。

（6）为保障买家的消费权益，淘宝有权基于资金安全风险、商品合规风险等评估，对资金安全风险、商品合规风险较高的订单或其他需要进行交易资金保障的订单采取交易账期延长等支付宝收款账户强制措施。

（7）会员应遵照淘宝交易流程的各项要求进行交易，卖家应合理保障买家权益。

会员如发生危及交易安全或淘宝账户安全的行为，淘宝将依照其行为的危险程度采取支付宝账户强制措施、关闭店铺、店铺监管、限制发货、限制网站登录、限制使用阿里旺旺、限制发送站内信、延长交易超时、限制卖家行为、全店商品屏蔽及全店商品搜索降权等交易安全保护措施对其进行临时性的市场管控。

（8）为保障消费者权益，淘宝网卖家均须提供消费者保障服务，按照淘宝网要求选择订单险、消保保证金或账户交易账期延长作为消费者权益保障工具。须投保订单险但未投保的卖家将被限制发布相应商品；须缴存消保保证金但未足额缴存且经淘宝网催缴后未在5日内缴足的卖家，淘宝网将对其采取店铺屏蔽等临时性的市场管控措施。

1.2.1.5 未按约定时间发货

卖家违背以下任一承诺的，需向买家支付该商品实际成交金额的5%作为违约金，且赔付金额最高不超过30元，最低不少于5元，特定类目商品最低不少于1元；买家发起投诉后，卖家在淘宝网人工介入且判定投诉成立前主动支付违约金的，主动支付违约金达第3次及3次的倍数时扣3分（3天内累计扣分不超过12分）；买家发起投诉后，卖家未在淘宝网人工客服介入且判定投诉成立前主动支付该违约金的，除需赔偿违约金外，每次扣3分。

（1）除特殊情形外，买家付款后，卖家未按约定的发货时间发货的（交易双方另有约定的除外）。

（2）买家付款后，卖家拒绝按照买家拍下的价格交易的（交易双方另有约定的除外）。

（3）买家付款后，卖家拒绝给予买家曾在交易过程中达成的对商品价格的个别优惠或折扣的。

（4）交易订立过程中卖家自行承诺或与买家约定特定运送方式、特定运送物流、快递公司等，但实际未遵从相关承诺或约定的。

1.2.1.6 关于禁售规则

发布淘宝禁售商品是指发布了根据国家法律法规要求或淘宝自身管理要求禁止发布的商

品或信息的行为。

可以在淘宝网规则中搜索查询淘宝禁售商品管理规范并了解细则。

1.2.2 评价规则

淘宝评价体系包括信用评价和店铺评分两种。

信用评价：仅在淘宝集市使用。在淘宝集市交易平台使用支付宝服务成功完成每一笔交易订单后，双方均有权对交易的情况做出相关评价。买家可以针对订单中每个买到的宝贝进行好、中、差评，卖家可以针对订单中每个卖出的宝贝给买家进行好、中、差评，这些评价统称为信用评价。

店铺评分：在淘宝网交易成功后，买家可以对本次交易的卖家进行4项评分，即宝贝与描述相符、卖家的服务态度、卖家发货的速度、物流公司的服务。每项店铺评分取连续6个月内所有买家给予评分的算术平均值（每天计算近6个月之内的数据）。只有使用支付宝并且交易成功才能进行店铺评分，非支付宝交易不能评分。

淘宝网的主要评价规则介绍如下。

1.2.2.1 概述

（1）宗旨原则。为促进买卖双方基于真实的交易做出公正、客观、真实的评价，进而为其他消费者在购物决策过程中和卖家经营店铺过程中提供参考，根据《淘宝平台服务协议》《淘宝规则》等相关协议和规则的规定，制定本规则。

（2）适用范围。本规则适用于淘宝网所有卖家和买家。

（3）效力级别。《淘宝规则》中已有规定的，从其规定；未有规定或本规则有特殊规定的，按照本规则执行。

（4）淘宝网评价。淘宝网评价（简称评价）包括交易评价和售后评价两方面内容。

1.2.2.2 交易评价

（1）入口开放条件。买卖双方有权基于真实的交易在支付宝交易成功后15天内进行相互评价。

（2）交易评价内容。交易评价包括店铺评分和信用评价，其中信用评价包括信用积分和评论内容，评论内容包括文字评论和图片评论。

（3）店铺评分。店铺评分由买家对卖家做出，包括对商品/服务的质量、服务态度、物流等方面的评分指标。每项店铺评分均为动态指标，系此前连续6个月内所有评分的算术平均值。

每个自然月，相同买家、卖家之间的交易，卖家店铺评分仅计取前3次。店铺评分一旦做出，无法修改。

（4）信用积分。在信用评价中，若评价人给予好评，则被评价人信用积分增加1分；若评价人给予差评，则信用积分减少1分；若评价人给予中评或15天内双方均未评价，则信用积分不变。如评价人给予好评而被评价人未在15天内给其评价，则评价人信用积分增加1分。

相同买家、卖家任意14天内就同一商品的多笔支付宝交易，多个好评只加1分、多个差评只减1分。每个自然月，相同买家、卖家之间的交易，双方增加的信用积分均不得超过6分。

（5）追加评论。自交易成功之日起180天（含）内，买家可在做出信用评价后追加评论。追加评论的内容不得修改,也不影响卖家的信用积分。

(6)评价解释。被评价人可在评价人做出评论内容和/或追评内容之时起的 30 天内做出解释。

(7)评价修改。评价人可在做出中、差评后的 30 天内对信用评价进行一次修改或删除,30 天后评价不得修改。

1.2.2.3 售后评价

(1)入口开放条件。买家有权基于真实的交易在售后流程完结后对卖家进行售后评价,特殊类型订单除外。

(2)评价内容。售后评价由买家针对卖家的退款/退货退款等服务进行评价,包括处理速度、服务态度两项评分及一项评论内容。

(3)售后评分。每项售后评分均为动态指标,系该店铺此前连续 180 天内所有评分的算术平均值。

如一张订单涉及多笔交易,每笔符合前述入口开放条件的交易都可进行一次售后评价。每张订单仅取最先生效的评分,计入前述算术平均值中。

每个自然月,相同买家、卖家之间的交易,售后评分仅计取前 3 次。售后评分一旦做出,无法修改。

1.2.2.4 评价处理

(1)评价处理原则。为了确保评价体系的公正性、客观性和真实性,淘宝将基于有限的技术手段,对违规交易评价、恶意评价、不当评价、异常评价等破坏淘宝信用评价体系、侵犯消费者知情权的行为予以坚决打击。

(2)评价逻辑调整。淘宝将根据平台运营需要,调整评价的开放或计算逻辑。

(3)违规交易评价。淘宝有权删除违规交易产生的评价,包括但不限于《淘宝规则》中规定的发布违禁信息、骗取他人财物、虚假交易等违规行为所涉及的订单对应的评价。

(4)恶意评价。如买家、同行竞争者等评价人被发现以给予中评、差评、负面评论等方式谋取额外财物或其他不当利益的恶意评价行为,淘宝或评价方可删除该违规评价。

(5)不当评价。淘宝有权删除或屏蔽交易评价和售后评价内容中所包含的污言秽语、广告信息、无实际意义信息、色情低俗内容及其他有违公序良俗的信息。

(6)异常评价。淘宝对排查到的异常评价做不计分、屏蔽、删除等处理。

(7)评价人处理。针对前述违规行为,除对产生的评价做相应处理外,淘宝将视情形对评价人采取身份验证、屏蔽评论内容、删除评价、限制评价、限制买家行为等处理措施。

(8)积分不重算。评价被删除后,淘宝不会针对删除后的剩余评价重新计算积分。

(9)评价投诉。被评价方需在评价方做出评价的 30 天内进行投诉。未在规定时间内投诉的,不予受理。

1.2.3 晋级规则

淘宝信用等级是淘宝网对会员购物实行评分累积等级模式的设计,每在淘宝网上购物一次,至少可以获得一次评分的机会,分别为好评、中评和差评。

卖家每得到一个好评，就能够积累 1 分，中评不得分，差评扣 1 分。

(1) 评价计分：为好评加 1 分，中评 0 分，差评扣 1 分。

(2) 信用度：对会员的评价积分进行累积，并在淘宝网页上进行评价积分显示。

(3) 评价有效期：订单交易成功后的 15 天内。

(4) 计分规则（含匿名评价）：

①每个自然月中，相同买家和卖家之间的评价计分不得超过 6 分（以支付宝系统显示的交易创建的时间计算）。超出计分规则范围的评价将不计分。

②若 14 天内（以支付宝系统显示的交易创建的时间计算）相同买家、卖家之间就同一商品有多笔支付宝交易，则多个好评只计 1 分，多个差评只记 –1 分。淘宝信用等级和评分对应关系如图 1–5 所示。

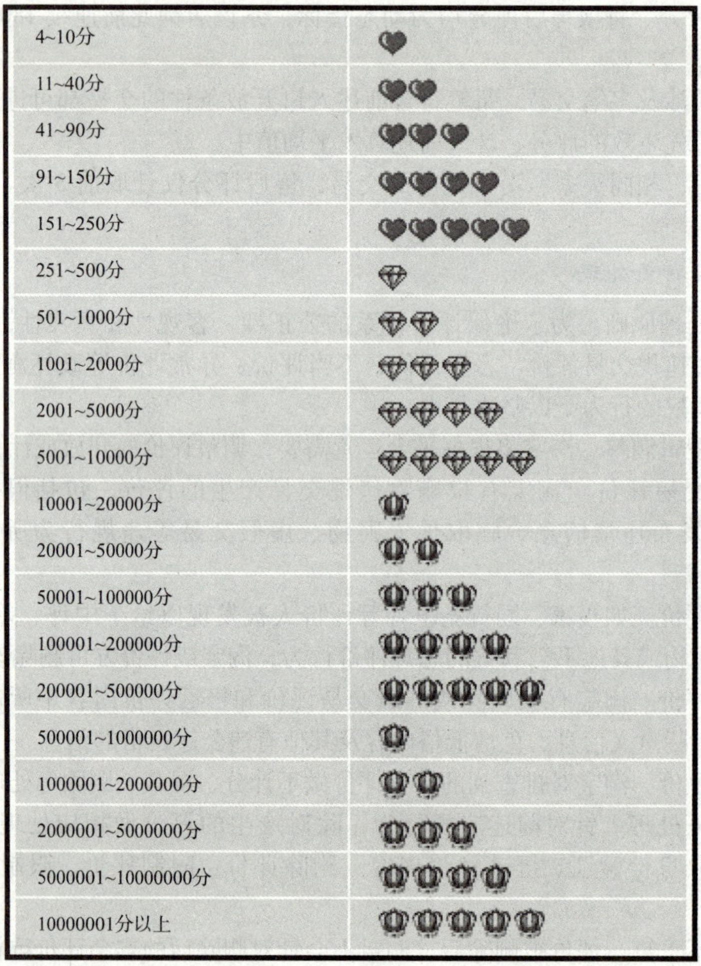

分数范围	等级图标
4~10分	♥
11~40分	♥♥
41~90分	♥♥♥
91~150分	♥♥♥♥
151~250分	♥♥♥♥♥
251~500分	◆
501~1000分	◆◆
1001~2000分	◆◆◆
2001~5000分	◆◆◆◆
5001~10000分	◆◆◆◆◆
10001~20000分	♛
20001~50000分	♛♛
50001~100000分	♛♛♛
100001~200000分	♛♛♛♛
200001~500000分	♛♛♛♛♛
500001~1000000分	♛
1000001~2000000分	♛♛
2000001~5000000分	♛♛♛
5000001~10000000分	♛♛♛♛
10000001分以上	♛♛♛♛♛

图 1–5

1.2.4 处罚规则

处罚规则如下：

(1) A 类，一般违规。一般违规包括滥发信息、虚假交易、描述不符、违背承诺、竞拍不买、恶意骚扰、不当注册、未依法公开或更新营业执照信息、不当使用他人权利。

（2）B类，严重违规。严重违规包括发布违禁信息、假冒材质成分、盗用他人账户、泄露他人信息、骗取他人财物、扰乱市场秩序、不正当谋利、拖欠淘宝贷款。

（3）C类，出售假冒商品。出售假冒商品的，淘宝删除会员所发布过的假冒、盗版商品或信息。同时，淘宝将视情节严重程度，对其支付宝账户采取强制措施、查封账户、关闭店铺、店铺监管、限制发货、限制发布商品、限制网站登录、限制使用阿里旺旺、限制发送站内信、延长交易超时、店铺屏蔽及全店商品搜索降权、全店或单个商品监管、商品发布资质管控、限制发布特定属性商品、限制商品发布数量等处理措施。

1.3 网店货源准备

1.3.1 了解客户和市场需求

网上开店之初，要先对市场做一次全面的调研，了解市场的方向和顾客的需求，这样才能选对产品。

1. 客户永远比产品提供者更聪明

"客户永远比产品提供者更聪明，想到的永远比产品提供者早"，这是网店卖家首先要记住的一点。在选择网店经营项目时，不能想当然地认为"我卖的产品，客户一定会喜欢"。事实上，客户喜欢什么，需要什么，不是由卖家来决定，而是由客户的需求来决定的。因此，在寻找网店经营项目之初，应尽量多深入接触人群，有目的地了解和统计人们的想法，了解他们最想得到什么样的产品或服务，这样的调研工作在选择经营项目之初非常重要。

2. 切忌盲目跟风，抓住市场长尾

很多人在开网店找经营项目时会一味地跟风，看市场上卖什么最火，自己也赶紧跟着卖。其实在选择经营产品时，长尾理论或许能帮大家快速挖掘出市场的盲点，增加成功的机会。

长尾理论是一种网络时代兴起的新理论，由美国人克里斯·安德森提出。他发现在某个音乐唱片网站上，不管是什么类型的音乐唱片都有自己的销量，不仅热门的音乐受到追捧，客户对非热门的音乐也有着无限的追求，但非热门音乐的提供却相对很少。

长尾理论如图1-6所示。主体部分代表畅销商品，长尾部分代表冷门商品。从图1-6中可以发现，在主体畅销商品之后那条长长的非畅销商品长尾也占据着很大一部分市场空间。

根据长尾理论，在网店经营中，很多时候，顾客看倦了畅销商品，往往希望能通过网络买到一些传统店里买不到的商品，即非畅销商品。因此，要经营好网店，我们必须针对客户的心理和需求做出相应的分析和市场调查，了解市场上最缺什么，努力挖掘并抓住市场的长尾。

通常可以从以下几方面来进行合理的店铺定位。

（1）做特色——爱情主题、送礼主题、特定人群等。比起有成千上万人在卖的化妆品、服装、数码产品等，你如果不做出自己的特色，是很难冒出头的。你可以选择别人做得比较

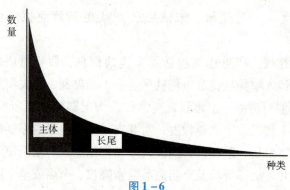

图 1-6

少的东西，做好做精。

（2）做稀缺——利用当地货源外地难以买到的优势。什么地方都有自己的特色，你可以找一些本地的特色产品来卖，如新疆的葡萄干、杭州的西湖藕粉和茶叶、广西的绣球、昆明的鲜花等。

（3）做整合——家居大卖场、IT 大卖场、化妆品大卖场等。不要仅盯住一个牌子，可以多个牌子一起卖，什么好卖就卖什么，买家需要什么就卖什么。便宜又好的宝贝大卖场，也是很好的经营方式。

（4）做平价——根据自己掌握的低价货源优势。如果你有认识的朋友正好开了一家服装厂，而你又可以拿到非常便宜的货，那么你完全可以考虑做平价，因为你有优势，至少是价格上的优势。

1.3.2　寻找最适合网店经营的商品

选择合适的商品对网店经营来说至关重要。寻找到好的商品和有竞争力的货源是迈向成功的第一步。纵观现在网上经营的业务，从化妆品、数码产品、家用电器、服装配饰到充值卡、网游物品、打折机票等，种类繁多，似乎只有人们想不到的，没有网上卖不了的。那么到底该如何寻找到最适合网店经营的商品呢？

1.3.2.1 评估自身的条件

网店经营存在一定的风险，在创业之初和创业的过程中都会遇到这样或那样的麻烦。俗话说"做熟不做生"，所以要先评估自己的条件，发掘出自身的兴趣、能力、资本等，并选择与自身条件相匹配的经营项目，才能有助于网店经营的成功。

下面的问题有助于完成对自身条件的评估。

1. 评估自身的兴趣

（1）你是否有一些自己的收藏？

（2）你是否有某些特殊的喜好？

（3）你是否对做某件事表现出特别的兴趣？

（4）你能从做某件事中体会到快乐吗？

（5）你可以做一件事很久都不嫌累吗？

（6）如果遇到困难，你还可以继续做下去吗？

2. 评估自身的技能

（1）你有创造力吗？

（2）你对某些东西有独到的眼光吗？

（3）你是否具有某方面的艺术才能？

（4）你擅长自己动手修东西吗？

（5）你很擅长玩游戏吗？

（6）你在哪方面特别容易受到别人的称赞？

（7）你是否具有独特的学识？

（8）你掌握了某方面的专业技巧吗？

3. 评估自身的资本

（1）你拥有一些特殊的人脉关系吗？

（2）你生活在一个特殊的城市吗？

（3）你的经营资本很充足吗？

（4）你有充足的时间吗？

通过上面的问题，是不是对自己的兴趣、能力和资本等方面都有了新的认知和定位？这些都是选择经营项目时需要考虑的潜在因素。成功永远留给有准备的人，对自己有了清楚的认识，下一步的选择才会更加到位。

1.3.2.2 选择最适合自己的商品

经营网店与经营传统店铺有较大区别。对前者来说，首先要考虑运输的成本和便利性，其次是价格。如果网店和实体店铺经营的商品相同，价格也相差无几，相信多数消费者还是会倾向于选择能亲眼看见实物的传统店铺。再次，相比传统店铺，网店的劣势在于它的虚拟性和远程性，消费者只能通过文字、图片等了解商品，而无法感受到实物，因此承担的风险相对变大。所以，不是所有的商品都适合在网上销售。

适宜在网上销售的商品通常具备以下特点。

1. 方便运输

运输方便是选择网络销售商品要考虑的首要因素。网络带来了异地购买，同时也带来了运输的麻烦。例如大件货品，它的运输成本甚至可能高于商品本身。从卖家的角度来看，经营网店的最大优势在于其所售商品的低价，但若运输成本过高，这个"附加值"可能会远远高于商品的折扣，消费者综合考虑后会大大降低购买欲。此外，易碎物品也不宜选择网络销售的方式；一方面，消费者因担心运输问题而谨慎购买；另一方面，卖家也要承担相应的风险，一旦运输过程出现问题，快递公司或客户的赔付问题会引起不必要的麻烦。

2. 高附加值

价格过低甚至低于运费的单件商品是不适合在网上销售的，除非进行捆绑销售，否则价格过低的商品只能作为网店其他商品的配角，作为附带销售的商品。例如，在网上销售价格低廉的腰带、袜子等，如果是单宗购买，消费者几乎不会愿意为这样的小件商品支付运费，而且在消费者的心中，价格低廉的商品也多被划入不值得购买的行列，商品本身很难吸引消费者。因此，网络销售商品时应选附加值高的商品。

3. 人无我有的特殊商品

所谓"物以稀为贵",如果商品随处可见,买家多半不会选择从网上购买(当然,价格有特别优势的除外)。因此,要在传统店铺中分一杯羹,又要在众多网店中独树一帜,选择独特的商品尤为重要,这将使卖家以差异化的竞争优势赢得更多消费者的青睐。

下面为商品做了一些分类,以便快速甄选出适合经营的特殊商品。

(1)自己手工DIY或请专人定做的特殊商品。一般这类商品最具独特性,因为其中包含了特殊的智慧和含义,除了具有特殊的手工和收藏价值外,还具有唯一性,符合现今人人都想追求个性化的时代需求。但手工定制、富有个性的同时也意味着商品价格不能被大多数人接受,不是大众化的消费品,因此,买家付出的代价和风险也会相对较高。

(2)来自国外或特定城市的特殊商品。这是利用地域之间的差异赚钱。国外有许多不错的产品,而由于国际贸易或商品流通等方面的原因,国内的消费者只能看到听到而不能拥有,这些商品一旦进入中国市场很可能会受到人们的追捧。另外,中国幅员辽阔,大部分城市都有自己的特殊商品,如特色小吃等特产等也可以用来网上交易。还有存在地区差异的商品,如电器类的商品在沿海城市如广州、深圳要比内陆便宜很多,而收藏品在一些古城如北京、西安要比沿海城市便宜很多,利用这样的地区差异来赚钱也未尝不是一个很好的选择。

(3)可以用来买卖的特殊服务。服务一旦具有商品的特性,也可以当作商品来销售。现在网站上已经有人开始买卖自己的时间,就是把自己的某段时间放到网上,利用这段时间做买家要求做的事,如照顾老人、接送小孩等。虽然买卖特殊服务在我国刚起步,但并不是没有市场,只要仔细研究消费者市场,找出别人真正需要的服务,说不定会开拓出一片别人没有企及的"疆土"。

(4)人有我廉的一般商品。除了经营特殊商品外,一般商品都适宜放到网上出售,前提是需要有较大的价格优势,即人有我廉。众所周知,由于网上经营店铺可以省去房租、税费等,因此商品的售价一般也会比传统店面低很多,而一般商品又属于经常性消费品,因此,经营一般商品也是经营风险最小的一种选择。

1.3.3 多种进货渠道

好的进货渠道将会带来更强的竞争优势,因此,如何进货、进好货,是网店卖家很关心的问题。下面列出几种常见进货渠道的优劣势,以及进货时要面临的一些问题,以帮助大家找出最适合自己的进货渠道。

1.3.3.1 从批发市场进货

这是比较方便的方法。每个城市都有自己的批发市场,比较有名的是义乌小商品城、上海城隍庙和七浦路、杭州四季青等。那么从这些批发市场进货到底有哪些优、劣势,哪些卖家适合在批发市场进货呢?

1. 批发市场进货的优势

(1)货品丰富。全国大大小小的批发市场分布在我国的各大中小城市。大到家用电器、家装家具,小到衣服鞋帽、玩具、配饰,只有人们想不到的,没有批发不到的,因此,批发市场货品的丰富可见一斑。

（2）货品可以亲见，满意度高。批发市场进货有一个最大的优势，那就是批发商可以亲眼见到实物，任意仔细检查货品的做工，检验货品的用料；可以面对面和店主讨价还价，商量如何退货、包装、补货等。

（3）便于摸清市场行情，减少进货风险。开店不能忽略的步骤就是进货前必须先做市场调研，对进货种类做到心中有数，这样才能进到物美价廉的货物，减少进货带来的风险。批发市场就提供了这样一种平台，可以多问多看多转，有利于摸清市场行情，做到心中有数。

（4）进货成本无须太高。国内众多批发市场进货一般5件、10件起批，所以，若是初来乍到的创业者，可以选择从批发市场进货，这样一次付出的成本可以不用太高。

2. 批发市场进货的劣势

（1）经过中间商，商品价格不会太低。去批发市场进货，非常考验进货人讨价还价的能力。同样的商品，有些人5元就可以拿货，有些人却需要15元或20元，甚至更高。为什么会有这样的差别呢？因为批发市场的货物是包含了中间商利润的货物。

（2）商品太多，令人眼花缭乱，无从选择。有些人一开始就明白自己想要什么，有着明确的目标；而有些人一见到种类繁多的货品就迷失了目标，不知道自己到底需要什么了。

（3）劳心劳力。去批发市场进货是一件劳心劳力的工作，不仅需要自己不断地睁大眼睛看张开耳朵听，而且还要和店主讨价还价，和其他经营者切磋；进到货品后还要妥善保管，合理托运。

3. 批发市场进货的要点

（1）合理着装，尽量让自己看起来像一个经验丰富的进货人，以便拿到便宜的货。
（2）控制进货数量，防止压货。
（3）货比三家。
（4）钱货当面算清，并管理好自己的财务。
（5）保留中意店铺的联系方式。

1.3.3.2 从厂家进货

从批发商处进货是一种适合小本经营的初创业者的进货渠道，而直接去厂家进货则对订货量、销售政策等有较高要求。若资金充足，或通过亲戚朋友的关系能联系到厂家，则这种进货方式不但可以降低成本，供货渠道也能得到保证。

1. 从厂家进货的优势

（1）减少周转环节，保证最低进价。从厂家直接进货可以减少周转环节，保证进价最低，可以薄利多销，增加利润，有利于在竞争中占据优势。

（2）保证商品质量。目前市场上假冒伪劣产品较猖獗，有时批发商都不清楚自己进的货是不是正品，因此从厂家进货可以保证商品质量。

（3）商品供应稳定。只要同厂家保持良好的购销关系，便可以和厂家形成稳定的产销链，互惠互利，以求"共赢"。因此，较之其他进货渠道，从厂家进货基本不会出现断货或找不到货源的情况，产品供应稳定，省心省力。

2. 从厂家进货的技巧

（1）多家进货，控制好质量。

（2）进畅销的品种，注意选择产品的种类和数量。

（3）多总结进货信息，为以后进货做好充分的准备。

（4）关注外贸尾货。很多外贸厂商的剩余产品价格通常十分低廉，如果可以通过熟人买进，转手卖掉，利润将会非常丰厚，但需要注意的是产品介绍中最好标明是外贸尾单。

1.3.3 从网上进货

若觉得从批发商处进货需要不断跑腿、淘货，身心都比较累；从厂家进货又缺乏大量的资金，或没有合适的人脉关系，那不妨考虑从网上进货。

1. 从1688进货

1688（//www.1688.com）的前身就是阿里巴巴网站，主要以批发和采购业务为核心，目前已覆盖原材料、工业品、服装服饰、家居百货、小商品等18个行业大类，提供原料采购、生产加工、现货批发等一系列的供应服务。1688有非常多的厂商和批发货源，商品种类齐全，如图1-7所示。

图1-7

若要在1688进到合适的好货，则需要有足够的耐心和高超的搜索能力，下面是几点常用的策略：

（1）一定要用支付宝。阿里巴巴的一大优势，就是可以使用支付宝维护自己的权益不受侵害，如果货品质量不合格，可以选择退款。

（2）多做比较。这是通过任何渠道进货都必须注意的事项。无论对产品质量，还是进货价格，都要多观察，多了解，一定多看几家店铺并先索取产品报价单和相关相册图片，把好质量关。

（3）选择更好的产品。在1688进货也要有所选择，如特价商品就是不错的货源，还有一些清仓甩卖的商品，关键在于自己的眼光。

2. 寻找代理，成功加盟好店

现在淘宝上有许多大卖家，他们自己经营店铺的同时也开展网络加盟和代销业务。对于新手来说，与大卖家合作也是不错的选择。加盟好店的一大优势就是在诚信和服务上更有保证，而且彼此的交流与合作也会比与一些传统的供货商合作更愉快。当然，除了淘宝大卖家，网上也有不少独立的电子商务平台提供网络加盟或代销业务，这些都是不错的代理选择。而选择加盟或代销的劣势，则是在价格方面没有直接从厂家拿货有优势，而且不一定保证能得到好的货源。

1.4 网店运营风险规避

网上开店虽然门槛低，经营灵活，但若要使店铺稳步发展，就要培养风险意识，能事先预测并分析经营中可能遇到的风险。只有经营者始终保持压力和风险意识并充分估计各种可能出现的问题并及时处理，制定适合企业发展的战略，才能保证店铺正常、安全地运营。

1.4.1 进货风险

创业开店是一种风险投资，必须遵循量力而行的原则。店主用自己的血汗钱开店，应该尽量避免风险大的事情发生，要将为数不多的资金投入风险较小的事业中。

很多店主最初的进货量很小，所以在大的进货商那里进货就会受到排斥，或者进货价格很高，于是大部分店主会去小批发商那里进货，但从小批发商处进货，就有可能面临商品质量不稳定的风险。

店主在去进货之前，必须掌握一定的专业知识，否则很容易上当受骗；而且在进货时，店主要睁大双眼，看好商品的做工与材质，并且要和商家讲好条件（最好有书面合同），如果出现质量问题，要包退包换。对于一些季节性商品，店主在进货时还要考虑进货的季节性和时尚性。

在淡季，厂家为了维持持续的生产能力，解决资金压力，往往采取一定幅度的降价措施把产品处理给经销商。在市场起伏的阶段，充分分析产品的未来销售能力，充分利用阶段性的价格优势，也是经销商最大化利润且占领市场的必备手段。

但是，在大多数情况下，网店经销商的资金往往局限在一个或少数几个品牌，只有卖掉库存才能缓解资金压力，在这种情况下经销商是最被动的。因此，淡季产品储备行为也往往被认为风险是最大的，只要投资出错，资金被冻结，经销商就会遭到毁灭性的打击。

只有研究市场，了解市场，而后根据自身的实际情况制订出适合自身的发展计划，才能预测可能遇到的风险。

对于网店经营者来说，合适地应用淡季储货、旺季促销、独辟蹊径将会带来更大机会和更多利润。

1.4.2 金融风险

网上开店有利润，也有风险，既要防备黑客，又要防备骗局，只有提高警惕才能规避金融风险。规避金融风险的主要内容之一是账户防盗，即如何保护账户安全，使账号密码不被他人盗取。

以淘宝网为例，下面这些密码是需要特别注意保护的：

淘宝的登录密码：登录 + 编辑 + 设置。重要度 4 星。

支付宝登录密码：登录 + 查询 + 设置。重要度 4 星。

支付宝支付密码：支付 + 退款。重要度 5 星。

网银的相关密码：登录 + 付款。重要度 5 星。

注册邮箱的密码：找回相关密码。重要度 5 星。

在设置密码时，需要遵循以下几条原则：

首先，安全 + 容易记忆。不能自己设置的密码到最后自己也想不起来了。

其次，使用英文字母和数字及特殊符号的组合，如 WellDone869@%，该密码使用了大小写英文字母 + 数字 + 特殊符号，安全度较高。

最后，请避开下面几点误区：

（1）密码和会员登录名完全一致。

（2）密码和联系方式中的电话号码、传真号码、手机号码、邮编邮箱的任何一个一致。

（3）密码用连续数字或字母，密码用同一个字母或者数字，简单有规律的数字或者字母排列。

（4）密码用姓名、单位名称或其他任何可轻易获得的信息。

为了让密码更加安全，现给出一些可供参考的做法：

（1）设置安全密码。

（2）输入密码时建议用复制 + 粘贴的方式，这样可以防止被记键木马程序跟踪。

（3）建议定期更换密码，并做好书面记录，以免忘记。

（4）不同账户设置不同的密码，以免一个账户被盗造成其他账户同时被盗。

（5）不要轻易将身份证、营业执照及其复印件、公章等相关证明材料提供给他人。

防止密码被盗，除了上述几点，更要注意的是来自钓鱼网站的风险。

案例一：

"掌柜的你好，我看中了一个包，你看能进到么？图片你接一下，多谢了哦。"

这种情况，一般是发来一个压缩文件，里面往往是病毒木马。如果你运行了，那么计算机也就中毒了，如果电脑杀毒软件没有经常升级，或者是干脆没有杀毒软件，那么对方可以完全控制你的计算机。

案例二："请问你店铺内的这件商品有么？" + 类似淘宝商品链接，如图 1-8 所示。

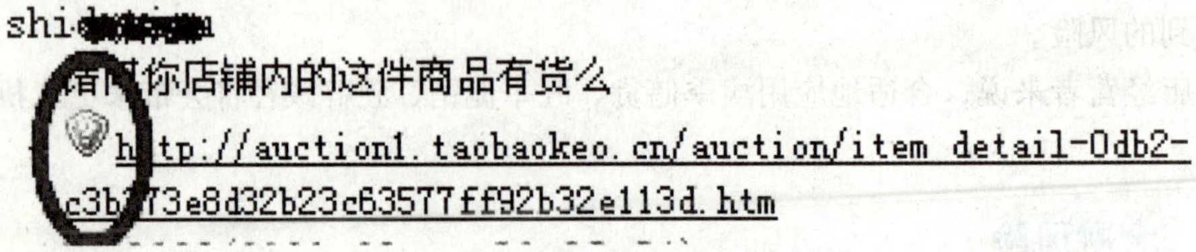

图 1-8

大家注意看图 1-8 中的链接前面的网址，并不是淘宝的网址。如单击进入该网址，那么会提示你输入淘宝 ID 和登录密码。如果你在这里输入了淘宝 ID 和登录密码，那么下一个页面会继续让你输入支付宝的支付密码。大家可以想象一下，后果会是怎样？

案例三：

某天，某位淘宝掌柜的信箱收到这样一封邮件：银联用户××向你建立了一笔跨行交易付款，你需要登录以下地址来激活，才能收到货款。

这个邮件的目的是什么呢？就是为了骗取你的银行卡号和密码。

那么，有哪些方法可以防范这些钓鱼网站呢？

(1) 及时升级浏览器和操作系统，及时下载并安装相应补丁程序。

(2) 安装正版的杀毒软件和防火墙。

(3) 尽量不要在网吧登录。

1.4.3 物流风险

物流配送是影响网络交易的重要因素。要真正降低送递成本、提高配送能力、充分发挥网络交易的优势，卖家需要注意物流风险。为了避免商品在运送过程中出现意外，下面几条建议供大家参考。

1. 选择合适的快递公司

在选择快递公司时，应尽量选择相同价格中服务好、全国直属网点多，也可以根据自身的实际情况在不同的城市选择不同的快递公司。一切以方便、快速、有保障为前提。建议新手卖家可以优先选择支付宝推荐的物流，其具有以下特点：

(1) 网上下订单，物流部门免费上门取件，支付宝系统自动修改交易状态。

(2) 货物丢失或损坏能得到及时理赔。

(3) 除 e 邮宝和网上 EMS 外，其他推荐物流享受先验货、后签收的权利。

(4) 物流专职客服在线解答问题。

(5) 使用 e 邮宝和网上 EMS，在买家签收后 7 天，使用其他推荐物流在买家签收后 3 天，支付宝将自动打款给卖家。

选择好快递公司以后，要与他们签定协议，以保障自己将来的利益。协议一般包括以下几点：

(1) 明确各自的责、权、利，以及服务细则和签收要求。

(2) 注明发货方享受的优惠折扣标准。

(3) 邮资结算周期和支付方式。

(4) 货物损坏、丢失的赔偿处理原则。

(5) 合作期限与合作解除条款。

2. 清晰传达物流信息

除了要对商品进行详尽的描述介绍外，还应该对物流方式及价格说明、掌柜联系方式、售后服务等方面进行介绍。这样既可以让买家在第一时间了解相关信息，还可以大大减轻售后服务压力，并在某种程度上营造店铺的专业形象。

3. 仔细分类包装，确保发货时包装牢固

图 1-9 所示为包装过程中常用到的材料。

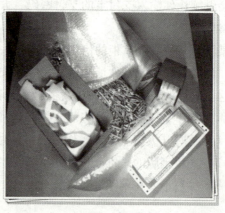

图 1-9

大家要根据所售商品的实际情况，小心仔细地对商品进行包装，不能掉以轻心。如果是易碎品，就更加要多几道工序以确保货物能安全送到买家手中。

4. 保存单据，保留必要的凭证

为了确保自身的利益，发票、收据、发货单、保修卡、证书等必要的凭证都需要整理并保留好，以备不时之需。填写发货单时应注意：

（1）收件人的详细地址、电话等不要漏写。

（2）注明收件人要求的到货时间。

（3）注明商品编号和物流过程中需注意的方面。

（4）选择是否保价，若需要保价，则应填写保价价值。

（5）写上签收提醒及备注栏内容。

5. 保持联系并及时跟踪

发货后要及时告知买家并保持联系，及时跟踪物流信息，并提醒买家收货时的注意事项。

第 2 章

网店开设基础操作

网上开店不需要支付昂贵的店面租金,入行门槛低,同时操作简单,利润也较大。对于许多希望开店创业又难以投入太多资金的人来说,开网店无疑是较好的选择。

网上开店成功的关键是需要选择一个合适的平台,本书第 1 章介绍了当前国内主流的一些网络零售平台。在选择网络零售平台之前,先来讨论要不要把所有的"鸡蛋"放在一个"篮子"里。如果坚持要将所有的"鸡蛋"放在一个"篮子"里,那么就要选择一个实力较强大的"篮子",把全部"鸡蛋"放入其中并小心看管;反之,如果觉得反正都是免费服务,空着"篮子"是一种浪费,那么可以根据每个"篮子"的情况选择放入"鸡蛋"的数量和先后次序。对于初开网店的新手,建议先集中精力经营一个网店,然后慢慢地将生意扩展到其他平台上。其实各个网络零售平台的开店流程基本大同小异,都要经过账号注册与认证、商品发布与管理、店铺设置等环节。本章主要介绍淘宝个人网店的开店流程,其他网店可以举一反三。

2.1 账号注册与认证

2.1.1 账号注册前期准备

为了提高淘宝网账号注册的成功率,在注册前需要做好以下准备工作:
(1) 卖家必须年满 18 周岁并且有二代身份证。
(2) 属于本人的一张开通了网上银行的银行储蓄卡(非信用卡,信用卡不能作为开店证明材料)。
(3) 属于本人的一部手机并能够正常通话,以供注册淘宝、安装一些淘宝必要的辅助组件时接收验证码使用。
(4) 电子版本人身份证正反面照片。
(5) 电子版本人双手持身份证正面的上半身照片,如图 2-1 所示。
小贴士:
(1) 照片应免冠,建议不化妆,五官可见。
(2) 身份证全部信息需清晰无遮挡,否则将无法通过认证。

(3) 完整露出手臂。

(4) 请勿使用任何软件对照片进行处理。

(5) 支持 jpg/jpeg/bmp 格式，最大不超过 10 MB。

图 2—1

2.1.2 账号注册

第 1 步：进入淘宝网首页（www.taobao.com），单击左上角的"免费注册"按钮，如图 2—2 所示。在跳转的页面中，首先设置用户名，需要验证手机号码，在这里填写自己的手机号码。向右拖动箭头，成功后单击"下一步"按钮，接着手机会收到验证码，把验证码填入机号输入框中，单击"下一步"按钮，如图 2—3 所示。

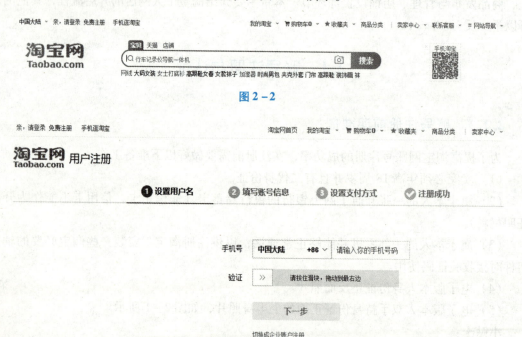

图 2—2

图 2—3

第 2 步：(如百果园美食、新疆特产美食等) 为店铺取一个合适的会员名，因为会员名一旦注册成功将无法更改。好的名字是成功的开始。每位卖家都希望自己的店铺和 ID 能够让买家印象深刻，以便于买家快速搜索到。所以，淘宝会员名要选择琅琅上口的名字，最好与出售的商品有一定关联，能让买家看到 ID 就会有美好的感觉和联想，而不是一些抽象的数字或生僻的汉字。若要在 ID 中加入英文字母，则应注意不要将容易混淆的数字和字母放在一起，如字母 o 和数字 0。

接下来设置密码，如图 2-4 所示。为了账号安全，在设置密码时请参考以下建议：
(1) 密码为 6~20 个字符的长度。
(2) 设置时应使用大小写英文字母、数字和符号的组合，如 heQQma_8301 或者 7756yyh#$等，尽量不要有规律。
(3) 定期更换密码，并做好书面记录，以免忘记。
(4) 在淘宝和支付宝中设置不同的密码，以免一个账户被盗造成其他账户同时被盗。
(5) 如果设置以下安全性过低的密码，系统会提醒你修改密码，直至符合安全性要求。
①密码与会员名相同。
②单独的英文字母。
③单独的数字。

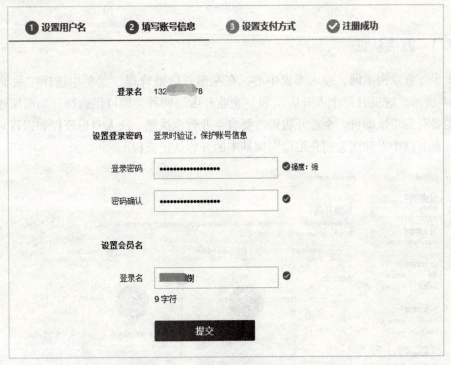

图 2-4

第 3 步：进入设置支付方式页面（图 2-5），在这个页面需要输入银行卡号、持卡人姓名、证件、手机号码等信息。注意，这里应填写的银行卡号是指储蓄卡，而非信用卡。同时，还要设置支付密码并确认，为保护账户安全，此处设置的支付密码必须与前面的登录密码不一致。信息填写完毕后，单击"同意协议并确定"按钮，则账户注册成功，然后继续进行开店认证。

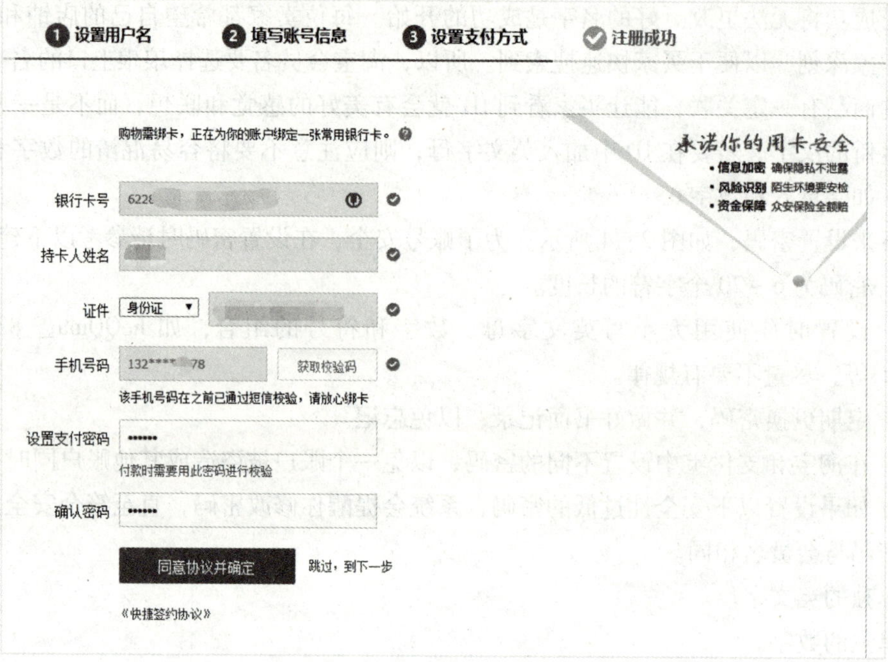

图 2-5

2.1.3 开店认证

第1步：登录淘宝网，进入卖家中心，在左侧"店铺管理"菜单中选择"我要开店"，如图 2-6 所示。这里有"个人开店"和"企业开店"两种类型可供选择，如前所述，个人开店只需要有身份证即可，企业开店则需要有企业营业执照、法人身份证件和银行对公账户信息等。本节以个人开店为例介绍淘宝网基本的开店认证流程。

图 2-6

第2步：单击"个人开店"按钮，进入图2-7所示页面，依次进行支付宝实名认证和淘宝开店认证。其中淘宝开店认证分为电脑端认证和手机淘宝客户端认证（必须是手机淘宝最新版）两种方式，系统会根据网络环境做出指定推荐。

图2-7

1. 认证方式一：电脑端认证

开店入口：单击"免费开店"按钮。

认证流程如下：

（1）当完成支付宝实名认证操作，返回免费开店页面时，可以进行淘宝开店认证的操作，如图2-8所示。

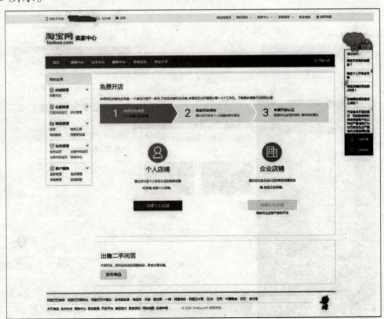

图2-8

（2）单击"创建个人店铺"按钮，会进入淘宝网身份认证页面，单击"立即认证"按钮，如图2-9所示。

图2-9

（3）通过手机淘宝客户端"扫一扫"功能扫描二维码。若未下载手机淘宝客户端，则需要单击二维码图中的"下载淘宝客户端"按钮进行下载，下载安装完成后使用手机淘宝客户端中的"扫一扫"功能进行认证。然后根据手机页面提示依次进行操作，如图2-10～图2-12所示。

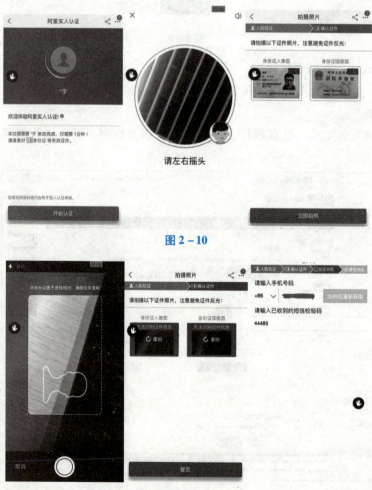

图2-10

图2-11

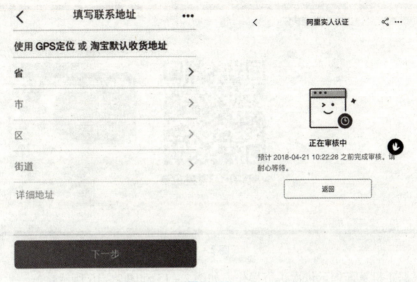

图 2－12

（4）待手机客户端审核通过后，返回电脑端继续操作，单击"同意"按钮，完成开店协议的阅读，如图 2－13 所示。

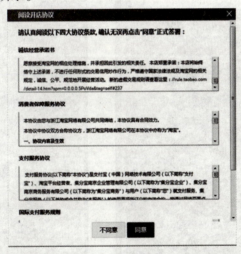

图 2－13

温馨提醒：为提高淘宝网身份认证的通过率，大家应如实填写个人信息时并认真检查身份证信息、真实联系地址（经营地址）、有效联系手机号码等，以免因信息不符或虚假信息等导致认证无法通过。资料审核时间一般为 48 小时。

2. 认证方式二：手机淘宝客户端认证

认证流程如下：

（1）前期步骤与电脑端认证相同。当进入淘宝身份认证资料页面，且页面提示为手机认证→手机淘宝客户端认证时，大家需要通过手机淘宝客户端"扫一扫"功能扫描二维码，如图 2－14 所示。若未下载手机淘宝客户端，则单击二维码图中的"下载淘宝客户端"按钮进行下载，下载安装完成后使用手机淘宝客户端中的"扫一扫"功能进行认证。

图 2-14

（2）根据手机页面提示依次进行操作，如图 2-15 和图 2-16 所示。

图 2-15

图 2-16

（3）填写有效手机号码，接收并填写验证码后，完成手机号码验证，如图 2-17 所示。这里要注意，若大家之前填写过支付宝绑定的手机号码，则系统会自动显示该号码；若未填写过，则可以输入当前正在使用的有效手机号码进行验证。

（4）填写真实联系地址（经营地址），如图 2-18 所示。真实联系地址可使用淘宝默认的收货地址。

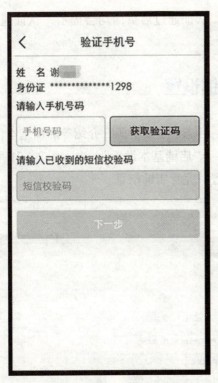

图 2-17

图 2-18

（5）根据要求完成拍照（手机淘宝客户端认证只需上传手势照片+身份证正面照片），如图 2-19 所示。

（6）提交成功界面如图 2-20 所示。审核时间通常为 48 小时。

图 2-19

图 2-20

大家可以选择以上两种方式之一进行认证。认证通过后页面均会提示"认证通过"，接下来就可以进行店铺设置操作了。

2.2　店铺设置

完成淘宝店铺的创建后，需要对店铺名称、标志、主要货源、介绍等店铺基本信息进行完善。在淘宝网卖家中心中选择"店铺管理"→"店铺基本设置"，进入图2-21所示的店铺基本设置页面，根据提示对相关内容进行设置，完善店铺信息。

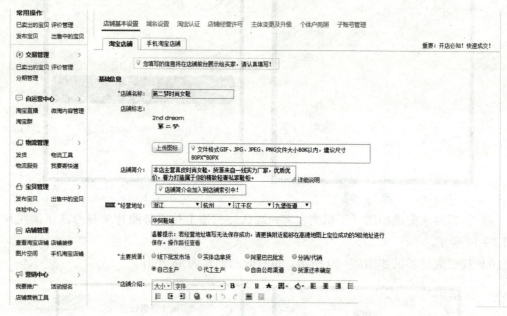

图2-21

1. 店铺名称

好名字值千金，尤其对于靠口碑传播的网络店铺来说，起一个好的店名更加重要。一个好的店名不是考虑某一个因素就能一蹴而就的，而是要综合考虑多种因素（如消费者的角度、竞争者的角度、文化、产地等）。通常来说，可以遵循以下几个起名原则：

（1）简洁通俗，琅琅上口。名字越简短精练越容易让人记住。例如，清新茶叶店，一看店名就知道该店是专卖茶叶的店铺。

（2）别具一格，独具特色。在众多网店中能否脱颖而出，店名的好坏起着至关重要的作用。一个很新颖而且突显店主个性的店名可以马上抓住买家眼球，让买家产生进店看看的欲望。

（3）与自己经营的产品相关。让店名和自己经营的产品有联系，容易使买家对产品有一个美好的印象和期望值。有一些借用的方法，如卖特产可以借用地名和特点，如"重庆特色麻辣小吃店"；卖乐器可以借用一些美好的诗词，如"仙乐飘飘乐器专卖"；卖礼品可以借用买家的期望，如"喜洋洋礼品店"等。

（4）店名中隐含店主名字。为了让买家有亲切感，可以将店主的名字甚至昵称放在店名中。如果将店主名字和经营的产品联系在一起，或许会更加能让买家记住。

（5）用字吉祥，给人美感。好的店名有文化底蕴、格调高雅或者有特殊含义，但是也不能为一味追求个性而使用生僻字，使买家不易记忆或搜索。特别需要注意的是，店名中绝对不允许出现违法或者侵权的文字。

【小贴士】好店名赏析

（1）电子产品店名：明华数码、星空数码港、特创科技。

（2）服装服饰店名：青春衣然、我衣靠你、婷之美。

（3）美容护肤品店名：精油小魔女、丽人美容会馆、艾丽俏佳人。

（4）五金用品店名：安达、金不换、岁月流金。

（5）运动品店名：网羽天地、高球宝贝、天天泳城。

（6）治疗药品店名：好医生、康乐人生、不用再来。

（7）书店店名：书香的秘密、万卷书、知识面包店。

（8）时尚家居店名：家之趣、××欧式家具城、快乐墙贴旗舰店。

（9）茶叶店名：近水楼台、三口品味、自然香。

（10）鲜花店名：花仙子、玫瑰情、兰草心语。

2. 店铺标志

店标可以视为店铺的标志，是一个店铺的形象参考，给人的感觉是最直观的。店标可以代表店铺的风格、店主的品位、产品的特性等，也可起到宣传作用。

上传的店标图像大小必须小于 80 KB，格式可以为 jpg、gif、png、jpeg 等，建议尺寸为 80 像素×80 像素。

3. 店铺简介

店铺简介主要说明经营品牌、产品、风格特点等，要突出主题，介绍清楚店铺所经营的产品和产品性能、基本的售后服务和一些经商态度，文字不要太多，言简意赅，表达明晰。

4. 经营地址与主要货源

经营地址应根据自己的具体情况如实填写。主要货源包括线下批发市场、实体店拿货、阿里巴巴批发、分销/代销、自己生产、代工生产、自由公司渠道等，也应根据具体情况如实选择；如果货源还没有确定，则应选择"货源还未确定"。

5. 店铺介绍

店铺介绍主要是卖家对网店经营状况的概括，可以让买家在最短时间内了解店铺。卖家在信息描述时要真实有效，主题突出，表达清晰，言简意赅。

6. 设置域名

成功开店后每个店铺都有自己的初始域名，如 shop 34557307.taobao.com，但因其千篇一律而相对比较难记。目前淘宝店主只要开通使用不同版本的旺铺，就可以使用二级域名，设置二级域名后可以浏览器地址栏直接显示二级域名，加强买家对域名的记忆。

2.3 商品发布与分类

商品发布是指把商品图片、文字描述等信息上传到相关网络平台。要在淘宝网上开店，除了应符合认证的会员条件之外，还需要发布至少 10 件以上的商品。商品发布可以直接在淘宝网上进行编辑、上传与发布，也可以通过淘宝助理对商品进行快速编辑、上传与发布。商品发布的大致流程如图 2-22 所示。

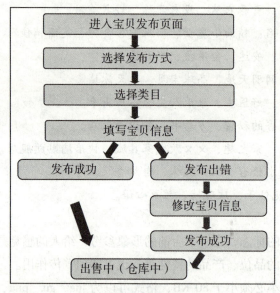

图 2-22

商品分类就是淘宝网为卖家设计的专柜陈列区。合理的分类可以使店铺的商品更清晰有序，方便卖家和买家快速浏览与查找自己想要的商品。如果店铺发布的商品数目众多，那么合理的分类就显得尤为重要，将会大大方便买家有针对性地浏览和查询。

2.3.1 商品发布

2.3.1.1 淘宝网商品发布

1. 商品发布前的准备

一般在发布商品之前可以制作商品发布工单，工单里准备好发布商品所需要填写的数据，发布时只需要根据工单中的内容正确填写即可，如图 2-23 所示。

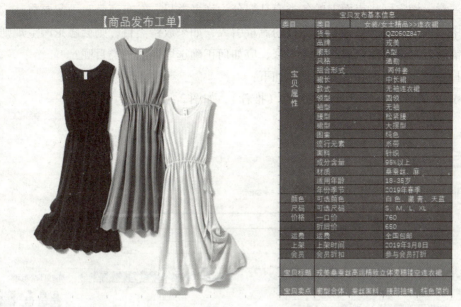

图 2-23

2. 商品类目选取

登录淘宝网，在如图 2-24 所示的淘宝卖家中心页面单击"发布宝贝"超链接，进入商品发布页面，单击"一口价"按钮，选择商品类目。

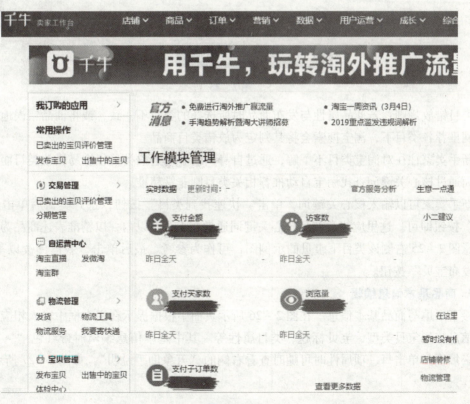

图 2-24

应注意，淘宝网将市面上的各类商品划分为许多类目，发布商品时一定要将其放到对应的类目中。放对类目会得到相应类目的流量引入，如果放错类目，则会触犯淘宝规则，给以后的店铺运营带来麻烦。那么作为卖家，应如何正确选取商品的类目呢？

选择商品类目有两种方式，具体如下：

◇ 通过产品核心关键词查找类目（推荐），如图2-25所示。

◇ 手动选取类目分级（不推荐）。

图2-25

类目错放规则：若商品属性与发布商品时所选择的类目不一致，或将商品错误地放置在淘宝网推荐各类目下，淘宝搜索会将其判定为放错类目商品。

新手卖家往往对淘宝类目不了解，通过自身判断手动选取类目很容易错放类目而造成违规，而通过核心关键词查找淘宝自动推荐相关类目则非常精准。

新手卖家可以输入核心关键词，单击"快速找到类目"按钮，选好类目后单击"发布宝贝"按钮即可。这里应注意商品核心关键词通常在4个字以内，以精准表述商品为主，同时注意图2-25右侧该类目下宝贝的示例图，可作为参考。最后单击"我已阅读以下规则，现在发布宝贝"按钮。

3. 商品基本信息编辑

接下来填写商品基本信息。在图2-26所示页面中根据提示在文本框中输入相应的商品基本信息，如宝贝类型、宝贝标题、类目属性等。其中基本信息编辑时带红色"*"的项目为必填项。单击每一项属性时可随时查看右侧的"万象助手说明"，如图2-27所示。

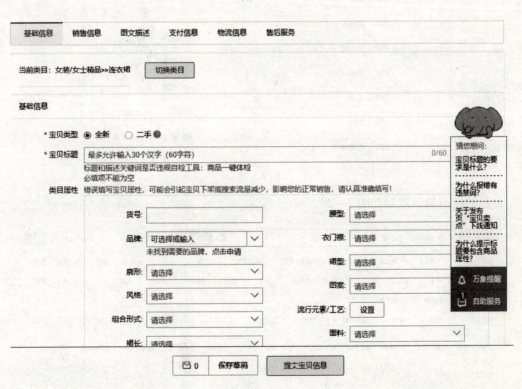

图 2-26

图 2-27

其中宝贝标题需限定在 30 个汉字（60 个字符）以内，否则会影响发布。买家一般都是通过搜索某个商品关键字来查找商品的，所以宝贝标题必须包含一个或多个相关关键字。可以根据商品特点和卖点设置关键字，如零食类目中的"小核桃"，可以加上"奶油""临安""优质""名优特产"等关键字。还要学会巧妙使用一些热门和流行的关键字。当然，宝贝标题必须与当前商品的类目、属性相一致，如出售的是女装 T 恤，就不能出现童装等非女装 T 恤关键词。总之，一个标题就是对一件商品最简单和全面的概括说明，应尽量简单直接，突出卖点。

填写商品基本属性时，首先要精准，然后应尽可能完整。可以在有多个选项时，勾选更多符合自己商品特点的选项，如图 2－28 所示。只有精准、丰满地优化商品属性，才有更多的机会被买家搜索到，而在默认勾选时只有具备相关属性的宝贝才有展示的机会。

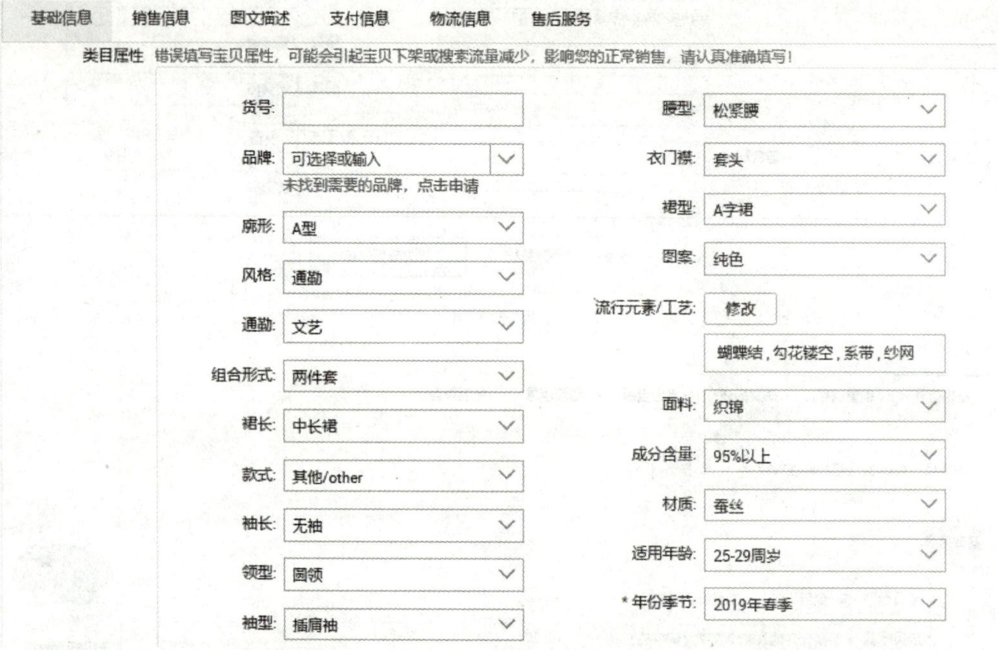

图 2－28

商品的搜索展示效果如图 2－29 所示。

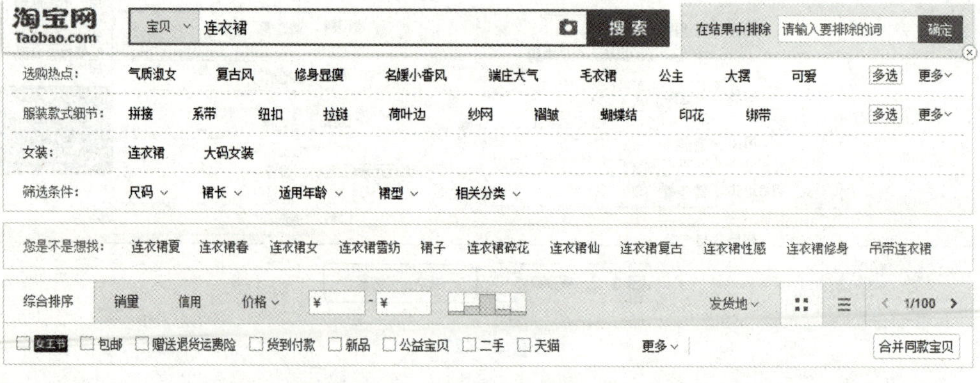

图 2－29

4. 商品详情页编辑

商品详情页就是用来介绍商品的功能、核心卖点与价值点等，进而促进买家购买的介绍性页面。在网店运营中，商品详情页描述的好坏对网店成交转化的高低有着非常重要的影响。当买家进入卖家店铺之后，如何让买家有一定的页面停留与信息浏览时间，甚至让买家把商品放入购物车或立即购买，关键就在于商品详情页的描述。

1）商品主图

大部分消费者都会通过淘宝首页的搜索框输入自己想要购买的商品名称从而进入搜索结果页面。搜索结果页面中会呈现各个卖家的主图。消费者会通过自己的视觉判断来单击适合自己的优质优价又精美的商品主图，单击主图后再进入商品的详情页细致了解商品。如果主图和详情页都是令人满意的，消费者就可能会下单完成购物；或者觉得这家商品不错，会继续浏览商家店铺的首页，再继续寻找店铺中喜欢的商品。由此可见，主图是消费者进入卖家店铺的主要入口。主图决定了点击率，详情页决定了转化率，主图是详情页的精华所在，是整个详情页的缩影，因此主图的重要性不言而喻。

如图 2-30 所示，宝贝主图大小不能超过 3 MB，超过 700 像素 ×700 像素的图片上传后，淘宝网自动提供放大镜功能。第五张主图发布商品白底图可以增加手机淘宝首页曝光机会。

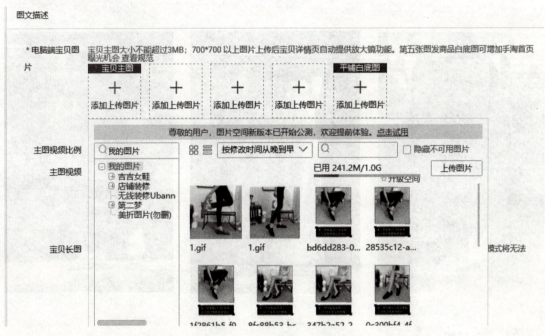

图 2-30

同时建议上传宝贝长图，如图 2-31 所示。应注意长图横竖比必须为 2∶3，最小长度为 480 像素，建议用 800 像素 ×1 200 像素的图片。若不上传长图，则搜索列表、市场活动等页面的竖图模式将无法展示宝贝。对于宝贝长图质量，通常要求图片为实拍图片，无牛皮癣，不拼图，抠图 PS 要表现自然，不得出现水印，不得包含秒杀、限时折扣、包邮、×折、满×送×等促销或夸大描述的文字说明。优秀的宝贝长图示例如图 2-32 所示。

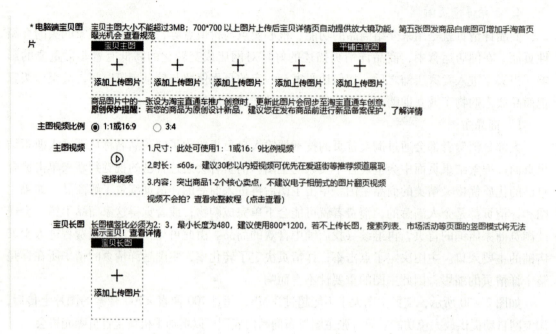

图 2-31

图 2-32

2)主图视频

主图视频的影音动态呈现能有效地将更多信息在首屏就予以呈现,且更具真实性、更富创意性,无疑会快速让买家对商品卖点有所了解,以提高其购买转化率,如图 2-33 所示。

为提高网络店铺的转化率,制作一个精致的主图视频可以让卖家更容易运筹帷幄。据淘宝官方数据统计,仅有 50%的买家会在详情页停留超过 30 秒,80%的买家浏览不到 8 屏,而 1~5 屏的转化率为 16.8%。因此,如何在短时间内将有效信息传递给买家非常重要。

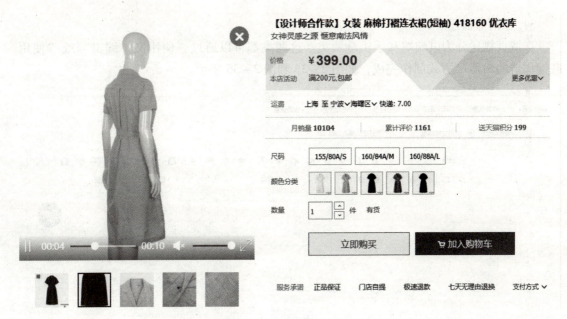

图 2-33

主图视频的规格要求如图 2-34 所示，主要表现如下：

（1）尺寸：可使用 1∶1 或 16∶9 比例视频，或选择 3∶4 比例视频。为保证清晰度，推荐使用 1 080 像素以上高清视频。

（2）时长：≤60 秒，建议 30 秒以内短视频可优先在"爱逛街"等推荐频道展现。

（3）内容：突出商品 1~2 个核心卖点，不建议使用电子相册式的图片翻页视频。

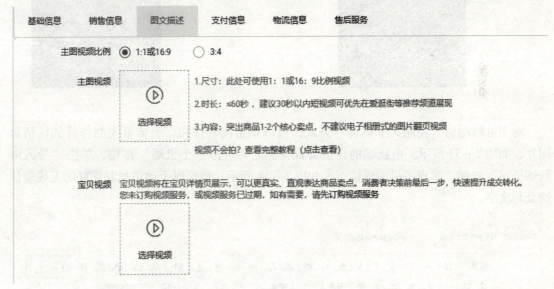

图 2-34

与主图视频不同，宝贝视频是指在宝贝详情页展示，可以更真实、直观地表达商品卖点的视频，是消费者决策前的最后一步，有利于快速提升成交转化率。目前若要在宝贝详情页中展示宝贝视频，需要先付费订购视频服务。

3）详情页描述

详情页描述分为电脑端和手机端两类。这两类都可以通过"使用文本编辑"或"使用旺铺详情编辑器"方式制作完成，如图 2-35 和图 2-36 所示。

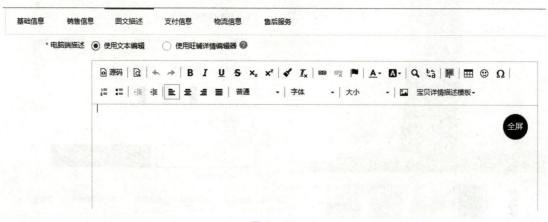

图 2-35

图 2-36

对于电脑端的"使用文本编辑"方式，可以单击图片按钮，上传事先制作好的详情页图片，如图 2-37 所示。电脑端的详情页设置完之后单击"手机端"按钮，单击"导入电脑端描述"按钮，生成手机端详情页，如图 2-38 所示。也可以手动添加制作好的无线端详情页与文字。

图 2-37

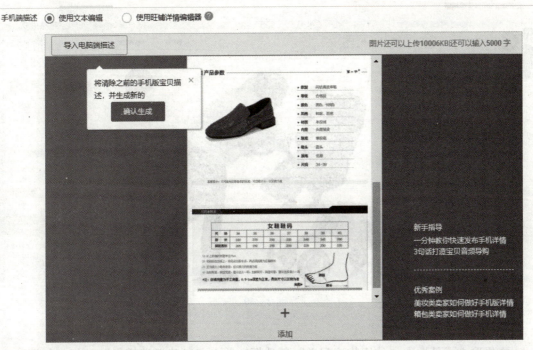

图 2 - 38

对于使用"使用旺铺详情编辑器"的方式来制作电脑端和手机端详情页，可以打开图 2 - 39 所示的淘宝神笔宝贝详情编辑器，其中按照行业或风格分类显示有大量模板，供卖家自由选择使用。当卖家选择了一个具体模板后，即可在现成的模板上进行文字或图片替换，如图 2 - 40 所示。对于新手卖家来说，这不仅大大提高了工作效率，而且呈现出的效果也更好。

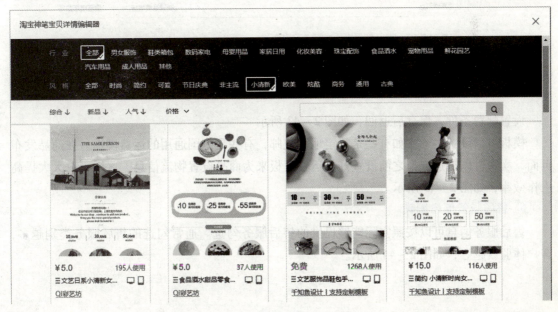

图 2 - 39

图 2－40

5. 物流信息编辑

在提取方式处选中"使用物流配送"复选框，单击"新建运费模板"按钮，如图2－41所示。

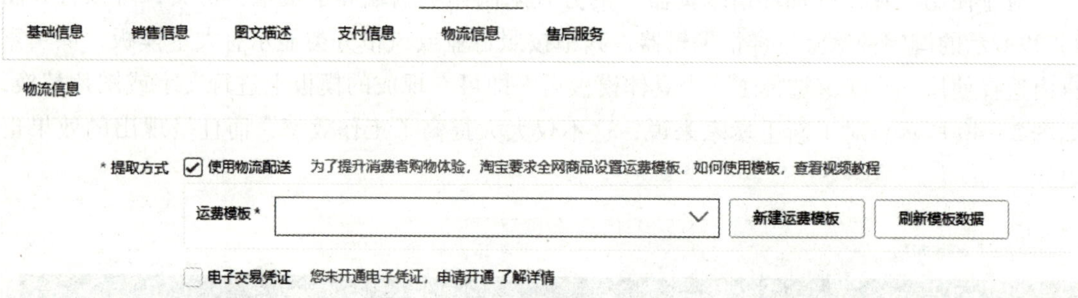

图 2－41

设置邮费条件，保存后返回，如图2－42所示。

模板可以设置多个，如有些是特定地区包邮，有些是全国通用的运费模板。在商品发布页面，卖家可以通过选择之前设置好的运费模板来为商品设置物流信息，这样可以大大提高工作效率，如图2－43所示。

6. 售后服务信息编辑

售后服务信息可以按照实际能够提供的售后服务勾选。通常勾选的售后服务类别越多，客户体验就越好，如图2－44所示。

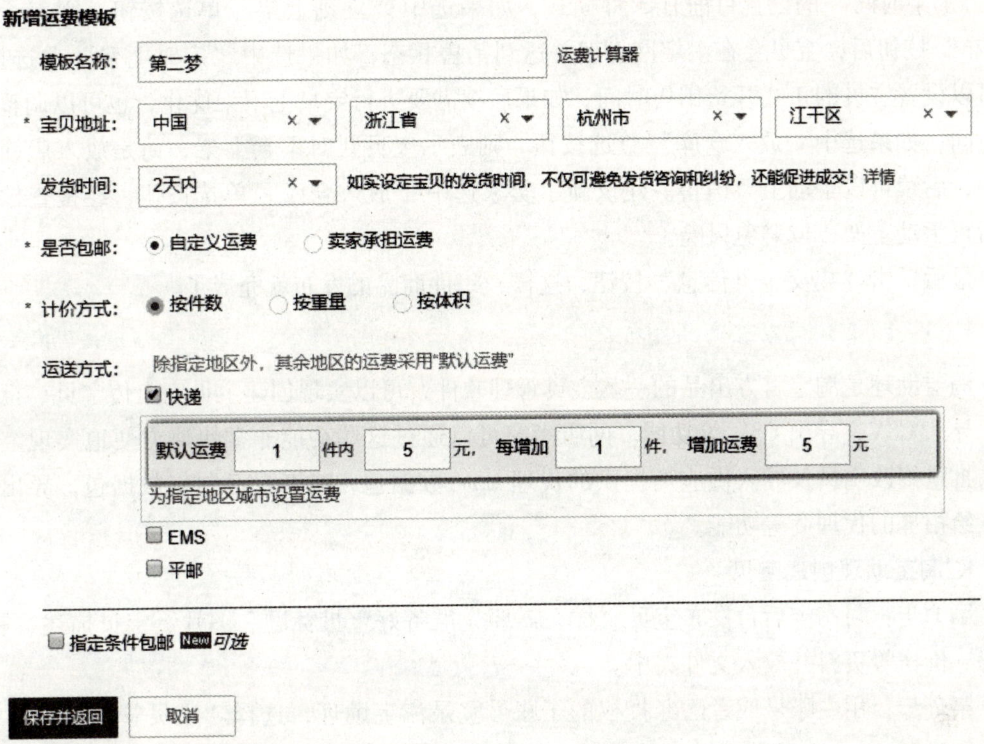

新增运费模板

模板名称： 第二梦　　　　　运费计算器

* 宝贝地址： 中国　　×▼　　浙江省　　×▼　　杭州市　　×▼　　江干区　　×▼

发货时间： 2天内　×▼　　如实设定宝贝的发货时间,不仅可避免发货咨询和纠纷,还能促进成交！详情

* 是否包邮： ● 自定义运费　　○ 卖家承担运费

* 计价方式： ● 按件数　　○ 按重量　　○ 按体积

运送方式： 除指定地区外,其余地区的运费采用"默认运费"

☑ 快递

默认运费　1　件内　5　元,每增加　1　件,增加运费　5　元

为指定地区城市设置运费

☐ EMS

☐ 平邮

☐ 指定条件包邮 New 可选

[保存并返回]　[取消]

图 2 – 42

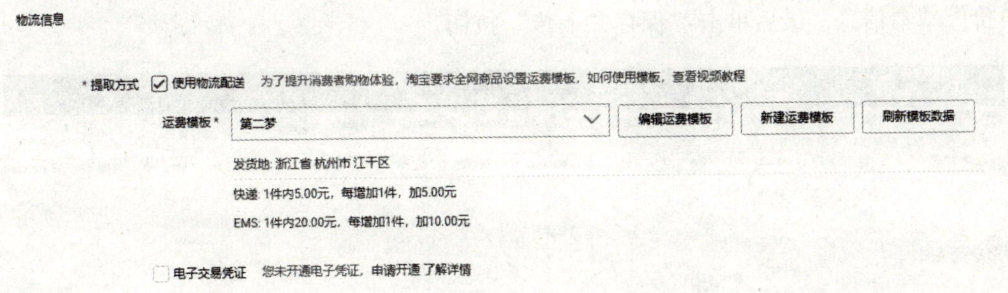

物流信息

* 提取方式： ☑ 使用物流配送　　为了提升消费者购物体验,淘宝要求全网商品设置运费模板,如何使用模板,查看视频教程

运费模板： 第二梦　　▼　　[编辑运费模板]　[新建运费模板]　[刷新模板数据]

发货地： 浙江省 杭州市 江干区
快递：1件内5.00元,每增加1件,加5.00元
EMS：1件内20.00元,每增加1件,加10.00元

☐ 电子交易凭证　您未开通电子凭证,申请开通 了解详情

图 2 – 43

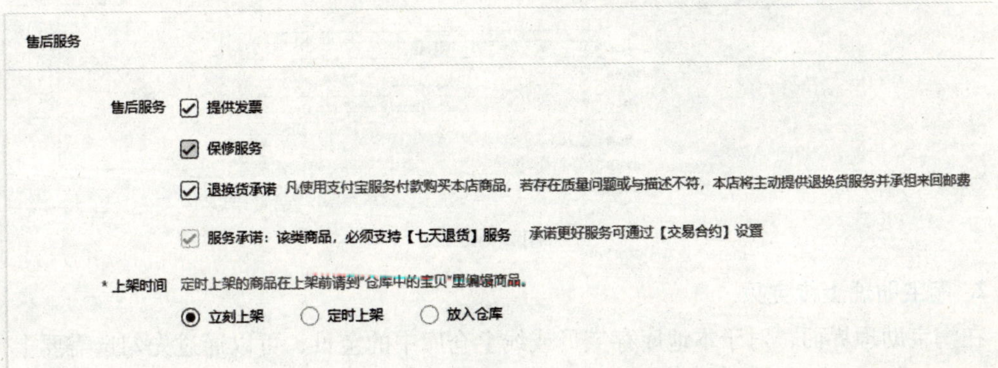

售后服务

售后服务： ☑ 提供发票
☑ 保修服务
☑ 退换货承诺　凡使用支付宝服务付款购买本店商品,若存在质量问题或与描述不符,本店将主动提供退换货服务并承担来回邮费
☑ 服务承诺：该类商品,必须支持【七天退货】服务　承诺更好服务可通过【交易合约】设置

* 上架时间　定时上架的商品在上架前请到"仓库中的宝贝"里编辑商品。
● 立刻上架　　○ 定时上架　　○ 放入仓库

图 2 – 44

"上架时间"的设置目前有 3 种模式,如果选中"立刻上架"单选按钮,则表示单击"发布"按钮后,宝贝会在淘宝网上架并达到销售状态;如果选中"定时上架"单选按钮,则可以设置宝贝的正式开始销售时间,如果后续需要进行宝贝上下架优化,也可以调整此处的时间;如果选中"放入仓库"单选按钮,则表示宝贝暂时不会上架,而是放入店铺的仓库中,后续可以手动上架销售。建议新手卖家选中"放入仓库"单选按钮,经检查核对无误后再手动上架,以避免风险。

最后单击"提交宝贝信息"按钮,这样,一件商品的发布就完成了。

2.3.1.2 淘宝助理商品发布

淘宝助理是淘宝官方出品的一款宝贝管理软件,可以实现创建宝贝、上传宝贝、批量编辑、导入 CSV、导出 CSV 等功能。网店卖家可以通过这些功能非常快速方便地实现宝贝发布、批量修改宝贝及导入供应商提供的代理 CSV 数据包,或者自己制作数据包,导出 CSV 分发给招募的代理商等功能。

1. 淘宝助理创建宝贝

第 1 步:与淘宝后台发布宝贝一样,需要先准备好宝贝标题、图片、宝贝描述、属性、尺码、价格等资料并放入文件夹中。

第 2 步:用主账号或者已经授权的子账号登录淘宝助理,选择"宝贝管理"→"本地库存宝贝",单击"创建宝贝"按钮,如图 2-45 所示,可以看到创建宝贝的基本信息页面,卖家可以根据商品的具体信息选择正确的类目,在文本框中输入宝贝标题、宝贝卖点、一口价等基本信息,最后单击"保存并上传"按钮。

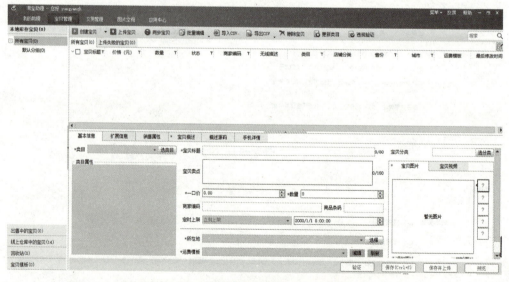

图 2-45

2. 淘宝助理上传宝贝

在淘宝助理界面,对于本地库存宝贝或线上仓库中的宝贝,可以通过先勾选需要上传的宝贝,然后单击"上传宝贝"按钮,如图 2-46 所示,此时系统会自动进行价格检查,其他选项一般可以采取默认方式,当系统提示状态为"上传成功"时,即表示这个商品已经通过淘宝助理将本地宝贝数据或线上仓库中的宝贝数据成功上传到淘宝店铺中了。

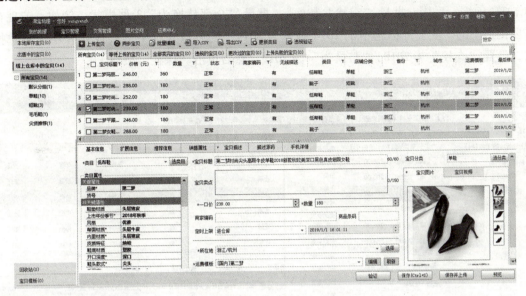

图2-46

3. 淘宝助理批量编辑

淘宝助理还具有强大的批处理功能,能够实现批量修改商品标题、运费模板、数量、价格等编辑工作,大大节省了卖家上传和修改商品信息的时间,极大地提高了发布宝贝的效率,使卖家有更多的时间关注店铺经营和其他工作。

第1步:选中需要批量编辑的宝贝,单击"批量编辑"按钮,可以看到淘宝助理提供了标题、商家编码、宝贝数量、价格、上架处理、尺码库、食品专项、快递信息、定制工具、宝贝分类、宝贝描述、类目信息、售后、营销等字段属性的批量编辑功能,如图2-47所示。

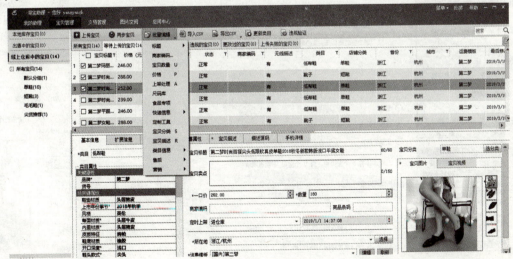

图2-47

第2步：以批量编辑商品的标题为例，选择"批量编辑"→"标题"→"宝贝名称"命令，如图 2-48 所示，打开图 2-49 所示对话框。淘宝助理批量编辑宝贝标题支持批量"增加"前缀、后缀，批量"查找并替换"，批量"全部替换为"3 种模式。例如，若现在需要把选中的 3 款宝贝标题中的 2018 替换为 2019，则可以先选中"查找并替换"单选按钮，设置"查找"为 2018，"替换为"为 2019，然后单击"保存"按钮。

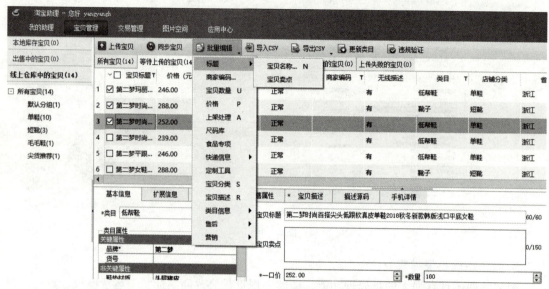

图 2-48

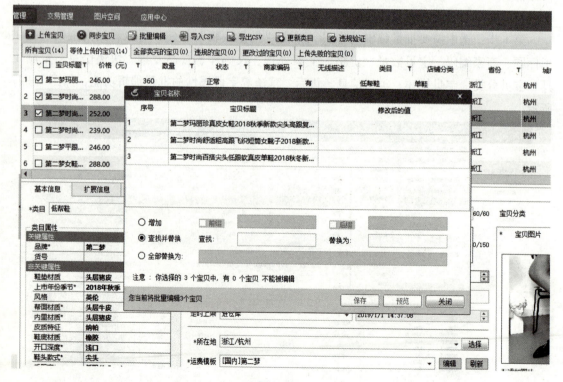

图 2-49

第 3 步：保存成功后，宝贝的状态变为"被修改"，如图 2-50 所示。这仅仅表示宝贝在淘宝助理中被修改成功了，需要上传宝贝才能更新到店铺中。淘宝助理还有其他更多的批量编辑功能，操作方法大同小异，店铺卖家可以根据自己的实际需要进行操作。

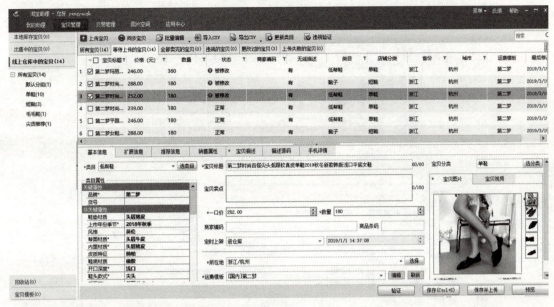

图 2-50

4. 淘宝助理导入 CSV

很多刚开始经营淘宝网店的新手卖家有可能会接触到分销货源，厂家会提供相应的数据包，但是数据包该怎么使用呢？如何将数据包上传到淘宝店铺呢？这些问题困扰着很多新手卖家。

淘宝数据包（即 CSV 数据包）由一个 CSV 文件和一个同名图片文件夹组成，如图 2-51 所示。淘宝助理导入 CSV 就是要把数据包中的 CSV 文件导入淘宝助理中。

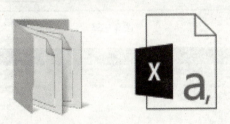

图 2-51

第 1 步：选择"宝贝管理"→"本地库存宝贝"→"所有宝贝"，单击"导入 CSV"按钮，如图 2-52 所示。

第 2 步：弹出"打开文件"对话框，找到 CSV 数据包文件，选择"CSV 文件"类型，单击"打开"按钮，如图 2-53 所示。

第 3 步：系统会自动将 CSV 数据包中的宝贝信息导入淘宝助理中，如图 2-54 所示。

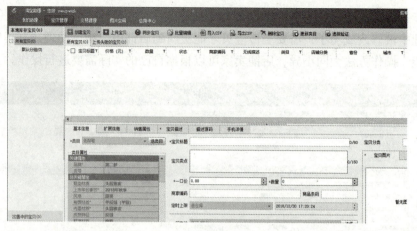

图 2-52

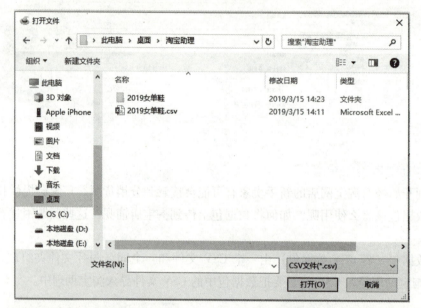

图 2-53

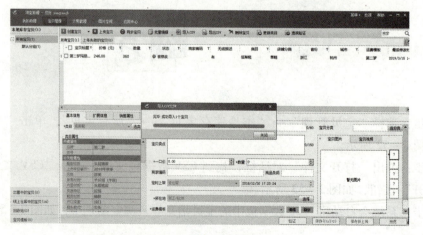

图 2-54

选择导入店铺的宝贝数据，单击"更新类目"按钮后，即可进行相应的编辑。因为厂家提供的 CSV 数据包会分发给很多代理，如果不编辑宝贝而直接上传，很容易被判断为与别家有同款宝贝。所以建议网店卖家按照发布全新商品的方法对数据包进行相应的编辑，需要重新核实类目，确保发布在正确类目下；属性需要填写完整正确；标题需要重新编写，不建议沿用原标题；一口价需要进行适当调整；宝贝所在地和运费模板根据实际情况进行修改；宝贝主图需要用 PS 软件重新修图处理；宝贝描述建议重新修改并切片等。总而言之，不建议直接上 CVS 传数据包到淘宝店铺中，而应尽量重新编辑宝贝后再上传。

5. 淘宝助理导出 CSV

在实际工作中，有很多卖家拥有品牌和工厂，因此想招募分销商销售商品。一般情况下，作为厂家，可以制作 CSV 数据包，分发给分销商并导入淘宝助理上架销售，那么 CSV 数据包应如何制作呢？

第 1 步：把宝贝成功上传到自己的淘宝店铺中，找到出售中的宝贝，单击"导出 CSV"按钮，根据实际情况选择"导出勾选宝贝""导出本分组宝贝"或者"导出所有宝贝"，如图 2-55 所示。

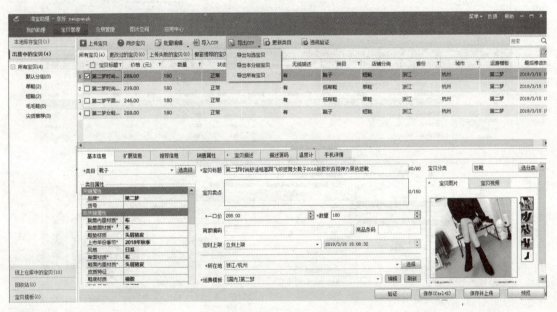

图 2-55

第 2 步：选择合适的文件位置，对数据包进行相应的命名后，单击"保存"按钮，如图 2-56 所示。在图 2-57 所示页面中，可以看到成功导出了一条 CSV 记录。在电脑相应位置找到导出的数据包，可看到有一个 CSV 文件和一个同名文件夹。只需要将其进行压缩打包，发送给代理商，即可让他们将 CVS 数据包导入淘宝助理后编辑上传。

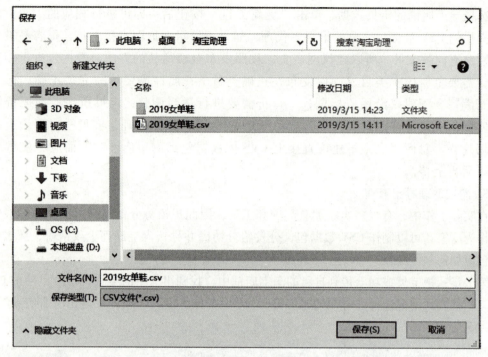

图 2–56

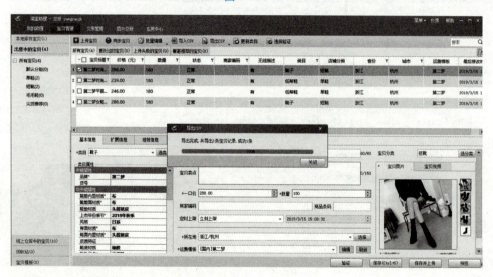

图 2–57

2.3.2 商品分类

2.3.2.1 商品分类的展示位置

要对店铺商品进行分类，首先需要了解店铺商品分类一般展示的位置。店铺的宝贝展示分为电脑端和手机端两种。

1. 电脑端的展示位置

店铺首页导航，"所有分类"的位置如图 2–58 所示。

图 2-58

宝贝详情页左侧,"查看所有宝贝"下面的位置,如图 2-59 所示。

图 2-59

2. 手机端的展示位置

单击店铺首页右下角"宝贝分类"按钮,即可展示店铺中所有宝贝的分类信息,如图 2-60 所示。

图 2-60

2.3.2.2 商品分类展示的目的

(1) 让买家一目了然,看到店铺的经营品类。
(2) 让买家更容易找到想要购买的商品。
(3) 将店铺的商品归类,方便管理。

2.3.2.3 商品分类设置方法

第 1 步:在淘宝网的卖家中心页面选择"分类管理"→"宝贝管理",进入图 2-61 所示的商品管理操作页面。可以在这个页面对商品进行手工分类,也可以进行自动分类,一般采用手工分类。

图 2-61

第 2 步：单击"添加手工分类"按钮，弹出如图 2-62 所示的手工分类操作页面，可以在这里逐个添加商品的分类目录与分类子目录。

图 2-62

第 3 步：目录添加完成后单击"保存更改"按钮，此时网店首页导航栏上的"所有分类"菜单中就会显示所有的分类目录，如图 2-63 所示。

图 2-63

第 4 步：在淘宝网卖家中心页面选择"宝贝管理"→"出售中的宝贝"或"仓库中的宝贝"，进入图 2-64 所示的商品列表页面。

第 5 步：选中需要分类商品前面的复选框，单击商品右侧的"编辑商品"按钮，进入图 2-65 所示的宝贝信息编辑页面。

第 6 步：在图 2-66 所示的店铺所属类目中选中所属分类。

第 7 步：单击"提交宝贝信息"按钮，完成商品分类设置。

网店运营实务

图 2-64

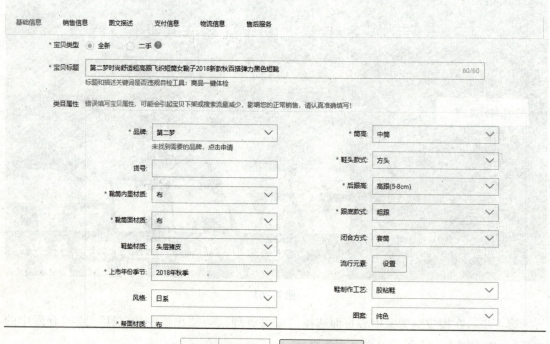

图 2-65

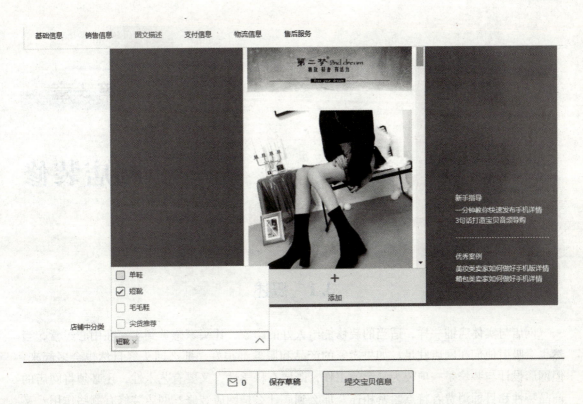

图 2-66

第 3 章

网店装修

3.1 概述

网店与实体店铺一样,适当的装修能给人好的印象,让买家感觉到卖家在用心经营,当然也会吸引他们在网店驻足。如果卖家的产品和服务都很好,那么回头客自然也会多起来。但网店设计与装修是一项较为复杂的工作,既要有科学性,又要有艺术性,还必须将网店的商品特性和目标消费者特点紧密相连。那么到底什么是网店装修?网店装修有哪些作用?又该如何进行合理的网店装修呢?

3.1.1 网店装修的定义与原则

实体店铺越来越重视店铺的外在形象,形象的美观不但能够强化品牌的知名度和美誉度,还能吸引更多的潜在客户。同样,网店的经营也需要一个很好的形象。网店装修就是在淘宝或拼多多等平台允许的结构范围内,通过文字、图片、色彩、动画、程序模板等让店铺更加丰富美观,从而吸引买家,创造网店的视觉营销力。

网店装修是网店美工工作内容的一个重点,它不只是将商品摆放到网页中,而是将商品的卖点、特征以及商品的使用方法或穿戴效果都体现出来。网店装修需要网店美工掌握一定的软件知识和视觉营销知识,还需要具备一定的平面审美意识。那么在网店装修中,如何通过图片让买家感受到实体店般的体验效果是关键。一般来说,店铺装修应遵循如下几个基本原则:

(1)突出行业属性。每个行业都有特定的属性,每一种属性都有特定的表现方式。虽然没有明确的行业规定,但这些特定属性却时时左右着我们对事物的判断与取舍。店铺装修前,一定要明白自己商品的属性及它的行业特征,在此基础上为装修选择相应的色彩和插图。例如,五金产品可以用红色和灰色,但不适合用粉红色。

(2)色彩搭配协调。店铺主色调与商品的属性密不可分,一旦确定主色调,其他颜色的应用都必须与主色调高度协调。应保证同一个页面的主色调不超过3种,辅助色与主色调相协调。切忌把店铺装修得绚丽多彩,满屏都是闪烁的动画,虽然表面看起来十分炫酷,其实会导致买家晕头转向,令客户反感。

(3) 简洁时尚。在店铺装修过程中，简洁时尚是永恒的经典。判断一个网店的好坏，不仅看其出售商品质量的好坏和销量的多少，还要看网店装修的视觉效果。简洁时尚的装修，清晰、合理的商品布局，会让买家有持续看下去的兴趣。

(4) 商品分类明确。明确的分类布局能让买家快速查找到需要的商品。在店铺装修中，应将商品按照种类的不同或价位的不同分成不同的类别，如"10元区""99元区""活动促销区""积分兑换区"等，让顾客一看分类列表就知道目标所在。

3.1.2 网店装修的作用

3.1.2.1 促销活动，吸引新顾客（提高销量）

利用网店装修，可以在店铺里设计一些促销活动的页面或发布一些营销广告。如图3-1所示，这是淘宝网某家包包店制作的一系列商品展示与活动促销页面。页面上的每款包包都标明了价格和商品的链接指向，并配有美女模特搭配店铺商品。该店铺每次活动都设立了主题，如"清凉一夏""新品打折包邮""预定有礼""绚丽夏日五折秒杀""早秋新包热卖"等。卖家不断地按季节、节日来推广自己的新商品，有这样与时俱进的巧妙创意，该店铺的生意红红火火是必然的。

图3-1

3.1.2.2 美化店铺，吸引回头客（增加客源）

店面的装修有两种：一种是保持长期不变的店面，另一种是经常变化的店面。通常推荐的是店铺页面应该根据需要时常变化。网店装修设计时常更新，不但最能体现卖家的用心经营，也能给店铺的老客户带来惊喜。试想一下，每次逛店铺都能看到最新的活动信息，客户就会更加留意店铺，从而收藏店铺或将店铺推荐给他们的朋友。

图3-2～图3-5为按季节装修店面的示例，如春季用绿色、夏季用蓝色、秋季用黄色、冬季用红色。用不断变化的主色调衬托店铺经营氛围和商品特点，能给客户以新颖的感觉。

图3-2

图3-3

图 3-4

图 3-5

卖家也可以根据每月、每周的每个时间段的优惠促销活动对店铺进行局部的装修改造。

图 3-6 和图 3-7 所示的店铺做了庆祝店铺粉丝突破 3 000 万，感恩狂欢周暨献礼祖国 70 周年的商品聚划算和超级满减（满 300 减 200）活动，这样的应景促销活动仅仅增加了一小块的装修页面，但是大大激发了新老顾客对店铺的浏览兴趣。这样的做法既稳定了老客

图 3-6

户，也增加了新客户。

网店的装修从一定程度上可以影响店铺的运营。定位准确、美观大方的店铺装修可以提升网店的品位，从而吸引目标人群，提高潜在客户的浏览概率，延长其店铺停留时间，最终提升店铺商品的销量。

图3-7

3.1.3 确定合理的店铺装修风格

3.1.3.1 确定店铺装修风格的方法

现在开网店的卖家都意识到了网店美工的重要性。虽然有很多漂亮的模板可以使用，但是这些网店模板都是有风格的，如果模板风格不符合店铺的定位，那么它就不是一个好的模板，因此确定店铺装修的风格至关重要。确定店铺装修风格后，按照图3-8所示的思路，才能制作出较好的视觉效果。

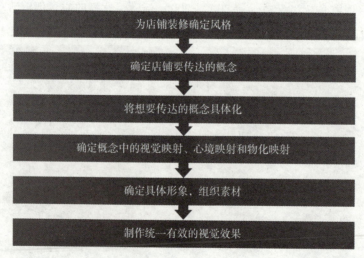

图3-8

确定店铺装修风格就是将头脑中的思维具体化，如图3-9所示。可以从日常的报刊中挑选符合某种心情、意境或关键词的图片，把图片剪下来粘贴在一起，形成一个完整的画面，最后加以修饰和润色，就成为一个很好的设计模板。

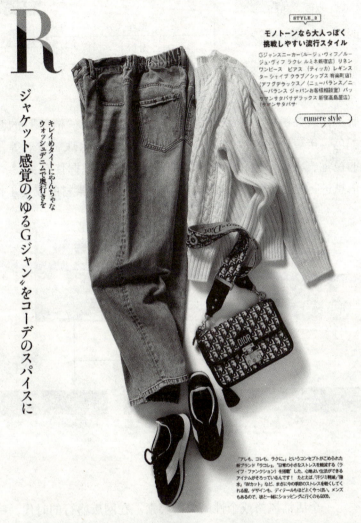

图3-9

店铺装修风格一般体现在对店铺的整体色彩、色调及图片的拍摄风格上。网站上有多种店铺风格可供选择。卖家可以选择这些固定的店铺模板来进行装修，也可以根据店内商品的特点和风格重新进行设计，使店铺独具特色，也更符合目标消费群体的定位。

想要抓住店铺的灵魂，不能只靠网店美工人员的个人品位，也需要使用系统的方法，如图3-10所示。

在确定店铺装修风格之初，最需要做的就是通过综合使用用户研究、品牌营销、内部讨论等方式，明确体验关键词，如清爽、专业、有趣、活力等；接下来邀请用户、网店美工人员或决策层参与素材的收集工作，使用图像展示风格、情感、行动，并定义关键词。然后了解选择图片的原因，挖掘更多背后的故事和细节。最后，将素材图按照关键词分类，提取色彩、配色方案、机理材质等特征，作为最后的视觉风格产出物。

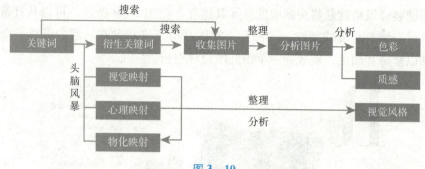

图 3-10

如图 3-11 所示,以关键词"清新"为例,通过联想关于"清新"的颜色,得到一组色彩较为淡雅的配色。接着联想与"清新"相关的材质,即水珠、玻璃等,再进一步分析这些材质带给人的视觉、心理和物化的映射词组,就会大致把握住有关"清新"这个风格的素材。将这些信息进行组合与提炼,基本就完成了店铺装修素材的收集工作。

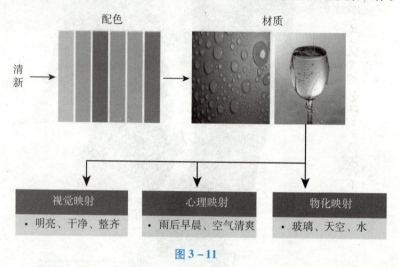

图 3-11

3.1.3.2 确定适合店铺的色彩搭配

色彩搭配是决定一个店铺风格或个性的关键要素。在网店盛行的时代,一定要通过协调的色彩搭配来突显网店的个性,使自己的店铺在众多的竞争者中脱颖而出,吸引客户,招揽大量的回头客,实现更高的成交量。在设计过程中,一定要对店铺色彩进行合理把握。

1. 根据店铺特点选择主色

(1) 红色。红色能给人带来温暖、热情、充满活力的感觉,是一种视觉冲击力极其强烈的色彩,很容易吸引买家的注意力,是店铺设计中使用频率最高的一种色彩。另外,在店铺页面的色彩设计中,红色和黄色向来是中国传统的喜庆搭配,这种传统的色调能让买家联想到节日、促销和网购节。在设计过程中,需要把握好红色的使用度,如果用色过度,容易造成视觉疲劳。在配色时,适当地加入黄色、橙色、白色和黑色等点缀,能让页面视觉过渡更自然。图 3-12 所示为以红色为主色的配色方案。

(2) 橙色。橙色能给人带来舒适、明快的感觉,可以令人兴奋,富有活力,使买家者产生幸福的感觉。橙色属于红色和黄色的中间色调,其本身色调平衡性较好,不但能强化视觉感受，还能通过改变其色调而营造出不同的氛围。橙色既能表现年轻和活力，也能传达稳重感，因此它在店铺页面中的使用率也比较高。橙色在店铺页面设计中常常用于食品、儿童用品、家居等行业。图3-13所示为以橙色为主色的配色方案。

图 3-12

图 3-13

（3）黄色。黄色是阳光的色彩，能表现无拘无束的快活感和轻松感。黄色与其他颜色搭配时会显得比较活泼，具有快乐、希望和充满阳光般的个性。黄色是所有颜色中明亮度最高的颜色，在店铺页面设计中，常用于华丽、时尚的商品，如高级家电、首饰、儿童玩具等。在进行颜色搭配时，建议选用红色、黑色、白色搭配黄色，这些色彩的对比度大，容易形成画面层次的对比，突出商品主体；而黄色与蓝色、绿色及紫色搭配时，能形成轻快的时尚感。图3-14所示以黄色为主色的配色方案。

图3-14

(4) 绿色。绿色会给人带来一种恬静、活力和充满希望的感觉，是最能表达自然力量的颜色，尤其在和黄色搭配时能呈现出很强的亲和力，能表达出大自然生机勃勃的感觉。在店铺的页面设计中，绿色往往受到环保、健康、天然商品的青睐，如保健品、土特产、化妆品等。由于绿色也属于冷色调，如果整个页面仅使用这一种色彩，画面会显得冷静单调，因此一般都会搭配红色或者黄色以增加温暖感。图3-15所示为以绿色为主色的配色方案。

(5) 蓝色。蓝色作为最有代表性的冷色调，一直给人一种冷静、理性、可靠、成熟的感觉。在店铺页面色彩的应用中，蓝色常常和科技、智慧、清凉联系在一起，所以适用于销售数码产品、汽车用品、医疗用品、清洁用品等的店铺。蓝色在与红色、黄色、橙色等色彩进行搭配时，页面的跳跃感较强，这种强烈的兴奋感容易点燃买家的购买情绪；如果蓝色和白色搭配，则能使页面表现出清新、淡雅的感觉，并能强调品牌感。图3-16所示为以蓝色为主色的配色方案。

图3-15

图3-16

（6）无彩色系色彩。无彩色系搭配是指用白色、灰色和黑色设计页面。无彩色系是经典的潮流色，永不过时。无彩色系色彩既能作为主色调来设计页面，也能作为其他色彩的辅助色搭配使用，是一种百搭的色彩。

如果在最初设计店铺时难以选择色彩，可以尝试使用无彩色系色彩，它是新手卖家的安全设计色彩。无彩色系色彩也常常作为大牌服装或奢侈品牌的主打颜色。图3-17所示为以无彩色系色彩为主色的配色方案。

图3-17

2. 店铺的主色、辅助色和点缀色搭配

打开店铺的页面后,首先给买家带来视觉冲击的是店铺色彩。好的配色不但可以打动人心,而且可以大大提升成交率。在一定程度上,店铺使用一个固定的色彩搭配,更能使其变成店铺或者品牌的辨识色彩。一般来说,颜色的搭配需要有对比,合格的设计需要有60%的主色,30%的辅助色,10%的点缀色,如图3-18所示。

图 3-18

店铺的色彩搭配就像歌舞剧的角色安排一样,都会有主角和配角。在色彩设计中,不同的色彩也有不同的职责分工,它们可分为主色、辅助色和点缀色。在舞台上,主角站在聚光灯下,配角退后一步来衬托他。色彩设计的配色也是一样的道理,主色要比辅助色更清楚、更强烈。在一个页面中,占用面积大、受瞩目的色彩一般就是主色。辅助色的功能在于帮助主色建立完整的形象,使主色更漂亮。判断辅助色用色是否合理就要看主色是否更加突出。辅助色可以是一种颜色,也可以是几种颜色。点缀色是指在色彩组合中占据面积较小、视觉效果比较醒目的颜色。主色和点缀色可形成对比,产生主次分明、富有变化的韵律美,如图3-19所示。

3.1.3.3 不同店铺装修风格欣赏

要确定网店的店铺装修风格,除了要独树一帜以外,还要关注同行的店铺。要时刻了解对手店铺的情况,以及新品上架、店铺装修等内容,通过将对手店铺与自身店铺进行对比,总结出更合适的销售方案和装修风格。

在店铺装修的过程中首先要准确定位,在设计上突出店铺的风格和品牌,并且适时地借鉴他人的经验。

图3-20~图3-22分别为3种不同风格的店铺首页装修效果,依次为自然清新风格、暗黑酷炫风格和实木原生态风格。

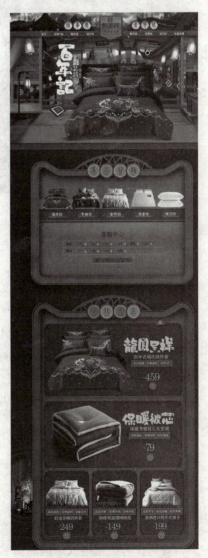

图 3-19

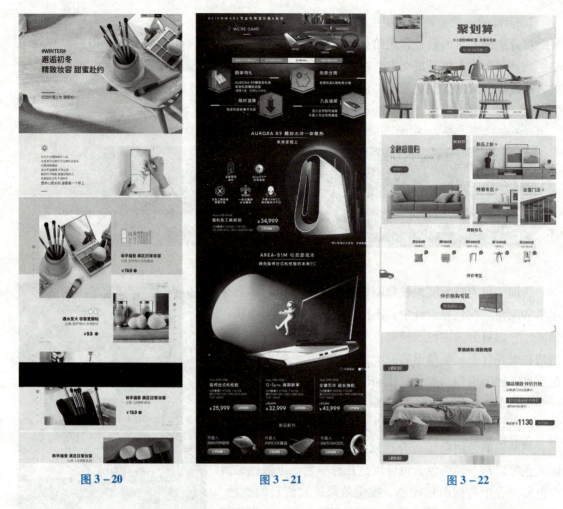

图 3-20　　　　　　　　图 3-21　　　　　　　　图 3-22

通过对比可以发现，它们各自选择了适合自己店铺风格的修饰元素，并且使用了不同的配色。根据店铺销售商品的不同，对商品进行了有效的包装和设计，使各自所呈现出来的视觉效果各有不同，让消费者更加容易区分，形成特定的记忆。这也有助于店铺自身形象的树立。

像实体店一样，店铺装修的风格非常重要，决定了买家进入店铺的第一视觉印象。那么一家新开的店铺要如何确定自己的装修设计风格呢？从大类来划分，如果按照视觉效果分，常见的有简约、复古、田园、大气、商务等风格；如果按照颜色分，常见的有绿、黄、紫、红等多种风格。由于行业不同，店铺装修风格差别较大，需要大家边学习边实践边总结其中的规律。

3.2　电脑端网店首页设计

3.2.1　店铺首页布局

3.2.1.1　店铺首页制作规范

首页作为买家进入店铺的第一个页面，装修的好坏决定了它能否在第一时间抓住买家的眼球，让他们停留并浏览首页内容，同时也进一步影响到店铺的品牌宣传及买家的购物体验，并最终影响店铺的流量和转化率。因此，好的店铺装修是决定其整体形象的关键。店铺首页的页面设计是引导买家购买商品和提高转化率的重要手段。

不同电商平台店铺的首页尺寸也不尽相同。以淘宝网店铺电脑端的首页制作为例，其宽度一般为950像素，高度不限，如图3-23和图3-24所示。

图3-23　　　　　　　　　　图3-24

3.2.1.2 店铺首页布局

店铺首页装修的最终目的是要在有限的页面中用最简单的表现手法实现最好的宣传效果,获得买家的信任,从而达到提升转化率的目的,因此,符合买家需求的页面布局才有价值。所以,在安排店铺首页布局时并不是要将所有的模块一味地堆积上去,而是通过各模块之间合理的组合排列布局店铺首页。合理的布局不但可以增加店铺黏性,提升新老客户的忠诚度,还可以达到更好的视觉效果和用户体验效果。

1. 店铺定位

首先,店铺要有一个风格定位,通过合理的风格定位来突出主题。只有经过精心设计和布局的店铺首页才能给买家留下深刻的购物体验。

2. 用户的浏览模式

长期研究网站可用性的美国著名网站设计师杰柯柏·尼尔森(Jakob Nielsen)发表了一项《眼球轨迹的研究》报告。报告中提出,大多数情况下,浏览者不由自主地以 F 形的模式阅读网页,这种基本恒定的阅读习惯决定了网页的关注热度呈现 F 形。也就是说,浏览者打开网页后,一般按照 F 形模式浏览网页:第一步,水平移动,浏览者首先在网页最上部形成一个水平浏览轨迹;第二步,目光下移,浏览者会将目光向下移,扫描比上一步短的区域;第三步,垂直浏览,浏览者完成前两步后,会将目光沿网页左侧垂直扫描,这一步的浏览速度较慢,也较有系统性和条理性。如图 3-25 所示,根据 F 形网页浏览模式,可以大概了解买家的浏览轨迹,即店铺首页最上面的那部分是买家浏览的重点,这是毫无疑问的。因此,对于这个重点区域,卖家需要仔细斟酌,合理利用。

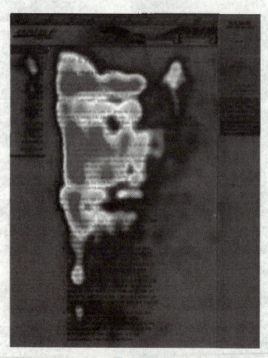

图 3-25

3. 了解客户的需求及行为

客户的需求可能是店铺优惠、店铺折扣、商品上新等。一般来说，老客户更多地关注店铺的优惠、促销活动及新产品等信息，而新客户则主要关注店铺的装修风格、整体店铺形象及店铺推荐的新款、爆款等信息。所以，要结合客户的需求来整体布局店铺首页。

首页通常包含店标、店招、导航栏、海报、宝贝陈列区、收藏区及客服区等模块。店铺的活动及优惠信息（如海报、活动图），要放在非常重要的位置。推荐款和爆款不宜太多，可以用关键字突出，或者利用导航栏进行引流。收藏区、关注区和客服区的互动模块必不可少，这是增加店铺黏性，提高二次购买率的利器。

总之，模块布局应图文结合，错落有致，避免使买家产生视觉疲劳；同时，模块结构和商品系列都要清晰明了。

3.2.2 网店首页各模块设计

3.2.2.1 店铺 LOGO 设计

LOGO 作为店铺重要的标志之一，常常出现在店铺页面和商品图片中。通过这种方式可以展示网店的独特个性，宣传网店的品牌价值，将店铺的内在形象、特点与其他店铺区分开来，增加店铺的辨识度，从而树立店铺的品牌形象。

1. 店铺 LOGO 的三大表现形式

LOGO 是店铺的形象，特色的 LOGO 可以吸引买家进入店铺，提高店铺流量。LOGO 可以制作成文字 LOGO、图形 LOGO 或图文结合型 LOGO 3 种样式。

（1）文字 LOGO。基于品牌文字的 LOGO，其设计方式通常是将品牌的名称、缩写或抽取个别有趣的文字，通过排列、扭曲、上色、变化等设计成标志，如图 3-26 所示。

图 3-26

（2）图形 LOGO。图形 LOGO 通常以具体的图形来表现品牌的名称或商品的属性，如阿里巴巴公司使用一个微笑的青年头像的图形作为 LOGO，Apple 公司使用苹果的图形作为 LOGO。相较于文字 LOGO，图形 LOGO 表达的含义更为直观，也更具有感染力，如图 3-27 所示。

图 3-27

（3）图文结合型 LOGO。图文结合型 LOGO 指以具象或抽象的图形，结合品牌名称制作而成的 LOGO。例如，华为、顺丰、李宁等品牌即以图文结合的形式来展示 LOGO，如图 3-28 所示。其中，抽象的图形与公司名称、商品属性等并无明显联系，其设计可能更多的是基于某种理念。

图 3-28

2. 店铺 LOGO 设计的三大要领

设计店铺 LOGO 的目的在于创建网络品牌。店铺 LOGO 要应用在网店中，首先必须符合网店对店铺 LOGO 的尺寸、格式、分辨率等的规范；其次，设计出具有创意、高识别度的店铺 LOGO，使其在买家心中留下品牌印象，也是 LOGO 设计的重点。总之，在设计店铺 LOGO 时，要注意以下三大要领：

（1）LOGO 的尺寸。不同网站对店铺 LOGO 的尺寸要求有所不同。淘宝店铺 LOGO 尺寸建议为 80 像素×80 像素，LOGO 的格式为 jpg、ipeg、png 和 gif。LOGO 图片的文件大小应控制在 80KB 以内。若 LOGO 图片文件大于 80 KB，可使用 PS 或 Fireworks 软件对图片进行压缩。

（2）LOGO 的外观。LOGO 的外观既要简洁、引人注目，又要易于识别、理解和记忆。

（3）LOGO 的应用。店铺 LOGO 要在一定时期内保持稳定性和一贯性。切忌经常更换店铺 LOGO 或随意更换店铺 LOGO 的颜色、字体等，这样会给买家留下不严谨、诚信度低等不良印象。

3.2.2.2 店招设计

店招是店铺的招牌，是店铺品牌展示的窗口，也是买家对店铺第一印象的主要来源。鲜明有特色的店招对于卖家店铺形成品牌和产品定位具有不可替代的作用。

1. 店招的设计原则

店招除了要凸显最新信息，方便买家查看外，还应注重店铺商品的推广，给买家留下深刻的印象。因此，要使店招在设计上具有新颖别致、易于传播的特点，就必须遵循两个基本原则：一是品牌形象的植入；二是抓住商品定位。

品牌形象的植入可以通过店铺名称、标志来给予展示，而商品定位则是指展示店铺卖什么商品。精准的商品定位可以快速吸引目标消费群体进入店铺。图 3-29 所示店招通过放大"酷哇机器人行李箱"文案实现了商品的定位，而图 3-30 所示店招并未出现"行李箱"文案，却通过放置店铺的智能行李箱实现商品定位，不仅让买家直观地看出店铺中卖的是什么商品，还能知道商品的大致样式，从而准确判断这种商品是否是自己所需要的。

图 3-29

图 3-30

2. 店招的风格确定

店招的风格影响着店铺的风格，而店铺的风格在很大程度上取决于店铺所经营的商品。一般而言，一个完整的店铺要求店招、商品、店铺风格统一。

同一行业的店招在用色上需要考究，如护肤品行业为了彰显商品的天然，突出洁净、清透与水嫩，会较多地使用绿色、蓝色等色调，同时也会选择女性钟爱的粉色、紫色等色调。同理，可爱型的店招主要可用于母婴用品、童装店、玩具店、宠物店及适合年轻女孩佩戴的饰品店等，在设计时要注意使用轻快明亮的色彩和偏向简单的线条等。图 3-31 所示是乐高玩具的店招效果，其整体采用了明亮的黄色，配以两个乐高小人，自然凸显"小灵感大快乐"的品牌理念。整个店招体现了孩童活泼可爱的风格定位。柔美浪漫型的店招主要针对的是女性用户，如护肤品、女装店、女鞋店等，在设计时要注意尽量使用粉色、玫红、浅绿、浅蓝等色彩，可多用圆润纤细的字体。图 3-32 所示的"裂帛"店招效果，给人带来强劲的自然风和民族风；设计上采用了凸显民俗风情的花纹图案，并在字体和形状等元素上也统一采用偏方正的风格，体现了店铺中服装独有的气质。而针对男性用户的店招则要体现男性的阳刚之气，如男装店、电器店等，在设计店招时应注意尽量选择刚硬的字体类型，颜色也可以黑白灰或深色系为主。图 3-33 所示的"太平鸟男装"店招则以深蓝色背景为主，展示了男性沉稳、严肃的性格特征。

图 3-31

图 3-32

图 3-33

3. 店招的设计要求

针对淘宝店铺而言，按尺寸大小可以将店招分为常规店招和通栏店招两类。常规店招为 950 像素×120 像素；通栏店招包括页头背景、常规店招和导航条，尺寸多为 1 920 像素×150 像素，其中包含 950 像素×30 像素的导航条。需注意的是，为了便于店招的上传，页头背景图片建议小于 200kB，店招建议小于 80kB，店招的格式应设置成 jpg、gif 或 png 等，其中 gif 格式是动态店招。

3.2.2.3 店铺导航栏设计

导航栏也称导航条，店铺中的导航栏类似于实体店的环境导视，能迅速指引买家找到其想要购买的商品。这在很大程度上提高了买家的购买体验及购物的便利性。导航栏作为店铺首页的一部分，也属于店铺形象的一个重要因素，只有与店铺形象相符的导航栏才能更好地树立与宣传店铺形象。图 3-31 所示就是网店中最常见的导航栏的设计效果。可以看到，导航条无论是在分类设置上还是在色调搭配上都需要与网店的整体风格和谐统一，而且布局合理。只有这样才能很好地起到指引购买的作用。

淘宝店铺导航栏的设计对于尺寸也有一定的规范。一般来说，其宽度为 950 像素，高度为 30~50 像素，如图 3-34 所示。

| 首页 | 所有商品 | 每周上新 | 连衣裙 | 外套 | 风衣 | 衬衫 | 卫衣 | 毛衫 | 打底 | 半裙 | 裤子 | 大衣 | 羽绒 | ACC |

图 3-34

从图 3-34 中可以看出，在导航栏设计中能够利用的空间是非常有限的，除了文字内容的不同之外，几乎很难再进行更深层次的设计制作。但是，随着店铺的导航栏对店铺流量的影响逐渐增大，更多的卖家开始高度重视店铺首页的导航栏并用心设计。图 3-35 所示的这家店铺主要以销售各种盆栽绿植为主，店铺主色调为植物的绿色，而导航栏也摒弃了传统的放在店招最下方的布局方式，选择了放在店招中部位置。同时，导航栏的文字色彩借鉴了店铺的主色调，也选用了绿色，与店铺形象相呼应。另外，每一组文字标签部分都搭配了与之相适应的植物造型，营造出绿色、有氧的氛围，契合了店铺"简单如水，静赏芳华"的经营理念。

图 3-35

可见，导航栏是店铺风格的主要组成部分，一个好的导航栏设计不但要体现店铺风格，更重要的是内容层次要清晰，划分要合理，让买家能够得到明确的购物指引，方便快捷地查看店铺中的各类商品信息，从而产生好的购物体验，最终提高商品成交率。因此，导航栏的设计是店铺装修中很重要的一环。

在制作导航栏时，应当从店铺整体的装修风格出发设计其色彩和文字部分。由于导航栏一般都出现在店招的最下方，因此只要其设计和配色能够与整个店铺首页和谐统一，一般都能够达到令人满意的效果。

3.2.2.4 首页海报设计

无论是线下的传统营销模式还是线上的网络销售模式，都需要有既漂亮又能吸引眼球的海报招揽顾客。在网络店铺的运营中经常会利用店铺首页的海报来吸引买家，即便没有促销活动或者节日活动，也会制作精美的海报图片来吸引买家的眼球。

1. 首页海报的设计要点

首页海报一般位于导航栏下方，占有较大面积，其常见形式为多张海报循环播放，因此也称轮播海报。可以说，它是买家进入店铺首页后最先看到的区域，好的轮播不仅让人有震撼的感觉，还能使买家在第一时间了解店铺的活动和促销信息。

1）主题

海报的制作需要一个主题，无论是新品上市、清仓甩卖还是节日促销，只有主题选定后才能围绕这个方向确定海报的文案和信息等。海报的主题是商品加描述的直接体现，表现形式为图文结合。

2）构图

海报的构图主要讲究的是和谐并且突出主题。海报的构图模式一般有以下几种：

（1）左右构图：这是比较典型的构图方式，一般分为左图右文或者左文右图两种模式。这种构图方式比较沉稳，而且画面不失平衡感，如图3-36和图3-37所示。

图3-36

图 3 – 37

（2）左中右构图：在这种构图方式中，海报两侧为图片，中间为文字。与左右构图相比，此种构图方式更具层次感，如图 3 – 38 所示。

图 3 – 38

3）配色

海报的配色十分关键，因为画面的色调会营造一种氛围。在配色中，以对比度高的颜色强调重要的文字信息，以对比度低的颜色来传递画面信息，以配色方案确定画面风格，从而特色鲜明地展现产品特点，如图 3 – 39 所示。

图 3 – 39 所示的配色方案使人感觉画面干净、清新的同时又不失活泼，平添一种信任感，很适合这家以"原创、文艺、复古"为主要格调的儿童服装店铺。

图 3-39

2. 轮播海报的设计流程

1）目标人群分析、产品分析和广告目标分析

目标人群分析：分析广告投放区域的主要访问人群，进而分析其审美观及消费心理。例如，不同年龄层次及不同消费能力的买家，喜好的色彩风格或者能引发其注意的点是截然不同的，所以一定要设计出能吸引买家眼球的海报。

产品分析：分析产品的卖点和价值点，以及产品图片应该以什么样的角度或者风格去呈现。例如，分析产品中最具代表性、能引起消费者关注的款式，或者选择一种最能抓住买家眼球的主色。

广告目标分析：在设计一个海报效果图时，应确定广告的目标，明确是促销广告、活动广告还是品牌形象广告。促销广告的目标是以降价为手段刺激买家；活动广告是以预告活动给买家带来诱惑，从而让买家收藏或者关注店铺；而品牌形象广告则是以加深买家对品牌的印象和好感为主要目的。因此，卖家在设计轮播海报时要做到有的放矢。

2）沟通策划

主题内容：在海报中展现的内容如模特、折扣信息、产品图片、文案、LOGO等，应当经过梳理后用最简练的方式进行表达。

文案内容：海报当中的文案内容不宜过多，应该尽量做到言简意赅，以引起买家的兴趣。

素材准备：设计轮播海报就如同盖房子一样需要各种材料，如背景素材、标签、字体等，可以提前通过网络搜集好，也可以借鉴其他网站的广告设计作为参考。充足并且优质的素材可以达到事半功倍的效果。

3.2.2.5 商品陈列区设计

商品陈列区可以帮助买家快速了解店铺宝贝，也会影响买家的购买决策，因此商品陈列区是店铺首页中非常重要的一个模块。在设计商品陈列区时，要注意以下几个要点。

1. 商品类别要明确

在对商品进行陈列展示时，最好进行分类展示，这样可以使页面显得更加丰富、整洁、美观且容易激起买家的购物欲望，如图 3-40 所示。

图 3-40

2. 要突出商品的价格和购买按钮

在对商品进行陈列展示时,价格和购买按钮最好能够突出显示,通常可以采用放大、加粗或者使用对比色等方法,如图 3-41 所示。

图 3-41

3. 要让商品主次分明

在对商品进行陈列展示时，对需要主推的商品、爆款商品、引流款商品要凸出显示，做到主次分明，如图3-42所示。

图3-42

3.2.2.6 收藏区及客服区设计

1. 收藏区设计

店铺收藏用于潜在买家将感兴趣的店铺直接添加收藏，以便再次寻找时可以快速找到。收藏区的设计相对灵活，可以直接出现在店铺装修的店招位置，也可以出现在导航栏的位置或者单独显示在店铺首页的某个区域，如图3-43和图3-44所示。

图 3-43

图 3-44

收藏区的常用尺寸一般是宽度为 190 像素,高度则没有严格限制,但建议不要设计得太高,否则会影响美观。

收藏区通常由简单的文字和图形组成,一般情况下设计得比较简洁。但有些店铺为了吸引眼球,也会将一些宝贝图片、素材图片等添加进去,达到促销和提高收藏率的目的。

2. 客服区设计

店铺客服是店铺的一种服务形式,相当于实体店的售货员,唯一不同的是,店铺客服主要是利用网络和聊天软件为买家提供商品售前和售后咨询等服务的。因此,网店客服是买家咨询商品信息的最直观也是最直接的一个通道。同时,卖家也可以通过和买家交流,了解买家所需信息,进而完善店铺内商品的信息设置。由此可见,店铺首页客服区的功能是不容忽视的。

在设计客服区时,要注意平台对聊天软件的图标尺寸是有具体要求的。以淘宝平台为例,旺旺图标的宽度为 16 像素,高度为 16 像素;如果是添加了"和我联系"字样的旺旺图标,则图标的宽度为 77 像素,高度为 19 像素。因此,应以平台要求的规范尺寸设计制作客服区。

3.3 商品详情页设计

3.3.1 商品详情页设计概述

商品详情页不仅能向买家展示商品的规格、颜色、细节、材质等属性信息,还能向买家展示商品的特点及优势。商品详情页是提高转化率的首要入口。一个好的商品详情页就像一个好的推销员,面对各式各样的买家,一方面用语言打动他们,另一方面则用视觉传达的方式展示商品特点。

3.3.1.1 商品详情页的设计思路与准备

商品详情页是提高转化率的关键因素,好的描述内容不但能激发买家的消费欲望,增加顾客对店铺的信任感,还能打消买家的消费疑虑,促使其下单。因此,在设计时要注意,设计详情页的目的不是要告诉买家本商品该如何使用,而是要说明该商品在什么情况下使用会产生怎样的效果。通常可按照如下步骤进行设计思路规划和设计准备。

1. 设计商品详情页应遵循的前提

商品详情页主要用于进行商品细节和效果的展示，需要与宝贝标题和主图契合，从真实性中体现商品的信息。商品中起决定性作用的多为商品本身，因此，在设计时不能只在乎图片的效果而忽略商品本身的价值。

2. 设计商品详情页前的市场调查

市场调查是掌握商品行情的基础。设计商品详情页前需分别进行市场调查、同行业调查、消费者调查和规避同款调查等。从调查的结果中分析消费人群的消费能力、喜好，以及购买时所在意的问题等。

3. 调查结果及商品分析

当完成简单的市场调查后，可根据商品市场调查结果对商品进行系统的总结，整理出买家所在意的问题、同行的优缺点，以及自身商品的定位，挖掘商品与众不同的卖点。

4. 关于商品定位

不同商品有不同的定位，可根据商品定位设计需要表现的内容。例如，对于卖丝绸的店铺，因为丝绸属于高端商品，所以需将丝绸的质感、款式、风格展示出来，而不能只将其摆着拍照。

5. 商品卖点的挖掘

商品卖点即商品拥有的独一无二的特点和特色。每个商品因为其功能的不同，需要展现的卖点也有所不同。商品卖点呈现得越清晰诱人，就越能够提升成交率。例如，某个卖键盘膜的店铺，将键盘膜"薄"的特点作为商品的最大卖点，并通过"超薄的键盘膜"文案让商品从众多同类型商品中脱颖而出，从而导致销量和评分大增。

6. 准备设计元素

根据消费者分析及商品自身卖点的提炼以及宝贝风格的定位，开始准备所用的设计素材、宝贝描述所用的文案，并确定宝贝描述的用色、字体、排版等。最后还要烘托出符合宝贝特性的氛围，如羽绒服商品的背景可以采用雪景、冰山等元素。

3.3.1.2 商品详情页的设计原则

通常情况下，商品详情页的上半部分应主要说明商品的价值，下半部分则主要用于培养买家的消费信任感。在设计商品详情页时可遵循以下几个原则。

1. 顺序

在制作商品详情页时应遵循一定的顺序。例如，一个销售灯具的店铺，在制作灯具详情页时可以按照以下顺序：①店铺活动和场景效果图；②商品图和材质工艺细节图；③尺寸说明和质检合格证展示；④关联推荐、品牌展示和防损包装、品牌形象等。

在实际操作中，每个店铺的情况不同，需要根据自己店铺的具体要求添加一些其他内容，达到层层递进的效果。

2. 亲切

在现实生活中，与人相处的第一印象很重要，有人会给你亲切的感觉，有人会给你难以接近的感觉。毋庸置疑，人们更喜欢跟有亲切感的人做朋友。制作商品详情页也一样，在制作前，首先要了解商品针对的人群的特性，根据目标买家的特性制定文案风格，如儿童用品常采用活泼可爱的风格。

3. 真实

网上购物最重要的是得到买家的信任，该信任需建立在买家对店铺商品的了解上，所以要在强调商品真实性的前提下，尽量多角度、全方位地展现商品原貌，减少客服人员的工作量，提高买家自主购物的概率。

4. 氛围

并不是所有买家浏览网店都目的明确。部分买家可能只是逛逛，没有真正需要购买的宝贝。这部分买家比较喜欢购物的氛围，当进入商品详情页后，具有吸引力的焦点图、完整的商品展示图以及优惠的促销信息都会使买家有一种心动的感觉，从而促使其购买。

5. 专业

网店美工在制作商品详情页时必须体现出自己的专业性，可从侧面烘托商品的优势，并给予最专业、最有利的市场行情对比。因为买家更相信专业的信息，专业的商品详情页描述可以更好地指引买家购物。例如，卖羊毛衫的店铺，可以从羊毛的角度切入，从真羊毛和假羊毛在质感、颜色上的区别进行专业描述，让买家在选购时可以直观地获得专业的肯定。

6. 品牌

随着生活水平的不断提高，买家对商品品质的要求也变得越来越高，对品牌的认知程度也越来越高。所以，卖家在打造详情页时，要通过品牌文化做出商品保证，并通过品牌文化树立商品信心。

7. 图片质量

商品描述中的图片质量是非常重要的，应尽量用优质大图及少量文字进行搭配。在制作商品详情页时，手机端和电脑端建议不要使用同样的图片，最好分别进行设计与制作。

3.3.2 商品详情页的设计要点

商品详情页的模块需要根据不同商品的特点进行策划。对于家电类、数码类等标准化商品，买家大多数是基于理性购买，关注的重点多为功能性，此时就需要涉及细节展示、宝贝参数、功能展示等模块；而对于女装、手包、珠宝饰品等非标准化商品，买家更多的是基于感性购买，此时商品的展示、场景的烘托等就显得尤为重要。总之，商品详情页的内容要引发消费者的兴趣。在策划模块时需要把握以下几个要点：

（1）引发兴趣，激发潜在需求。商品详情页可以利用创意性的焦点图来吸引买家眼球，兴趣点可以是商品的销量优势、功能特点、目标消费群、营销等，以激发买家的潜在需求，如图 3-45 所示。

图 3-45

（2）赢得买家信任。要赢得买家信任，可从商品细节的完善、买家痛点和商品卖点的挖掘、同类商品对比、第三方评价、品牌附加值、买家情感、塑造拥有后的感觉等方面入手。如图 3-46 所示，其通过对比使用某品牌美白护肤霜前后的效果，说服买家购买。

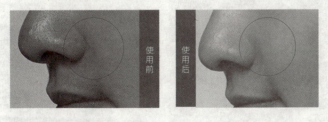

图 3-46

（3）替买家做决定。通过品牌介绍、数量有限、库存紧张、欲购从速等手段号召犹豫不决的买家快速下单。若买家浏览整个详情页后仍然没有下单，可通过相关推荐模块进行商品推荐。图 3-47 所示商品就通过限制时间的折扣活动引导犹豫不决的买家快速下单。

3.3.2.1 焦点图的设计要点

商品详情页的焦点图一般位于商品基础信息的下方，是为推广该款商品而设计的海报，

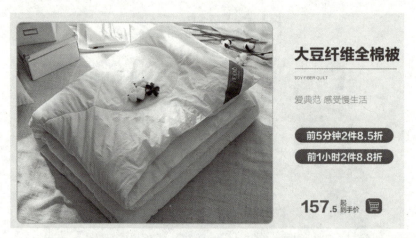

图 3-47

通常由商品、主题与卖点三部分组成,其存在目的为吸引买家购买该商品。店铺商品详情页焦点图的尺寸一般为宽 750 像素,高 400~600 像素,其设计方法与首页海报的设计方法相似。

商品详情页的焦点图的设计一般有两个目的:明确商品主体,突出商品优势;承上启下,做好商品信息的过渡。基本上,所有的卖点都是大同小异的,要突出自己商品的优势,在文案与图片的设计上就要讲究创意。例如,通过突出商品的特色,或通过优劣商品进行对比,将自己商品的优势展现出来。众所周知,商品详情页一般是通过商品主图引导访客点击查看的,因此商品主图、详情页焦点图、商品卖点图等要相互衔接。图 3-48 和图 3-49 所示为淘宝某店铺中玻璃花茶保温壶的主图与详情页焦点图,从图中可以看出详情页焦点图对主图信息进行了延伸。

图 3-48

图 3-49

3.3.2.2 商品卖点图的设计要点

商品卖点图可让买家对商品的属性有基本的了解,并通过展示效果让买家产生继续浏览的兴趣。

1. 商品卖点的特征

商品卖点是吸引消费者购买商品或者服务的理由。商品卖点一般具有以下3个特征：

（1）卖点独特，能够激发买家购买的欲望。共性的商品特征如果能第一个说出来，可能影响买家的购买行为，如农夫山泉的"有点甜"。

（2）有足够的说服力，能打动买家的心。这就要求卖点要与买家核心利益息息相关，如空调的"变频"与"回流"，面膜的抗衰老、美白、补水的功效等。

（3）长期传播的价值及品牌辨识度。

2. 商品卖点提炼的原则与方法

提炼商品卖点的方法有很多，可以从商品概念、市场地位、商品线、服务、价格、时间、售后、品质和风格等方面入手。下面介绍几个常见的商品卖点提炼方法：

（1）FAB 法则。F 指属性或功效（Feature 或 Fact），即自己商品的特点和属性；A 是优点或优势（Advantage），即自己与竞争对手的不同处；B 是客户利益与价值（Benefit），指这一特点或优点带给买家的利益。例如，买家在购买冬季床上用品时，商品的卖点图中标明"全棉面料、AB 双面、亲肤透气、缩水性低"，既说明了商品的卖点，又体现出买家的利益。

（2）从商品概念提炼。一个完整的商品概念是立体的，包括核心商品、形式商品和延伸商品 3 个层次。核心商品是指商品使用值；形式商品是指商品的外在表观，如原料、技术、外形、品质、重量、体积、视觉、手感、包装等；延伸商品是指商品的附加价值，如服务、承诺、身份、荣誉等。

（3）从更高层次的需求提炼。从情感、时尚、热点、公益、梦想等更高级别的需求角度提炼卖点。若以情感为诉求，可以适当加深人们对产品的好感，如雕牌洗衣液的"妈妈，我可以帮你干活了"，以孩子对母亲的理解和支持突出卖点。

3.3.2.3 商品信息展示图的设计要点

商品信息展示图可以细分为参数说明图、实物拍摄展示图、颜色展示图、全方位展示图等。通过实物拍摄、颜色展示、全方位展示可以使买家更直观地查看商品，但对于一些具体参数，如材质、硬度、品质和厚薄等仍然无法通过肉眼获取准确的信息。此时，就需要为商品添加参数说明，让买家对商品有更直观的了解。

1. 商品参数的常用表达方式

在淘宝店铺中，商品参数的表达方式多种多样，可以根据商品参数的多少与商品的特征进行灵活设计。常用的商品参数表达方式有以下 4 种：

（1）商品参数的直接输入。自由排列输入的商品参数，一般需要使用文本框统一文本的行间距。

（2）通栏排参数。使用文本框直接输入参数，添加形状或线条修饰参数模块；使用商品参数表输入参数，其可以比较全面地反映商品的特性、功能和规格等，在尺码方面应用得尤为广泛。图 3-50 所示为童装的尺码参数表。在使用商品参数表时，可以通过设置表格行高、列宽、边框、底纹、文本格式美化表格，以匹配店铺的风格。

尺码	衣长/cm	1/2胸围/cm	肩宽/cm	袖长/cm	1/2袖口/cm	1/2下摆/cm
100cm（M）	40.5	35	26	32	7	34
110cm（L）	44	37	28	35	7.5	36
120cm（XL）	47.5	39	30	39	8	38
130cm（2XL）	51	41	32	43	8.5	40
140cm（3XL）	54.5	43	34	47	9	42
150cm青春码	58	45	36	51	9	45

*所有尺寸为手工测量，可能存在1~3 cm 的误差，敬请谅解

图 3 – 50

（3）商品参数与商品图片的自由组合。可以直接将商品参数输入商品图片上，也可以将商品参数细化到不同的商品图片中进行显示。图 3 – 51 所示为某品牌女鞋相关商品参数的标示。

图 3 – 51

（4）参数与商品两栏排。当商品参数比较少时，可通过左表右图或左图右表的方式排列商品参数模块。对于有尺寸规格的商品，还可在商品图上添加尺寸标注。图 3 – 52 所示为通过左图右表的方式排列儿童羽绒服的商品参数，使买家快速了解这款羽绒服的相关属性。

2. 对比图的制作要点

对比图不限于展示商品的实际大小，在淘宝中，对比图往往还被用于展示商品的材质、款式、细节或功能优势。图 3 – 53 以对比图的方式展现使用护发素前后的效果。需要注意的是，在制作对比图的过程中，尤其是将自己店铺中的商品与其他商品进行对比时，若有意贬低或诋毁其他卖家的商品或服务等，则会违反《中华人民共和国广告法》的相关规定，所以卖家在制作商品对比图时一定要谨慎。

图 3-52

图 3-53

3.2.3.4 商品细节图的设计要点

一张光彩夺目的宝贝图片能够引起买家的注意，将买家吸引到店铺中。但能否留住买家并成功交易，商品细节图则是关键。商品细节图能够让买家近距离地观察商品真实的效果，对商品本身的品质有零距离的感受。

商品细节图的选择对于细节的展示十分重要，因此商品细节图一定要清晰明了，尽量避免偏色。此外，呈现方式要有一定的逻辑性，要用图片带着买家按照卖家的思路，完整地浏览店铺内所售的宝贝。商品细节图的样式一般分为两种，一种是同时放置商品和细节的图，将商品细节图指向商品的具体位置；另一种就是单独进行细节图的展示。在排列布局上，可根据个人喜好与店铺的整体风格进行设计。

不同类目的商品细节图内容也要有所不同，卖家可根据商品本身的特点、卖点和优势进行细节的展示。下面以服装、箱包、鞋、灯具、家具类目为例，对商品细节图展示的内容进行介绍。

（1）服装类目细节图。服装类目的细节展示一般包括款式细节（领口、门襟、袖口、裙摆褶皱、腰带、帽子等）、做工细节（走线、针距、线粗、内衬锁边、裁剪方式、熨烫平整等）、面料细节（面料材质、颜色、面料纹路、面料花纹等）和辅料细节（里料、拉链、纽扣、钉珠、蕾丝等），如图3-54和图3-55所示。

图3-54　　　　　　　　　　图3-55

（2）箱包类目细节图。箱包类目的细节展示包括一般款式细节（袋口、包扣、拉链、肩带、褶皱等）、做工细节（绳边、走线、脚钉等）、材质细节（微距拍摄面料、颜色、花纹、厚薄，以及里料的展示）和配件细节（拉链、包扣、肩带、五金等），如图3-56所示。

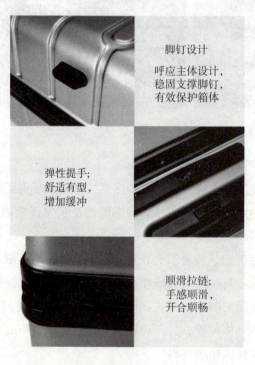

图3-56

（3）鞋类目细节图。鞋类目的细节展示一般包括款式细节（全貌、帮面、后帮、鞋跟、鞋底等）、材质细节（材质、纹路、花色等）和辅料细节（拉链、配件、流行元素等），如图3-57所示。

图 3-57

（4）灯具类目细节图。灯具类目的细节展示一般包括工艺细节（材质、工艺、透光度、着色度）和光源细节（灯泡材质、开关方便度、替换灯泡的方便性、灯泡寿命等），如图3-58所示。

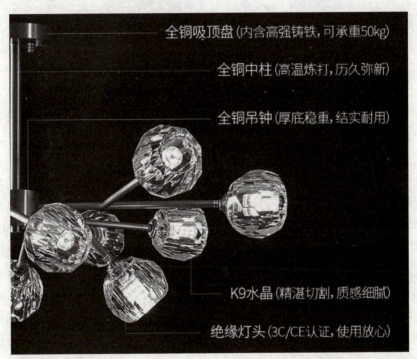

图 3-58

（5）家具类目细节图。家具类目的细节展示一般包括建材细节（木料、纹理、防腐性、耐热性、防潮性等）、油漆细节（打磨、底色、擦色、磨砂、面油等）和工艺细节（手工打磨、纹理清晰、弧度、拼贴等），如图3-59所示。

图 3-59

3.2.3.5 商品快递与售后图的设计要点

商品快递与售后图位于商品详情页的最下方,主要对快递信息和售后信息进行展示。该板块不但能减轻客服的工作压力,还能减少买家对售后的顾虑。

当不同的卖家同时销售相同商品时,买家获取的商品信息是相同的,此时作为具有附加价值的售后服务变得尤为重要。在商品详情页中添加商品快递与售后图,可展示店铺的服务及售后保障信息,增加买家购买商品的信心,从而提升转化率。常见的商品快递与售后图主要包括快递服务展示图、退换货流程图、售后承诺图、5星好评图等,如图3-60所示。

(1)快递服务展示图。快递服务展示图可以让买家了解店铺默认发货的快递公司,以便买家自行调整,也可以提醒偏远地区的买家购买包邮商品时要咨询店内客服等重要信息。

(2)退换货流程图。根据店铺的退换货流程,制作出对应的图片展现给买家,让买家了解退换货的流程,同时卖家也应该遵守流程图的顺序,让买家体验到正规的退换货服务。

(3)售后承诺图。退换货流程图让买家体验到退换货服务的正规化,售后承诺图则让买家明确地知道购物后能够得到的实际保障,如7天无理由退货、全国联保等。

(4)5星好评图。5星好评图可以向买家展示店铺优质的商品与服务,同时也提醒买家在购物满意后给出5星好评。但是,如果单纯是"满意请给5星好评"这样的提示语,不足以引起买家足够的重视与兴趣,所以在制作5星好评时需要加入一定的引导因素,鼓励买家不要因为个别因素而给出低分评价。

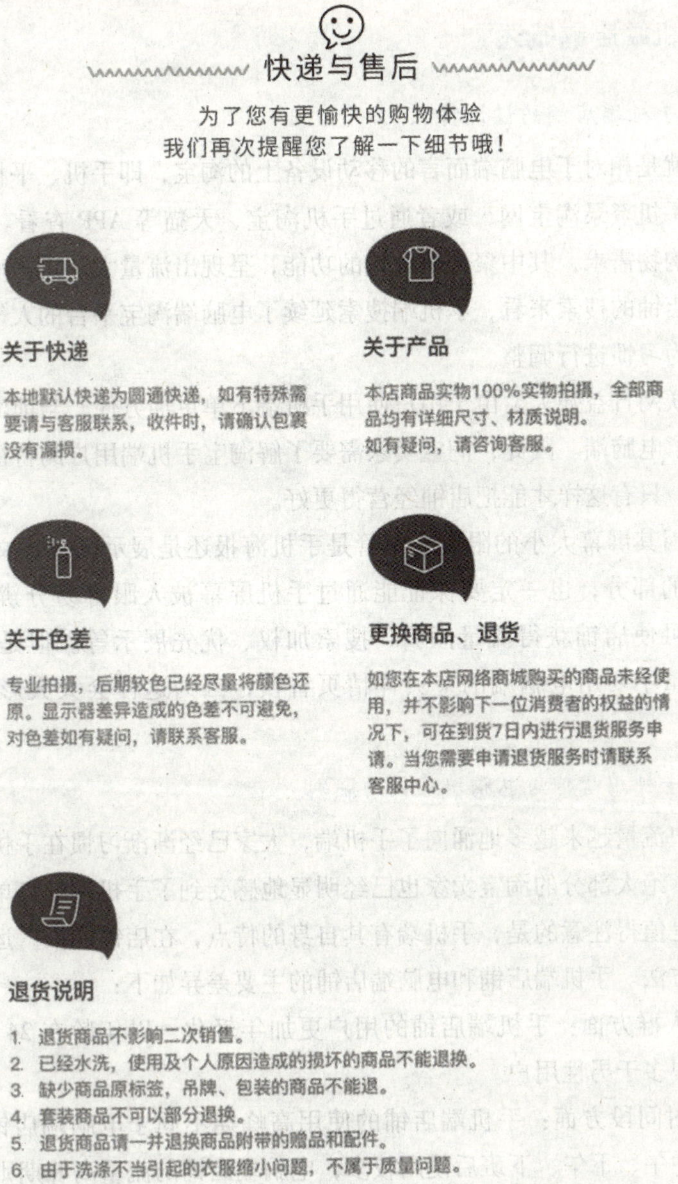

快递与售后

为了您有更愉快的购物体验
我们再次提醒您了解一下细节哦！

关于快递

本地默认快递为圆通快递，如有特殊需要请与客服联系，收件时，请确认包裹没有漏损。

关于产品

本店商品实物100%实物拍摄，全部商品均有详细尺寸、材质说明。
如有疑问，请咨询客服。

关于色差

专业拍摄，后期较色已经尽量将颜色还原。显示器差异造成的色差不可避免，对色差如有疑问，请联系客服。

更换商品、退货

如您在本店网络商城购买的商品未经使用，并不影响下一位消费者的权益的情况下，可在到货7日内进行退货服务申请。当您需要申请退货服务时请联系客服中心。

退货说明

1. 退货商品不影响二次销售。
2. 已经水洗、使用及个人原因造成的损坏的商品不能退换。
3. 缺少商品原标签、吊牌、包装的商品不能退。
4. 套装商品不可以部分退换。
5. 退货商品请一并退换商品附带的赠品和配件。
6. 由于洗涤不当引起的衣服缩小问题，不属于质量问题。

图 3 – 60

3.4 手机端店铺设计

在当今的互联网时代，智能手机的运用几乎遍布整个世界，人们越来越注重手机端的研究开发与应用。而随着智能手机设备的发展和成熟，淘宝不停地把流量引到手机端上，现在手机端流量占比已达80%以上。另外，手机端页面的设计有许多规范，大到整个页面的排版和呈现方式，小到一个图标的尺寸，都关系到页面的视觉美观程度及用户体验。因此，对于电商企业来说，手机端店铺的视觉设计成为重点关注对象之一。

3.4.1 手机端店铺概述

3.4.1.1 手机端店铺的设计特点

淘宝手机端就是相对于电脑端而言的移动设备上的淘宝,即手机、平板等移动设备上的淘宝应用,可用手机登录淘宝网,或者通过手机淘宝、天猫等 APP 查看。手机端店铺旨在满足不同用户的购物需求,其中聚合了大量的功能,呈现出流量大、点击率高、转化率高等特点。从手机端店铺的搜索来看,手机端搜索延续了电脑端淘宝平台的人气算法,并加入了买家的差异化行为习惯进行调整。

随着移动互联网日益强大,由于用户使用手机端下单更加方便,当前淘宝手机端的成交量已经远远超过了电脑端。因此,淘宝卖家需要了解淘宝手机端用户的特征,并有针对性地优化宝贝和店铺,只有这样才能把店铺经营得更好。

淘宝手机端因其屏幕大小的限制,不管是手机海报还是展示图片,文字要尽量少,对于必须要有文字的部分,也一定要保证能通过手机屏幕被人眼容易分辨。对手机端宝贝详情页的优化,可使店铺获得流量倾斜、搜索加权、优先展示等。但是要注意,手机端的宝贝详情页尽量不要用电脑端的宝贝详情页替换,因为这样会大大影响买家对商品的体验感。

3.4.1.2 手机端店铺与电脑端店铺的区别

近年来,用户流量越来越多地涌向了手机端,大家已经渐渐习惯在手机端上看新闻、刷朋友圈和购物了,绝大部分的淘宝卖家也已经明显地感受到了手机端的订单成交比例已经超过了电脑端。但是值得注意的是,手机端有其自身的特点,在店铺的推广运营上绝不能照搬电脑端的策略和方法。手机端店铺和电脑端店铺的主要差异如下:

(1) 在使用人群方面:手机端店铺的用户更加年轻化,以年龄在 24~39 岁的青年居多,而且女性用户多于男性用户。

(2) 在使用时间段方面:手机端店铺的使用高峰期不同于电脑端店铺的流量高峰期,一般在上班前、中午、下午、下班后使用较多,电脑端店铺的流量高峰期则是晚上。

(3) 在停留时间方面:手机端店铺用户都是利用碎片时间浏览网页,停留的时间较短,因此对网页打开速度的要求相对于电脑端店铺来说较高,一般若超过 3 秒网页还没有打开,用户就跳转去其他页面了。

(4) 在使用场景方面:一般手机端店铺用户都在上下班乘坐公交、地铁时,或午休吃饭时,或与朋友聚会的时间间隙,以及晚上休息时使用。

(5) 在个性化展示方面:手机屏幕比电脑端屏幕要小,单个屏幕展示数量相对有限,要让买家更快地找到自己喜欢的商品,对主图的要求就相对较高,展示的内容需要更加吸引眼球,主题更加突出。

(6) 在浏览商品方面:电脑端可以同时打开好几个商品页面进行对比浏览,这就让店铺商品跳失率小一些,页面停留时间稍长些,因为买家要货比三家。但在手机端,一次只能浏览一个商品页面，看这家店铺的商品页面，就只能关掉那家店铺的商品页面，这让买家的耐心进一步降低。所以，在手机端店铺的视觉营销设计必须更加直接、高效，要尽可能地做到让买家不需要思考就下意识地点击购买。

应针对使用人群、使用时间段、停留时间、使用场景、个性化展示和浏览商品6个方面的差异采取相应的对策，不管是电脑端还是手机端，只有知己知彼方能百战不殆。

3.4.2　手机端店铺的装修要点

在设计手机端店铺首页前需要明白，手机端店铺首页的布局决定着店铺内流量的流转效果。下面将从装修风格、页面布局和商品主图3个方面介绍手机端店铺设计的主要内容。

1．装修风格

在设计手机端店铺前，卖家需要根据自己的商品和店铺定位选择合适的装修风格。为了营造更好的视觉效果，店铺内运用的色彩和风格应该保持统一。除此之外，还要体现出店铺的品牌文化及形象，给买家留下好印象。图3-61所示为定位店铺风格的3个要素。

图3-61

色调是指店铺内整体的色彩格调。卖家应根据自己店铺商品受众人群的心理特征确定店铺的主色调。主色调并不是单纯地将不同色彩进行堆积，而是要注意轻重缓急。

确定了主色调后，需要靠辅助颜色进行衬托，使整体的风格不偏离主色调。需要注意的是，辅助颜色不能喧宾夺主，以免影响店铺整体的视觉效果。同时还要注意手机端店铺的装修风格不要过于复杂、浮夸，应更加简洁、明了，便于买家快速获取信息。

2．页面布局

在电脑端，打开的商品页面可以直接往下拉，加载的速度也很快，但在手机端，买家通常没有那么多耐心，所以页面布局就非常重要。因为有一部分买家看了商品主图之后就会决定是否要购买，如果他接着看详情，就意味着这个买家有购买的可能。因此，只有不断吸引买家浏览，才能保证买家有足够的购买欲望。在手机端打开一个商品页面时，从上到下看到的内容是主图、价格、标题、宝贝评价、问大家、店铺的基本信息等。如果想看详情页，就需要继续拖动。查看图文详情如图3-62~图3-64所示。

图3-62　　　　　　　　图3-63　　　　　　　　图3-64

3. 商品主图

手机端店铺装修中最重要的环节就是商品主图设计。注意观察细节的买家应该会发现，在进入手机端店铺页面时，如果将电脑端店铺的主图直接放到无线端，那么主图的上部和底部会有一部分被遮盖。所以，主图制作要尽量按照淘宝的规则，第一张图的主要作用就是吸引买家点击，可以说宝贝的点击率全靠这张图，第二张图可采用白底无LOGO和水印以突出商品本身，剩下的一些主图也很重要，因为很多手机端的买家在购物时只看主图。由于商品主图呈现在店铺首页上，因此它直接影响店面的整体形象，间接影响买家在店内停留的时间。

图3-65所示为在手机端店铺页面中搜索"围巾"的显示效果。图3-66所示为某款围巾的主图效果。图3-67所示为该款围巾在店铺首页的展示效果。需要注意的是，商品主图以凸显商品的外观和款式为主，应避免使用过多的文案。

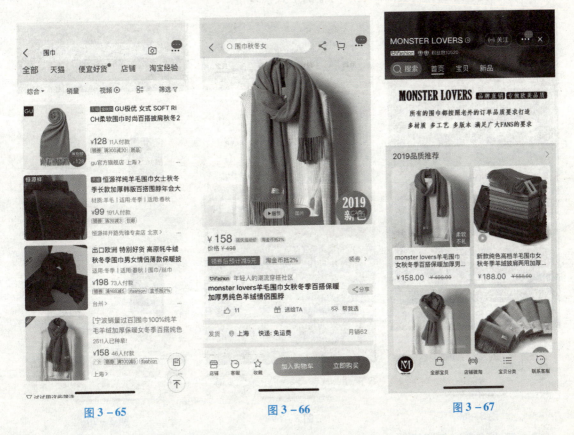

图 3-65　　　　　　　　　图 3-66　　　　　　　　　图 3-67

3.4.3　手机端店铺的设计思路

根据前面所述,手机端店铺用户具有使用时间碎片化和快速阅读的显著特点。手机端店铺首页装修有一定的局限性,并不能像电脑端页面那样具有较大自由度的发挥空间。买家连续浏览页面的时间可能不长,这就要求页面必须进行简洁明了的表达,能突出商品的卖点及店铺利益点,让买家能第一眼就看得明白,从而有继续看下去的兴趣。对比买家在电脑端的阅读与浏览习惯,手机端上的阅读速度会相对更快。同时,买家使用手机端的时间相对电脑端而言要短一些,注意力的集中时间也较短。针对以上手机端店铺买家的特点,手机端店铺装修需要注意以下几点。

1. 清晰的导购思路

买家在看手机时会比较放松,如果在几秒内不能吸引住买家,那么该买家就很有可能会流失,因此,拥有一个清晰的导购思路非常重要。手机端店铺页面的设计核心是模块化,平台对页面模块的数量也有限制,因此要利用有限的模块创造更多的价值。

普遍的手机端店铺首页由以下几部分组成:店招、海报、分类入口、优惠券、单品展示等。一般而言,这几个部分大都按照顺序排列。图 3-68 ~ 图 3-70 所示的首页示例中,第一个模块的位置可以利用无线即时效应,在新品上线或大型活动的前期在手机端提前预热;下面的模块给买家提供感兴趣的导购入口,降低跳失率;接下来就可以利用手机端进行"活动展示 + 商品推荐",让买家依赖手机端,提高回访率;如果老客户人群占比较高,可以采用新品展示为主、人气商品展示为辅的形式呈现。

图3-68

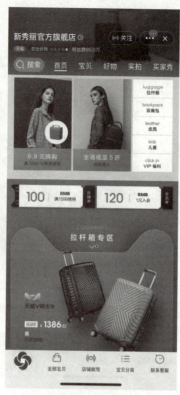

图3-69

图3-70

2. 简洁的店铺色调属性

设计学中有一条"7秒钟定律",有研究表明,"人关注一个商品的时间通常为7秒,而这7秒的时间内70%的人确定购买的第一影响要素是色彩"。通常同一版块内的颜色不要超过3种,这3种颜色可以看作主色、辅助色和点缀色。例如,图3-71和图3-72所示为农夫山泉矿泉水的手机端店铺页面,白色是主色,红色是辅助色,绿色是点缀色。设计师使用这样的配色方案是根据农夫山泉的品牌主色决定的。这样的配色方案就能让这个页面看起来十分和谐、统一。因为手机端店铺的页面本身空间有限,所以并不适合使用过多色彩。

另外,卖家在进行店铺装修时可以多多使用万能搭配色,如黑、白、灰等色彩。因为这些色彩比较百搭,与任何颜色搭配都会显得比较和谐,并容易体现出高端的感觉。一般而言,背景色尽量以浅色调为主,因为在手机端上查看时,浅色的背景更能突出商品本身,使买家注意力容易集中在商品上。

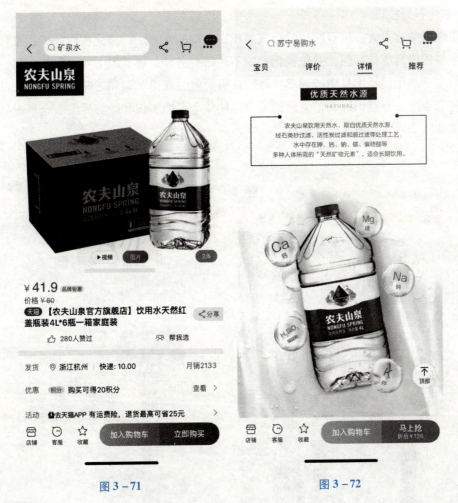

图 3-71　　　　　　　　图 3-72

3. 首页布局

在确定了店铺装修风格之后，就需要设计首页布局。手机端店铺详情页的宽度可以设为 750~1 240 像素。由于手机屏幕尺寸和流量的关系，手机端店铺详情页的长度建议控制在 6 屏以内，每屏切割为多个小屏。商品图片要突出整体场景，重视效果图和搭配感觉。首页上各类模块的搭配要统一、简洁。好的页面布局能够吸引更多买家驻足。卖家可以先设计店铺首页的整体框架结构，再单独调整各个模块的内容。一般而言，常见的店铺页面布局包括店招、导航栏、全屏海报、商品促销轮播海报、商品自定义主图展示区等，其布局模板如图 3-73 所示。

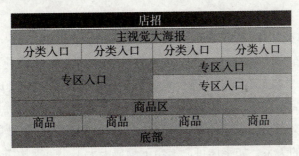

图 3-73

4. 图片布局技巧

手机端店铺首页大多以豆腐块的形式展现，范围非常有限，因此在选择图片时要尽量使用模特半身图或局部特写图，避免视觉上的不清晰。另外，要兼顾图片与图片之间的过渡搭配，如果全部都用模特半身图或局部特写图，页面就会显得单调和乏味，因此，可以适当地穿插一些全景图，有意识地调整页面的节奏，使整个页面更加和谐与活泼。全景图与局部图交替使用如图 3-74 和图 3-75 所示。

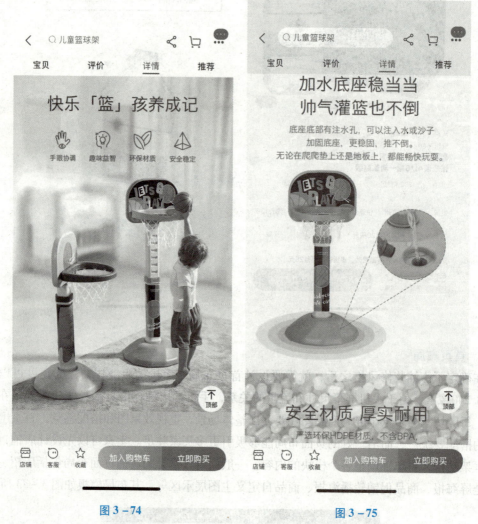

图 3-74　　　　　　　　　图 3-75

5. 图文搭配的排列技巧

排版是为了统一布局文字和图片。在面积较小的情况下，统一能使页面看起来更大，还能避免因为"乱"和"杂"而产生的廉价感。从手机端店铺的海报可以看出，设计相对于电脑端海报的设计要简单许多，但要做得好也不是容易的事。编者根据实操积累的经验总结了一些规律。例如，文字一般占整个海报的 1/2 或 1/3，并且要尽量放在同一个区域。在设计时，要注意文字间的关系，如字体可以上粗下细或上大下小，架构应主次分明。另外，手机端店铺首页空间有限，在设计时要注意分清主次。例如，在设计首页海报时，要先定位店铺海报要突出的重点是什么，是促销信息还是推荐宝贝。如图 3-76 所示，海报将活动促销定为重点，并推出了专属活动。买家看到这个海报后，就能知道该店铺将会开展一场金秋超值购满减的促销活动。

图 3-77 所示中的海报设计为热卖单品，下方还有优惠券，鼓励买家在看到促销信息后直接领取店铺优惠券。这在无形之中又增加了买家的购买欲望。

图 3-76　　　　　　　　　　图 3-77

6. 产品类目布局技巧

从吸引买家的角度看，若店铺类目明确，如图 3-78 所示，餐具按照不同功能分为盘子、碗和水具等，买家就能快速找到自己想要的商品。其实很多买家不是只为购买一款商品而进入店铺的，如果能在首页为其提供多种选择，就可以增大买家下单购买商品的概率。

102 网店运营实务

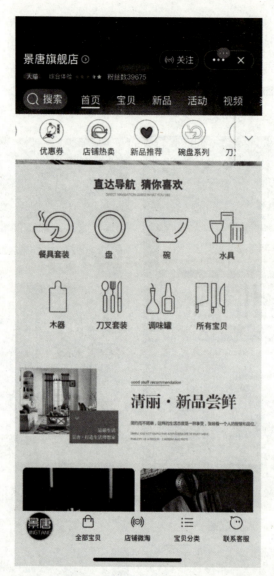

图 3-78

第 4 章

网店推广与营销

4.1 搜索优化推广

4.1.1 淘宝 SEO

搜索引擎优化（Search Engine Optimization，SEO）指通过站内优化和站外优化等方式对网站进行优化，从而提高网站的关键词排名和网站整体排名，继而达到提高网站商品曝光度并促成交易的目的。

SEO 是目前十分流行的一种网络营销方式，在国外已经发展出非常正规成熟的搜索引擎优化服务。淘宝 SEO 是 SEO 的分支之一。除此之外，谷歌、百度等搜索引擎巨头也是 SEO 的主要研究对象。

淘宝 SEO 是指淘宝搜索引擎优化，即通过各种优化技术和手段获取更多淘宝站内的自然流量，提高店铺或商品的展示率，达到提高销售量的目的。淘宝 SEO 包含的内容较多，综合排名 SEO、移动端淘宝 SEO、人气排名 SEO 等都属于淘宝 SEO 的范畴，其中综合排名 SEO 是淘宝 SEO 优化的重点。综合排名页面是淘宝搜索的默认展示页面，在买家的搜索过程中，几乎 90% 以上的搜索结果是以综合排名展现出来的，如图 4-1 所示。

图 4-1

淘宝卖家为了将宝贝排名做到淘宝默认搜索的前列，必须做好淘宝 SEO 优化。影响淘宝 SEO 优化的因素主要包括标题、类目和属性 3 类。其中，标题优化是淘宝 SEO 优化的重点，在做好宝贝标题优化的基础上，还需进一步完善和优化其他各项指标，这才是真正的淘宝 SEO 优化。

4.1.2 淘宝搜索思维模式

很多新手卖家都有一个问题，淘宝流量是怎么来的？

大部分买家在淘宝搜索商品时一般都有其既定流程,首先输入关键词进行搜索,接着在搜索结果中查看商品,然后根据商品主图、配色、文案等效果选择自己感兴趣的商品,最后点击该商品,产生流量。因此淘宝搜索思维模式主要包括搜索、展现、点击、流量4个步骤。

买家搜索关键词的过程就是淘宝搜索的过程,店铺或商品的大部分自然流量都产生于这个过程。由于淘宝网中卖家众多,买家在搜索商品时有成千上万种选择,他们不可能浏览所有的商品,通常只关注淘宝搜索前几页中的宝贝。因此,卖家要想获得更多流量,就必须让自己的商品跻身前列,这也是淘宝SEO优化的主要原因。

4.1.3 宝贝标题优化

宝贝标题优化是淘宝SEO优化的重点内容,其目的是提高宝贝排名,让宝贝获得更多展示机会,获得更多流量。为了符合买家的搜索习惯,增加宝贝被搜索到的概率,淘宝卖家一般使用买家热搜词来组成宝贝标题。

4.1.3.1 软件找词

为了提取到有确切搜索量的词语,可以借助搜词软件来找词。淘宝网提供了选词助手工具,帮助卖家分析和选择热搜词。查看淘宝商品热搜词的具体操作方法如下:

(1)进入淘宝卖家中心,在"营销中心"栏中单击"生意参谋"超链接,打开生意参谋主页面,在顶部导航栏中选择"流量"选项卡,在打开的页面左侧选择"流量看板"选项,如图4-2所示。

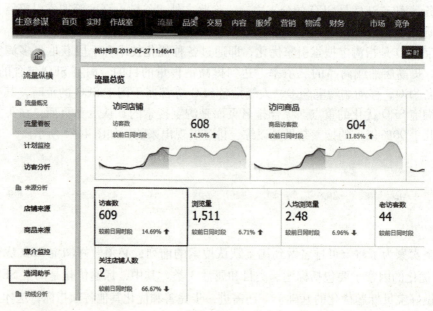

图4-2

(2)选择"行业相关搜索词"选项卡,在搜索文本框中输入关键词,单击"查看"按钮,选词助手将根据搜索内容显示相关关键词的搜索情况,具体如图4-3所示。

(3)在搜索结果上方单击"指标"下拉按钮,在打开的下拉列表中选中相应的复选框,

图 4-3

设置需要显示的指标，设置完成后单击"确定"按钮，如图 4-4 所示。

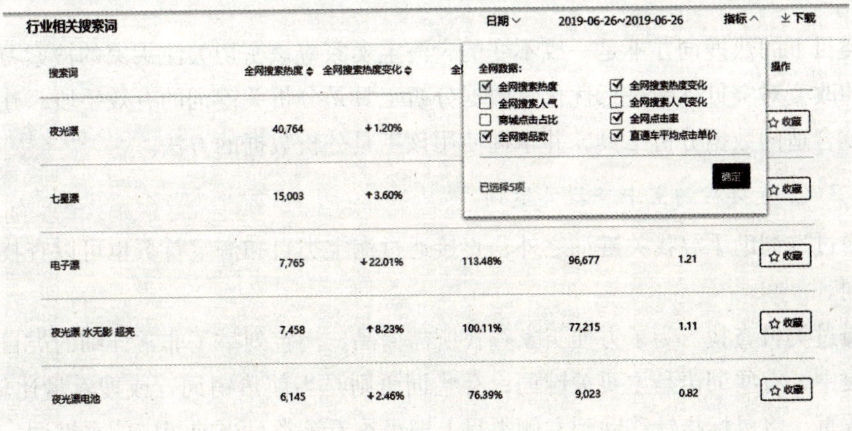

图 4-4

（4）在搜索结果上方单击"日期"下拉按钮，在打开的下拉列表中设置数据显示日期，如图 4-5 所示。

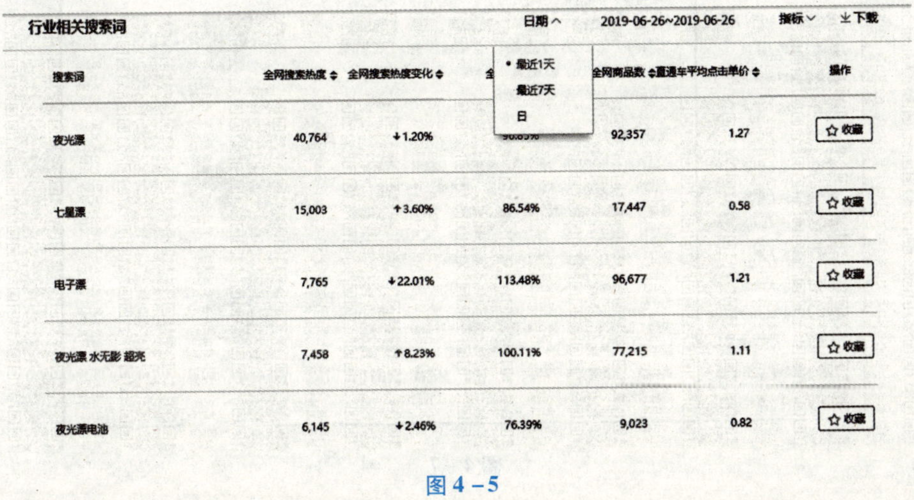

图 4-5

（5）设置完成后，单击"下载"下拉按钮，在打开的下拉列表中单击"确定"按钮，可下载该搜索数据并将其保存为 Excel 文件以便查看，如图 4-6 所示。

图 4-6

淘宝类目下的热搜词并不是一成不变的，淘宝卖家应该密切关注买家的搜索习惯，并根据其习惯的改变对宝贝标题进行优化。数据分析工具是分析关键词的有效手段，建议淘宝卖家选择一款合适的数据分析工具，并掌握使用该工具分析数据的方法。

4.1.3.2 直接在淘宝中查找关键词

除了通过选词助手寻找关键词之外，直接通过淘宝类目和淘宝首页也可以查找出当前热销的关键词。

（1）通过类目查找。为了方便买家查找所需商品，淘宝列举了非常详细的类目列表。在该类目列表中，有些词语是主要关键词；有些词语则是当前热销词，或搜索量比较大的词。进入淘宝首页，将鼠标指针移动到左侧类目上即可查看该类目当前相应的关键词，如图4-7所示。

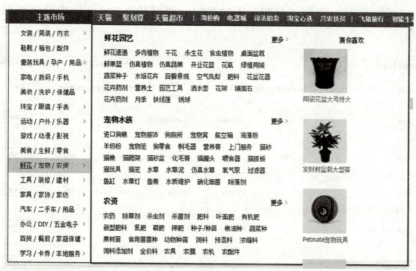

图 4-7

（2）在淘宝搜索页面中查找。在淘宝搜索页面中也可查找当前搜索量较大的词语。例如，在首页的搜索文本框中输入主要关键词后，在打开的下拉列表中将显示当前买家热搜的词语，如图4-8所示。

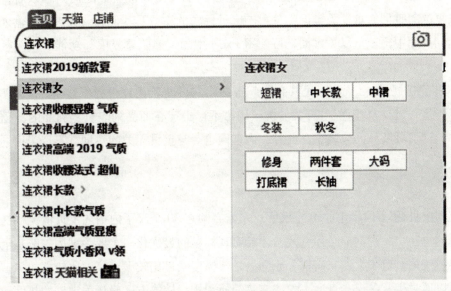

图4-8

4.1.3.3 建立关键词词库

淘宝宝贝的标题基本上由多个关键词组合而成，而组合标题的前提是建立关键词词库。一个全面且有效的词库可以帮助淘宝卖家更好地选择主要关键词、次要关键词、品牌词、高转化率的长尾关键词等。

要想建立词库，首先应该寻找词语。前面已经介绍了通过软件选词、通过淘宝类目和淘宝搜索页面查找关键词的方法，搜集到相关关键词后，将其整理成Excel表格保存即可。

除了关键词之外，卖家也可以关注品牌词和属性词。以"连衣裙"为例，在淘宝首页搜索"连衣裙"之后，在打开的搜索页面上方的"品牌"栏中即可收集"连衣裙"的品牌词和属性词，如图4-9所示。

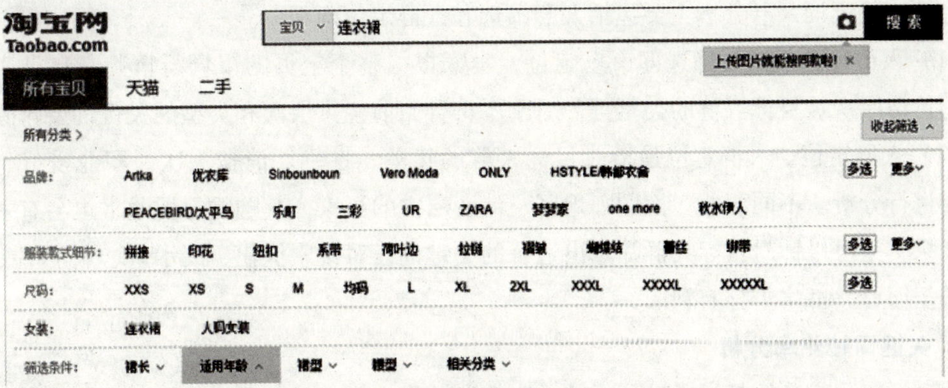

图4-9

4.1.3.4 筛选无效关键词

淘宝宝贝标题要避免与其他店铺的重复，同时还应该删除重复、违规等无效关键词。

（1）删除重复关键词。当我们通过各种途径和手段提取行业关键词词库以后，首先必须删除重复的关键词。重复关键词十分影响宝贝标题的质量及其他有效关键词的输入。为了防止关键词词库中出现重复关键词，可使用 Excel 中的"删除重复项"功能对重复数据进行删除。

（2）删除违规词。《中华人民共和国广告法》对广告禁用词进行了规定，一些与"最""一""级/极""首/家/国"等有关的极限用语不得出现在商品列表页、商品的标题和副标题、主图、详情页及商品包装中。此外，淘宝网也对与宝贝无关的热词、不良渠道词、营销词等进行了限制。

4.1.3.5 确定主要关键词

淘宝的宝贝标题不能超过 30 个汉字，卖家必须在 30 个汉字内描述宝贝情况，这就意味着标题中的每一个关键词都必须有效，才能实现标题的最优化。主要关键词一般是宝贝标题中的主要引流词，对于大卖家而言，原则上是选择搜索量比较大、热度比较高的关键词。卖家主要可以通过生意参谋、直通车、淘宝热销榜和排行榜等方式确认关键词的热度。

在数据分析工具中验证关键词热度，通常可以通过全网关键词查询功能来查看该关键词的搜索人气、搜索指数、搜索占比、点击指数、转化率等，然后使用这些数据分析该关键词的热度。在直通车中，同样可以通过查看宝贝的搜索人气、搜索指数、占比、点击指数、在线数量、转化率等数据分析关键词的热度。

4.1.3.6 关键词数据分析

完成标题的初步组合后，还需要具体分析关键词。关键词人群、关键词转化率、关键词点击率和全网商品数等都是分析关键词的重要数据。

1. 关键词人群分析

关键词人群分析是指分析适合店铺的买家人群，通过分析判断关键词词库中部分关键词的优劣性。关键词人群分析主要包括人群筛选和人群定位两部分。

（1）人群筛选。人群筛选即市场定位，卖家根据整个宝贝的市场行情判断自己店铺的宝贝的价格层次、目标人群的类型等。对于不符合当前宝贝层次和类型的关键词要排除。

（2）人群定位。人群定位是指对目标人群的年龄、性别、消费层次、职业爱好、地区等数据进行分析。不同职业、性别、地区、消费层次的买家，其购物习惯通常也会有一定差异，如果卖家可以针对目标人群筛选出适合的关键词，对搜索优化、展示量、点击率、转化率等数据而言，都将十分有利。

2. 关键词转化率分析

关键词转化率分析是指通过分析转化率筛选转化率低的关键词。如果宝贝获得了一定的展示率，但没有获得足够的转化率，淘宝就会降低该宝贝的排名。一般来说，关键词的转化率可以行业平均水平为标准,稍高于行业平均水平为优,过高容易被系统审查,甚至降权;低于行业水平太多则表示关键词有效性低,可适当调整或删除。

3. 关键词点击率分析

关键词点击率可以从全网点击率的角度来进行分析,全网点击率越高的关键词,表示其定位越准确,通常搜索这类关键词的买家对符合该关键词的宝贝有需求。如果全网点击率比较低,说明淘宝搜索结果显示了很多宝贝,但被买家点击的宝贝较少,原则上选择全网点击率更高的关键词。

4. 全网商品数分析

全网商品数一般是指所有搜索得到的结果中宝贝数的最大值,全网商品数越大的关键词,说明使用该关键词的宝贝越多,关键词的竞争越大,具体如图4-10所示。

搜索词	带来的访客数	引导下单转化率	全网搜索热度	全网点击率	全网商品数	操作
夜光漂	107	9.35%	40,764	96.85%	92,357	收藏 详情分析
夜光鱼漂	57	14.04%	23,986	90.01%	50,156	收藏 详情分析
钓鱼神器	41	7.32%	11,738	79.22%	42,730	收藏 详情分析
鱼漂	30	10.00%	54,626	92.70%	2,215,305	收藏 详情分析
钓鱼小药	29	6.90%	9,065	119.44%	102,666	收藏 详情分析

图4-10

4.1.3.7 组合关键词确定宝贝标题

通过生意参谋等数据分析工具,可以帮助淘宝卖家了解当前类目中的买家热搜词、关键词搜索热度、人气、点击量等数据,通过分析和选择关键词数据,即可确定商品的标题。

1. 关键词的种类

淘宝宝贝标题一般由多种关键词组合而成,如核心关键词、属性词、品牌词、促销词、功能词等。

核心关键词即顶级关键词,是对商品本质的描述,如手机、书架等属于核心关键词。

属性词即用于描述商品的词语,如形状、尺码、材质、大小、颜色等。

品牌词即商品的品牌,如华为、小米等。

促销词即商品在促销时使用的词语,如包邮、买一赠一等。

功能词即描述商品功能的词语,如保湿、美白、防水、防晒等。

2. 组合关键词

在组合关键词之前,可以先对当前宝贝不同类型的关键词进行排序和选择。例如,搜索关于宝贝属性、特征、功能、材质的关键词，筛选排序靠前或搜索量大的词，去除重复的关键词，然后组合筛选出的词语。

通常情况下，宝贝标题中关键词的种类越多，被搜索到的概率就会越大。以凉鞋的标题组合为例，首先，应确定核心关键词——凉鞋。其次，分析凉鞋的品牌、属性、材质、功能等。分析这些关键词时，可以查看淘宝凉鞋搜索页上方的属性栏，或发布商品页面的属性设置项，如该商品的属性为"平跟、头层牛皮、牛筋软底"等，功能为"防水、防滑"等。然后确定商品的品牌，如"回力新款"等。最后，可以根据买家的搜索习惯加入一些比较有人气的词语，如"休闲、舒适"等。分析完凉鞋的关键词后，接下来即可组合这些关键词，形成宝贝标题，如"回力男士凉鞋2019夏季新款百搭休闲沙滩凉鞋男款青年潮流运动凉鞋"。

3. 关键词组合规则

为了使宝贝标题更符合买家的搜索习惯，增加宝贝被搜索到的概率，在组合宝贝标题的关键词时，可以遵循以下规则：

（1）排序先后。淘宝宝贝关键词的组合排序不分先后顺序，所以不需刻意调整关键词组的顺序。例如，在淘宝搜索页输入"休闲凉鞋"和"凉鞋休闲"的搜索结果是一样的。

（2）排序紧凑。关键词排序紧凑即关键词的紧密性。用户搜索的关键词与宝贝标题中某个关键词越接近，其排序将越靠前。例如，当买家搜索"休闲凉鞋"时，"休闲凉鞋"将优先于"休闲潮流运动凉鞋"显示。

（3）节省字符。淘宝宝贝标题可以输入30个汉字，卖家在设计宝贝标题时不要使用重复的词语，尽可能加入商品特性、商品功能相关的词语，这样不仅可以避免浪费字符，还有利于锁定更多的目标买家群。

4.1.4 宝贝排名优化

从宏观意义上来说，商品人气、卖家服务质量、商品相关性、商品图片等都会影响宝贝的排名，其中很多影响因素不是立刻就能得到改善的，而有些影响因素则任何时候都能优化。

4.1.4.1 类目属性优化

淘宝规定，宝贝类目必须与宝贝本身相符合，类目错误可能导致宝贝降权，使宝贝排名靠后，所以宝贝类目优化十分必要。一般来说，宝贝类目优化主要包括类目正确、类目最优和完善细节3个方面。

（1）类目正确。类目正确是宝贝类目优化的第一步，卖家在发布商品时，可以在"类目搜索"文本框中查询当前宝贝的类目分类，淘宝将根据买家输入的商品核心关键词匹配相关类目，如图4-11所示。

（2）类目最优。类目最优是指为宝贝选择最适合的类目。某些商品具有一些共通属性，如"凉鞋"，按照淘宝商品发布后台的匹配情况，"凉鞋"可以放置在"女鞋>凉鞋"下，

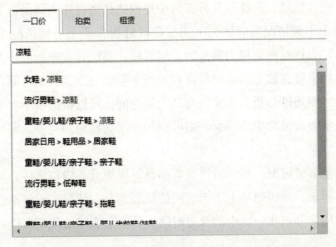

图 4-11

也可以放在"居家日用 > 鞋用品 > 居家鞋"下。买家在淘宝搜索商品时，除了可以输入关键词进行搜索外，还可以通过淘宝类目进行搜索。比较这两个类目，"女鞋"的类目流量大于"居家日用"的类目流量，说明将"凉鞋"放置在女鞋类目下搜索量将更多。但是搜索量多一般就意味着竞争环境激烈，如果宝贝不具备强大的竞争优势，那么放入竞争环境相对温和的"居家日用"类目下也可以收获不错的效果。所以宝贝究竟放在哪一个类目之下，需要根据其实际情况来分析。

（3）完善细节。在优化完类目后，为了使宝贝与类目最大限度地匹配，可以在宝贝标题中带上类目名称，如"居家凉鞋"等。

4.1.4.2 商品上下架时间优化

商品上下架时间是影响商品排名的因素之一，特别是对于小卖家或新开设的店铺而言，受成本和店铺等级的影响，很多推广活动都无法顺利参加，此时设置商品上下架时间就成了获取商品流量非常有效的手段。

1. 分析商品上下架时间

淘宝网的商品下架周期为 7 天，即从商品上架开始计算时间，7 天后即为商品下架的时间，如果商品的出售状况正常，淘宝系统会继续自动上架商品。商品上下架规律是尽可能地给予所有商品公平展现的机会，但淘宝网的卖家数量非常庞大，同类商品竞争激烈，同一时段下架的商品数量众多，如果下架时间设置不合理，则很多商品无法获得良好的展示机会，此时就需要分析商品上下架时间。

（1）分析合适的商品上架时间。互联网用户在进行网络购物时，不同的消费群体有不同的消费习惯和消费时间。通过分析行业每天和每周的访问高峰期，可以基本确定消费人群的主要活动时间段，从而有目的地设置商品上下架时间，引入更多有效的流量。例如，目标消费群为上班族的商品，其销售高峰期一般是上班族的休息时间和下班时间。在这个时间段里，商品的有效流量最多。淘宝网中提供了很多经营数据分析工具，均可用于分析买家的年龄、性别、消费时间等信息，从这些分析工具中提取的数据可作为商品上下架时间的依据。

（2）分析行业上下架情况与店铺上下架情况。分析行业上下架情况主要是为了避开实力强劲的竞争对手，有针对性地规划商品的上架时间。热门行业中的中小卖家在市场中的竞争力比大卖家低，如果将商品上下架时间设置为与大卖家一致，则很可能在商品下架时也无法获取靠前的排名，而通过分析大卖家的商品上架时间，可以帮助中小卖家避开与大卖家正面竞争。如果是竞争力较强的中小卖家，则可参与流量高峰期的竞争，实现流量的最大化和有效化。

在分析了行业上下架情况、每天流量高峰期及每周流量高峰期之后，即可将行业情况与店铺经营数据结合起来，分析商品上下架时间的状态和分布情况，调整不合理的地方，尽可能让店铺中的商品均匀分布在一周中的合适时间，使整个店铺的流量得以在一周中保持较稳定的趋势。

2. 商品上下架技巧

卖家为了更好地引入流量，需要将商品的上下架时间设置在目标买家的主要消费时间段中，同时避开流量极少的时间段。下面介绍一些优化商品上下架的时间。

（1）时间选择。一般来说，商品上架应尽量安排在互联网用户的流量高峰期及互联网用户上网的主要时间段，如9：00～11：00、12：00～15：00、19：00～23：00均为网上流量较大的时期。当然，具体的时间安排应该以本行业目标消费人群的活动时间为准。

（2）商品上架时间分布。在设置商品上下架时间时，一般以主要的引流商品为主，然后合理分配其他商品的上架时间。需要注意的是，店铺中的商品不要在相同或较短的时间段内集中上架，而应该合理分布，在一周中分批上架，以稳定店铺在一周中的搜索排名。

（3）避免整点上架。当同类目中的卖家数量较多时，在设置商品上架时间时将会有很大的重复性，而整点上架的商品通常重复性更高，可能会降低商品的展示机会，因此建议避开整点上架产品。

4.2 站内推广

4.2.1 直通车

4.2.1.1 了解直通车

淘宝直通车是为淘宝卖家量身定制的一种推广方式。直通车按点击付费，可以精准推广商品，是淘宝网卖家宣传与推广的主要手段。直通车不仅可以提高商品的曝光率，还能有效增加店铺的流量，吸引更多买家。

1. 直通车的概念

淘宝直通车是阿里妈妈旗下的一个营销平台，是淘宝的一种付费推广方式，买家可以通过点击直通车推广位置的商品进入店铺，产生一次甚至多次跳转流量。同时，淘宝直通车还给用户提供了淘宝首页热卖单品活动、各个频道的热卖单品活动及不定期的淘宝各类资源整合的直通车用户专享活动。

淘宝直通车的推广形式是卖家通过设置关键词来推广商品，淘宝根据用户搜索的关键词在直通车展示位展示相关商品，买家点击商品产生流量，淘宝网根据直通车流量的点击数收费。当买家单击展示位的商品进入店铺后，将产生一次店铺流量；如果买家通过该次点击继续查看店铺其他商品，即可产生多次店铺跳转流量，形成以点带面的关联效应。此外，直通车可以多维度全方位地提供各类报表及信息咨询，方便卖家快速便捷地进行批量操作。卖家还可以根据实际需要，按时间和地域来控制推广费用，精准定位目标消费群体，降低推广成本，提高店铺的整体曝光度和流量，最终达到提高销售额的目的。

2. 加入直通车的条件

如果想使用淘宝直通车进行报备推广服务，一般需满足以下条件：

（1）店铺状态正常（店铺可正常访问）。

（2）用户状态正常（店铺账户可正常使用）。

（3）淘宝店铺的开通时间不低于 24 小时。

（4）近 30 天内成交金额大于 0。

（5）店铺综合排名靠前。

3. 直通车的优势

卖家做推广是为了获得更多的流量，只有拥有足够的流量，才有可能拥有更多的成交、收藏、加购、转化和盈利。但是刚开始经营淘宝店铺的新手卖家都知道，淘宝网的自然流量不是短时间内就可以控制和改变的，所以对于很多中小卖家来说，获得流量相对较经济较快捷的方式就是直通车推广。

直通车推广的优势如下：

（1）选位置展现。直通车推广在淘宝的手机端和电脑端都有专门的展示位置，这些展示位置十分显眼，非常容易被买家看到。排序越靠前，展示位置越好。

（2）降低推广费用和风险。直通车推广是免费展现，点击收费，即只有当买家点击了商品之后才会产生费用，同时系统会智能过滤无效的点击，帮助卖家精准定位适合的买家人群。

（3）小卖家的推广利器。淘宝直通车推广对中小卖家比较友好，不仅推广效果十分明显，可以短时间内提高店铺流量，同时投入费用也在中小卖家的接受范围之内，实现"小投入大收益"，可以帮助卖家在运营前期快速地积累店铺资质。

4. 直通车的产品展现原理

淘宝直通车具有精准推广的特点，其展示对象一般都是拥有精准购物需求的潜在买家，其具体展现原理表现为卖家设置关键词，直通车匹配关键词给买家，买家点击商品产生流量。其具体展现形式如下：

（1）卖家为需要推广的宝贝设置相应的竞价词、出价和推广标题，淘宝直通车根据卖家设置的关键词，将宝贝推荐到搜索该关键词的目标客户的搜索页面。

(2) 当买家在淘宝网中输入该关键词进行搜索或按照商品分类进行搜索时,就会在直通车的展示位置看到相关的直通车商品展示。

(3) 直通车展示免费,点击计费。当买家在直通车推广位置点击展示的商品图片进入商品详情页时,系统会根据推广时设定的关键词或类目进行扣费。

例如,一家经营手工皂的店铺,其在直通车后台设置一款宝贝的推广关键词为"手工皂洁面",并设置关键词竞价。当买家在淘宝中搜索"手工皂洁面"时,该宝贝就可能出现在淘宝直通车中的展示位置,被买家看到并点击。这种展示方式带来的买家流量通常比较精准,转化率更高。

5. 直通车的展示位置

淘宝直通车的展示位置主要分为电脑端和手机端两部分,主要包括自然搜索结果页、收藏夹、物流详情页、购物车、手机淘宝猜你喜欢、手机淘宝消息中心等位置。

1)电脑端掌柜热卖

自然搜索结果页中的"掌柜热卖"是淘宝直通车电脑端的主要展示区域,包括搜索结果页左侧、搜索结果页右侧和搜索结果页底部等位置。此外,买家购物车页面底部的"掌柜热卖"也是直通车展示位置。

(1) 淘宝关键词搜索结果页左侧第一行中带有"掌柜热卖"标签的位置,如图4-12所示。

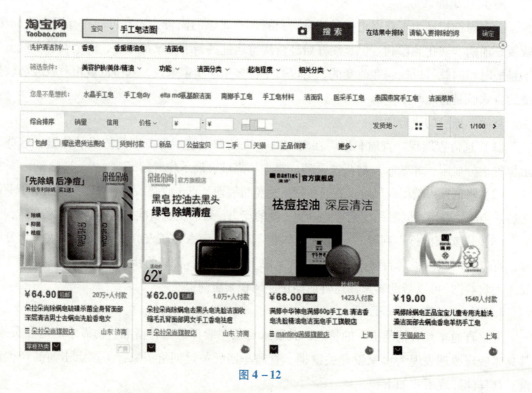

图 4-12

(2) 淘宝关键词搜索结果页右侧带有"掌柜热卖"标签的位置,具体如图4-13所示。

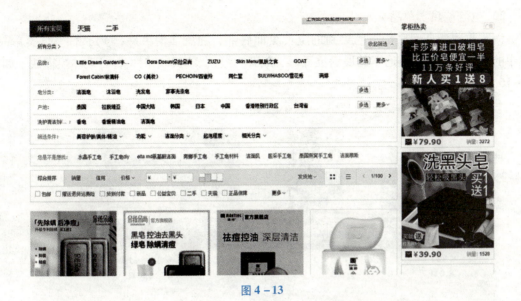

图 4-13

(3) 淘宝关键词搜索结果页底部"掌柜热卖"5个位置，具体如图 4-14 所示。

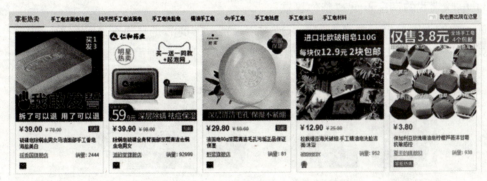

图 4-14

(4) 买家进入购物车页面，在该页面底部显示的"掌柜热卖"栏中的展示位置，具体如图 4-15 所示。

图 4-15

2）电脑端热卖单品

淘宝收藏夹页面底部、已买到的宝贝页面底部、物流详情页底部显示的"热卖单品"栏中的展示位置也是直通车的展示位置，一般有 5 组，每组 5 个展位，自动轮换播放，如图 4－16 所示。

图 4－16

3）电脑端我的淘宝首页"猜你喜欢"

进入我的淘宝首页，淘宝根据买家搜索记录推荐的商品是直通车展示位置。此外，淘宝网首页的"猜你喜欢"也属于直通车展示区域，如图 4－17 所示。

图 4－17

4）手机端展位

淘宝直通车手机端展位与电脑端类似，如购物车页面、收藏店铺页面、手机淘宝首页的"猜你喜欢"等。此外，手机端的主要展示位置还包括自然搜索结果页，其展示方式与电脑端略有不同。

手机端自然搜索结果页的直通车展示位置为手动端自然搜索结果页中的第一个宝贝，同时每隔 5 个或 10 个宝贝加入一个直通车展位。根据手动端移动设备的不同，展示位置也会有一些差异。一般来说，手机端的直通车展位图片上都有"HOT"标志，具体如图 4－18 和图 4－19 所示。

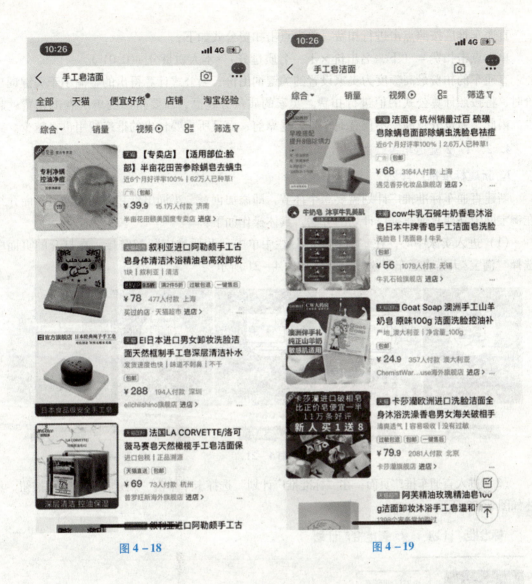

图 4-18　　　　　　　　　　图 4-19

6. 直通车排名

与淘宝自然搜索排名一样，直通车排名越靠前，商品展示就越靠前。直通车的排名是由质量分和关键词出价综合决定的，如图 4-20 所示。

图 4-20

质量分是根据推广创意的效果、关键词与宝贝的相关性、买家体验等因素综合评定的分数。质量分是直通车卖家必须关注的重要因素，一个好的质量分可以让卖家花费更少的推广费用，获得更靠前的排名。

关键词出价是指卖家在进行关键词竞价时设置的价格，即买家点击直通车推广展位的链接查看商品时的最高价格，关键词出价越高，直通车的排名就可能越靠前。

直通车推广按照点击进行扣费，单次点击扣费公式如下：

单次点击扣费 =（下一名出价×下一名质量分）/本人质量分 + 0.01 元

直通车的扣费最高额度为卖家设置的关键词出价，当公式计算得出的金额小于关键词出价时，将按照计算公式的值进行扣费。卖家的质量分越高，需要付出的单次点击扣费就越少。因此，质量分越高，不仅直通车排名越靠前，而且所需要付出的推广费用也将越少。

4.2.1.2 直通车操作流程

1. 新建标准推广计划

新建直通车标准推广计划需要 3 个环节，即添加创意、买词出价和添加人群。下面介绍在淘宝网中新建直通车推广计划的方法，具体操作如下：

（1）进入卖家中心，在"营销中心"栏中单击"我要推广"超链接，在打开的页面中选择"淘宝/天猫直通车"选项，具体如图 4-21 所示。

图 4-21

（2）进入直通车推广页面，在"标准推广计划"选择卡中单击"新建推广计划"按钮，具体如图 4-22 所示。

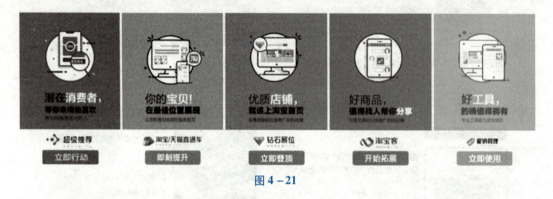

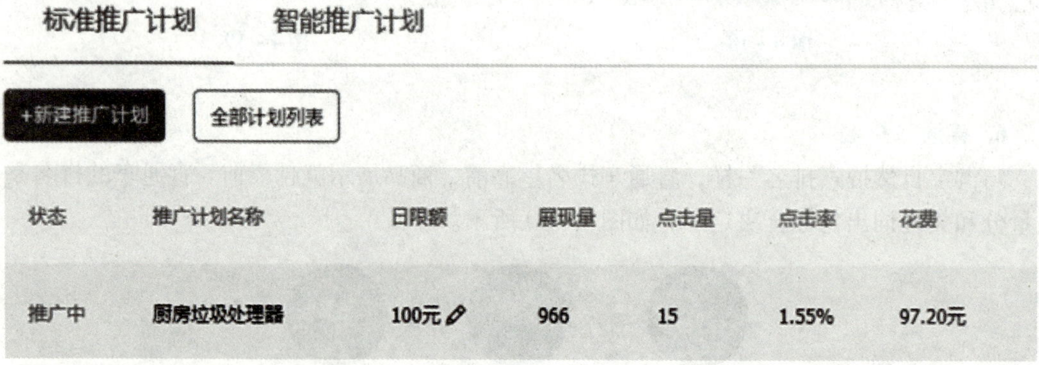

图 4-22

（3）进入新建推广计划页面，在这里需要进行营销场景选择和推广方式选择，具体的营销场景选择日常销售——促进成交、宝贝测款——均匀快速获取流量、定时上架——促进收藏加购、活动场景——促进活动爆发和自定义场景几种，而推广方式选择包括智能推广（原批量推广）、标准推广——系统推荐和标准推广——自定义 3 种。卖家可以根据自己的具体情况做出合理选择，然后单击"下一步，进入推广设置"按钮，具体如图 4-23 所示。

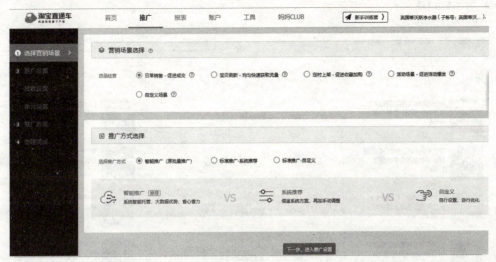

图 4－23

2. 具体推广设置

具体的推广设置包括投放设置和单元设置。在投放设置中输入计划名称，并根据实际情况进行日限额、投放方式和高级设置等设置，具体如图 4－24 所示。

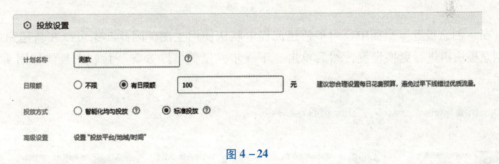

图 4－24

在单元设置中可设置推广宝贝条件，"全部"指店铺内所有宝贝，"优选宝贝"指根据该宝贝历史数据测试为适合推广的宝贝，"优选流量"指根据该宝贝历史数据测试在引流方面有潜力的宝贝，"优选转化"指根据该宝贝历史数据预测在转化方面有潜力的宝贝。选择相应的优选条件后，在下方的列表框中即可选择需要推广的宝贝，具体如图 4－25 和图 4－26 所示。

图 4－25

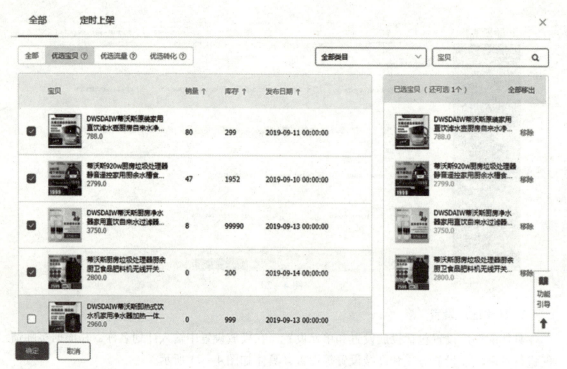

图 4-26

在"创意设置"页面中,由于新建流程中默认使用主图,因此卖家可以在新建完成后在创意板块再进行更换设置,然后单击"下一步,设置推广方案"按钮,具体如图 4-27 所示。

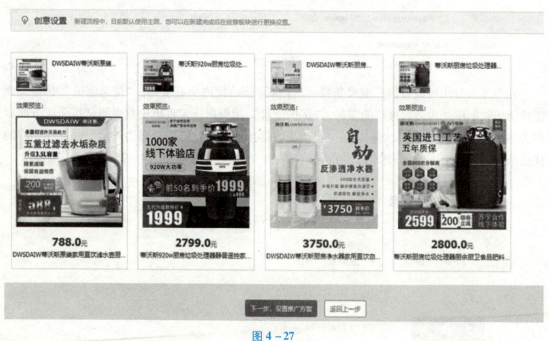

图 4-27

3. 推广方案设置

接下来进行推广方案的设置，在自定义选项下，卖家需要设定关键词及出价方式等，如图4－28所示。单击"更多关键词"按钮，打开关键词搜索和添加页面，在右侧的关键词列表框中选择所需的关键词，将其添加到左侧列表框中。可以在"搜索关键词"文本框中搜索相关关键词；也可以更改关键词的匹配方式，如广泛匹配和精确匹配等。在下面的"计算机出价"和"移动出价"栏中，可以根据具体情况选择自定义出价或某个比例的市场平均价，添加完成后单击"确定"按钮，如图4－29所示。

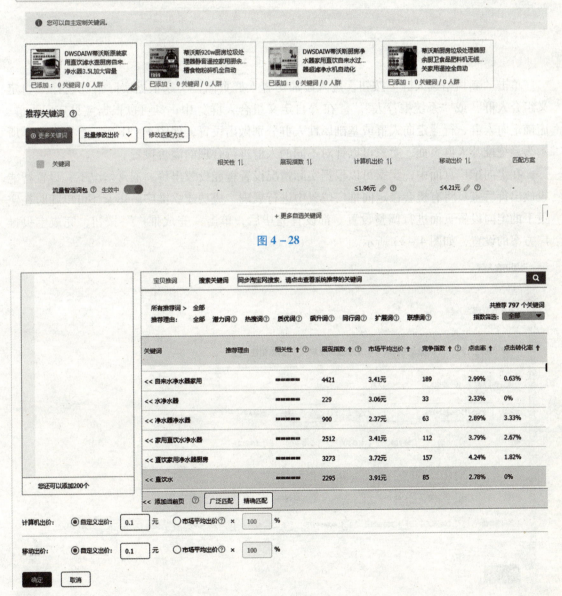

图4－28

图4－29

进行推荐人群设置，如图4-30所示。

图4-30

单击"新增精选人群"按钮，进入添加访客人群页面，卖家根据实际情况选择"自定义组合人群"或"系统推荐人群"。在"自定义组合人群"中，又可以根据宝贝定向人群、店铺定向人群、行业定向人群或基础属性人群分别做出设置，如图4-31所示。图4-32所示为系统推荐人群页面，卖家可以针对不同的人群进行合理的溢价设置。

在定向推广页面中，卖家可以根据实际情况设置智能投放出价。通常情况下，设置智能投放出价后宝贝将有机会在定向推广位置中进行展现，成功建立推广后卖家还可以随时在宝贝下的定向设置页面进行调整设置。都设置完毕后，单击"完成推广"按钮，完成宝贝推广方案的设置，如图4-33所示。

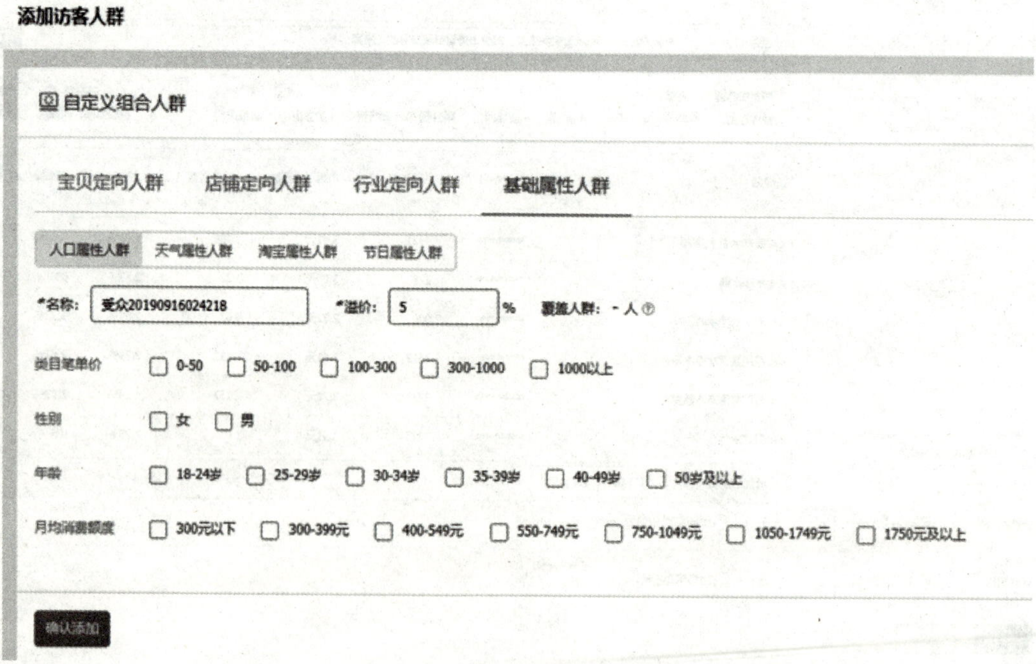

图4-31

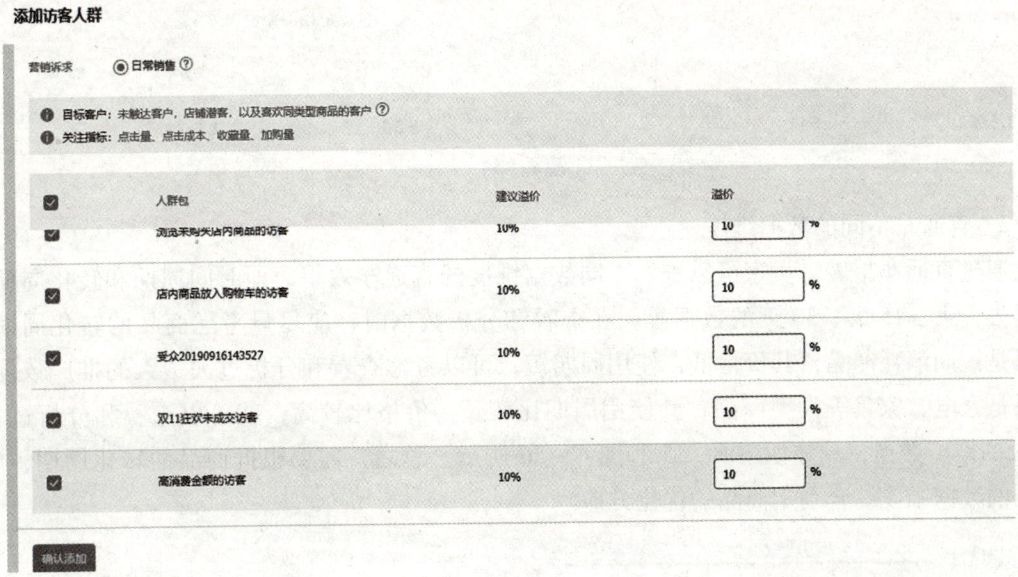

图 4 – 32

图 4 – 33

4.2.1.3 直通车操作技巧

直通车是一款精准引流的付费推广工具，如果使用得当，可以为店铺带来非常好的推广效果，促进店铺的快速成长；反之，如果运用不得当，就无法为店铺带来流量和成交量，无法为店铺前期的发展奠定基石。

1. 直通车数据分析

直通车数据包含的种类非常多，通过分析这些关键数据，买家不仅可以得知商品目前的推广效果，还可以在这些数据的基础上对推广方案进行优化。例如，可以通过直通车数据分析当前推广效果；分析推广商品的站内数据和站外数据；分析推广商品是定向推广效果更佳、地域推广效果更佳，还是关键词推广效果更佳等。

1）直通车报表

直通车报表是卖家了解直通车的基础，是对直通车效果好坏的直接反馈。查看直通车数据的方法很简单，进入直通车页面，在"直通车报表"栏中选择直通车报表选项，在右侧即可查看直通车报表的关键数据，包括点击量、点击率、花费等。卖家可以自定义需要显示的直通车报表数据及时间，具体如图 4 – 34 所示。

图4-34

2）直通车不同的数据维度

通过直通车报表，卖家可以查看不同数据维度的直通车效果，即时间周期和转化周期，如过去7天、15天、30天的数据等。在查看和分析数据时，应尽量考虑商品的转化周期。如果是短期消耗产品，其价格低，使用周期短，可以考虑查看和分析过去7天的推广数据；如果是家电、家具等大型商品，其使用周期比较长，价格比较高，就可以查看和分析过去30天的推广数据，具体如图4-35和图4-36所示。总之，需要根据商品的转化周期，用不同的数据维度综合判定商品的优化方向。

图4-35　　　　　　　　　图4-36

3）直通车推广趋势图

在直通车报表中，还可以直接查看最近推广的趋势图。趋势图主要用于反映最近卖家比较关心的一些关键数据，如展现量、点击量、花费、直接成交金额等。通过查看趋势图数据，卖家可以分析出最近直通车的推广效果，具体如图4-37所示。

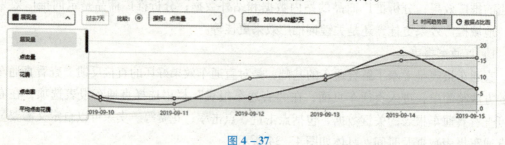

图4-37

4) 直通车推广列表

直通车推广列表中包含推广计划列表、推广单元列表、创意列表、关键词列表和地域列表，其中推广计划列表、推广单元列表和地域列表是常用的3种列表类型。

（1）推广计划列表。推广计划列表主要显示直通车推广的所有计划，以及每一个推广计划的整体数据。在推广计划列表中，可以选择流量来源、投放类型、投放设备3个细分条件选项。流量来源分为站内与站外，通过站内外流量对比可以帮助卖家了解流量的来源，并优化接下来的投放比例；投放类型分为关键词推广和定向推广，其中定向推广的作用是精准定位推广人群，可根据实际需要与实际推广效果进行投放；设备类型分为计算机设备（电脑端）和移动设备（手机端），卖家可以分别查看不同设备投放的数据和效果，从而制订相应的推广计划，具体如图4-38所示。

状态	计划名称	计划类型	日限额	展现量↑	点击量↑	点击率↑	花费↑	平均点击花费↑	操作
达到日限额，下线	厨房垃圾处理器	标准计划	¥100	3,436	64	1.86%	¥366.17	¥5.72	分日详情
	（合计）			3,436	64	1.86%	¥366.17	¥5.72	

图4-38

（2）推广单元列表。推广单元列表主要用于查看和分析每个推广计划下的单品数据，如果同一个单品出现在两个推广计划中，则可以同时查看该单品的两个推广数据，方便卖家对比和优化。推广单元列表的细分条件比推广计划列表多了一个"搜索受众"，该细分条件可细致地观察到领用店铺优惠券和店铺红包的访客、浏览但未购买店内商品的访客等不同人群的展现量与点击量。通过了解搜索人群的相关数据，可以帮助卖家对直通车推广做出合理的调整，将潜在买家变成目标买家，具体如图4-39所示。

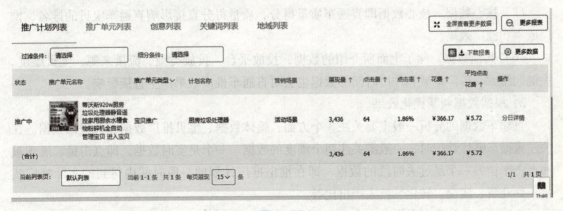

图4-39

（3）创意列表。

创意列表主要用于查看推广创建的数据表现情况，卖家可以根据展现量、点击量、投产等对列表内的创意进行调整，如删除或优化数据表现不好的创意、持续推广数据表现较好的创意等。

（4）关键词列表。关键词列表主要表现关键词的展现量、点击量、投产等，卖家可以根据数据表现情况对关键词做出优化、加价或减价等调整。

（5）地域列表。地域列表主要用于查看和分析不同地域的商品数据情况，通过地域列表，卖家可以直观地了解到各个地区、各个计划的直通车投放情况，根据展现量、点击量、点击率、投入产出比等数据对不同地域的投放做出调整。影响产品地域性的因素比较多，具有地域限制、地域特色等商品，或者受物流限制、季节变化、气温变化影响的产品都适合采用地域投放的推广方式。例如，初春时节，羽绒服在北方依然有市场，在南方的销量却会大幅度下降，这时就需要调整南方的投放方式。对于保鲜时间比较短、物流运输不方便的商品则可选择距离比较近的区域进行投放。

2. 直通车数据优化

进行直通车推广的卖家在分析直通车数据时，不管是分析展现量、点击量、点击率、投入产出比、转化率还是花费，都是为了分析直通车推广的最终效果，直通车数据直接体现了直通车的推广效果。

1）直通车中包含的数据

如果对直通车的数据类型进行分类，可以将其分为流量数据、费用数据、成交数据、收藏数据和核心数据，此外还包括投放平台、投放类型、流量来源、推广单元、个性化设置等数据。

（1）流量数据。直通车中显示流量的数据主要包括展现量、点击率和点击量。其中展现量主要受搜索量、出价、质量得分、排名等因素的影响，点击率主要受排名、推广图片、推广标题等因素的影响，点击量＝点击率×展现量。

（2）费用数据。费用数据是指出价、点击花费、总花费、平均展现花费等。

（3）成交数据。成交数据是与最终成交情况相关的数据，包括点击转化率、成交笔数、成交金额、每成交一次的引流成本等。

（4）收藏数据。收藏数据包括宝贝收藏数量、店铺收藏数量和总收藏数量等。

（5）核心数据。核心数据即直通车质量得分，质量得分直接影响直通车宝贝的排名、推广成本和推广效果。

（6）其他数据。除了上面所介绍的数据，投放平台、投放类型、流量来源、宝贝维度、关键词维度、推广地域和推广时间等数据也会对直通车推广效果产生直接影响。

2）根据数据判断优化效果

直通车数据的分析一般主要关注3个方面：整体数据、宝贝推广数据和关键词数据。在关注直通车整体数据时，一般需关注两个维度的数据。一个是实时数据，即点击量、展现量和点击率；另一个是过去时段的数据，即在推出推广计划的一段时间内得到的实际推广效果，如花费、成交、转化、投入产出比等。

卖家在分析数据时会发现，直通车的数据不会一成不变，它时刻处于变化之中。对刚开始接触直通车的卖家而言，数据的波动可能会比较大；而对于熟练操作直通车且操作时间较长的卖家而言，由于质量得分相对比较稳定，且宝贝本身也已经有了不错的表现，数据的波动可能就比较小。

判断直通车整体推广效果有一个非常直观的方法，就是查看数据趋势图，通过数据趋势图了解数据的周期变化，如图4-40所示。

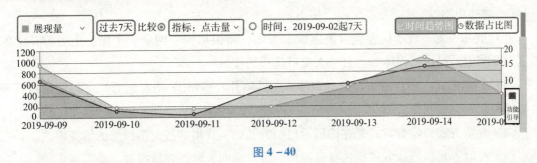

图4-40

不管是比较波动的数据，还是相对稳定的数据，如果数据整体呈上升趋势，那么数据表现就是好的，说明直通车推广有效；反之，如果整体呈下滑趋势，就说明直通车推广出现了问题，需要针对下滑数据的具体表现进行优化。

因此，作为卖家，不仅要关注直通车数据，还应该时刻关注数据的周期变化。在直通车推广初期，很容易出现质量得分不稳定的情况。质量得分不稳定，宝贝数据就会不停地发生变化。影响质量得分的因素很多，其中转化率、点击率等是造成质量得分不断变化的主要因素。当数据周期变化明显时，卖家就需要考虑对关键词的点击率、转化率等进行优化。

宝贝推广数据也是直通车的主要观察对象。宝贝推广的效果一般可以根据展现量、点击量、点击转化率和平均点击花费来判断。如果这4个数据表现较好，说明宝贝推广效果比较好。展现量和点击率高，说明宝贝有排名，有流量，引流没有问题；如果宝贝点击转化率高，说明流量比较精准，宝贝主图、宝贝质量、宝贝样式等都比较受买家欢迎。

相比其他数据，关键词数据除了要关注展现量、点击量和点击转化率之外，还必须关注关键词的质量得分。点击量影响质量得分，质量得分影响平均点击花费，如果质量得分提高了，就可以有效降低平均点击花费，降低直通车的推广成本。此外，收藏数、购物车数、平均展现排名等也是非常关键的数据。

4.2.2 钻石展位

钻石展位是淘宝网提供的一种付费营销推广工具，主要依靠图片创意吸引买家点击，从而获取巨大的流量。钻石展位为卖家提供了数量众多的网内优质展位，包括淘宝首页、内页频道页、门户、画报等多个淘宝站内广告位，以及搜索引擎、视频网站和门户网等多个站外媒体展位，推广效果十分可观，比较受有一定实力的大卖家的青睐。

4.2.2.1 钻石展位的类型

钻石展位分为展示广告、移动广告、视频广告和明星店铺4种类型，不同的类型其适用对象和适用范围都不一样。

1. 展示广告

钻石展位展示网络推广是以图片展示为基础，精准定向为核心，面向全网精准流量实时竞价的展示推广平台。钻石展位展示网络推广支持按展示付费（Cost Per Mille，CPM）和按点击付费（Cost Per Click，CPC），为客户提供精准定向、创意策划、效果监测、数据分析、诊断优化等一站式全网推广投放解决方案，帮助客户实现更高效、更精准的全网数字营销。

1）基础功能

（1）展示位置。展示位置包含淘宝网、天猫、新浪微博、网易、优酷、土豆等几十家淘宝内及淘宝外的优质媒体的上百个大流量优质展位。

（2）创意形式。创意形式可以有多种，支持图片、Flash等动态创意，支持使用钻石展位提供的创意模板制作。

（3）收费方式。收费方式是在按展示付费的基础上，增加按点击付费的结算模式。

（4）投放方式。投放方式指选择资源位，设定定向人群，竞价投放，价高者得。

2）产品优势

（1）超大流量覆盖。全国80%以上的网购人群，淘宝内和淘宝外几十亿的海量流量供选择。

（2）精准定向。提供多种精准定向方式，锁定目标人群。

（3）出价灵活。支持展示付费和点击付费，流量更精准，成本更可控。

（4）一键推广。根据不同场景定制个性化营销策略，提升营销效果。

（5）高效创意。千套模板多维推荐，轻松打造优质创意，系统智能择优投放，测图测款全程托管。

（6）精准优化。报表界面升级，数据更加清晰明了，粒度诊断，量身打造优化方案。

2. 移动广告

移动广告是通过移动设备（手机、平板电脑等）访问APP和网页时显示的广告，形式包括图片、文字链、音频等。移动广告突破了电视、报纸等传统广告的覆盖范围，在受众人数上有了很大超越，并且移动广告可以根据用户的属性和访问环境将广告直接推送至用户的手机上，传播更加精准。

1）基础功能

（1）展示位置。可以在网络视频节目（电视剧、综艺等）播放前后插播视频短片。

（2）展示形式。视频格式展示，时长为15秒以内。

（3）定向支持。除钻展常规定向外，还可支持视频主题定向，筛选热门动漫、影视、演员相关视频节目，精准投放。

（4）创意形式。可自主上传视频，也可在创意实验室中制作视频贴片。

2）产品优势

（1）大流量。移动设备普及率日渐增高，流量增量远超电脑端。

（2）高精准。移动设备一般为个人所有，根据个体用户浏览轨迹统计出的用户画像更加精准。

（3）多覆盖。移动设备的打开率极高，移动广告可以做到对用户的全天候覆盖，广告信息及时有效。

3. 视频广告

视频广告是钻石展位为获得高端流量打造的品牌宣传类商业产品，广告主可以通过视频广告，在视频播放开始或结束时展现品牌宣传类产品视频。视频广告具有曝光环境和广告展现力一流等优势，配合钻石展位提供的视频主题定向，能够获取到更精准的视频流量。

1）基础功能

（1）展示位置。主要展现在国内主流视频网站上，如 PPS、爱奇艺和优酷等大型视频媒体。

广告主要展现在视频开始前 15 秒的广告视频播放及视频播放暂停时的广告浮出。

（2）展现形式。以视频格式进行广告内容的展示，展现形式更新颖。

（3）定向支持。针对视频网站提供视频主题定向，根据目前热播剧集的名称、主题进行定向。

（4）创意形式。视频支持 flv、mpeg 等主流视频格式。

2）产品优势

（1）优质流量，曝光环境好。视频广告作为高曝光的优质展示广告，拥有如优酷、PPS、爱奇艺等主流媒体展示平台，能更好地发挥其品牌溢价，提升品牌价值；位置在重点视频网站的播放前 15 秒，占据重点推广位置。

（2）支持电脑端、手机端多投放。视频播放支持电脑端和手机端独立投放和创意设计，全面获取无线流量和电脑流量，抢占无线流量入口。

（3）支持视频主题定向。提供视频主题定向，快速获取重要人群，比普通视频更精准。

4. 明星店铺

明星店铺是钻石展位的增值营销服务，按千次展现计费，仅向部分钻石展位用户开放。开通明星店铺服务之后，卖家可以对推广信息设置关键词和出价，当有用户在淘宝网宝贝搜索框中输入特定关键词时，卖家的推广信息将有机会在搜索结果页最上方的位置获得展现，在品牌曝光的同时赢得转化。

1）基础功能

（1）展示位置。在淘宝电脑端、手机淘宝及 UC 浏览器搜索结果页最上方的位置展示。

（2）展示形式。当搜索关键词触达投放广告的词时，即可在搜索结果页最上方的位置得到展示，确保获得流量的精确性。

（3）创意形式。提供多样式创意模板，电脑模板和手机模板独立，模板由图片和多条文案构成，满足各类消费者的需求。

（4）收费方式。按 CPM 收费，即以千次展现的方式收费。

2）产品优势

（1）黄金展位，高回报率。明星店铺作为搜索展示广告，能更好地发挥其品牌溢价和明星效应；位置在搜索结果页的最上方，占据黄金推广位置，投资回报更高。

（2）支持电脑+手机多样式模板投放。明星店铺支持电脑端和手机端独立投放和创意设计，便于广告主专门为无线营销场景设计品牌创意，同时明星店铺投放计划支持地域和时段投放。

（3）支持展示搜索一站式购买。方便广告主完成"展示＋搜索广告"的一站式购买，实现搜索到展现的提升及从展现流量到搜索流量的转化。

（4）CPM 计费，公平竞价。按照 CPM 计费，更具公平性，开放实时报表数据监控，加强对推广效果的监控。

（5）数据沉淀，提升品牌形象。利用广告特定的多渠道引流与数据沉淀价值，强化用户的品牌记忆与搜索习惯，完成从短期卖产品到长期卖品牌的转换目标。

4.2.2.2 钻石展位准入要求

钻石展位对淘宝店铺、天猫店铺/飞猪商家的准入资格做了规定，只有满足要求的卖家才可申请钻石展位推广服务。

1. 淘宝店铺准入要求

钻石展位资质管理对淘宝店铺的要求如下：

（1）商家店铺信用等级为一钻及以上。

（2）店铺每项 DSR 在 4.4 分及以上（特殊类目无 DSR 要求或者可相应放宽，由阿里妈妈根据特殊类目的具体情况另行确定）。

（3）店铺如因违反《淘宝规则》中相关规定而被处罚扣分的，还需符合图 4-41 所示条件。

违规类型	当前累计扣分分值	距离最近一次处罚扣分的时间
出售假冒商品	6 分及以上	满 365 天
严重违规行为 （出售假冒商品除外）	大于等于 6 分，小于 12 分	满 30 天
	12 分	满 90 天
	大于 12 分，小于 48 分	满 365 天
虚假交易 （严重违规虚假交易除外）	大于等于 48 分	满 365 天

图 4-41

（4）在使用阿里妈妈营销产品或淘宝服务时未因违规而被暂停或终止服务（阿里妈妈营销产品包括钻石展位服务、淘宝直通车、天猫直通车和淘宝客等业务）。

2. 天猫店铺/飞猪商家准入要求

钻石展位资质管理对天猫店铺/飞猪商家的要求如下：

（1）店铺每项 DSR 在 4.4 分及以上（特殊类目无 DSR 要求或者可相应放宽，由阿里妈妈根据特殊类目的具体情况另行确定）。

（2）店铺如因违反《天猫规则》《飞猪规则》中相关规定而被处罚扣分的，还需符合图 4-42 所示条件。

违规类型	当前累计扣分分值	距离最近一次处罚扣分的时间
出售假冒商品	6 分及以上	满 365 天
严重违规行为 （出售假冒商品除外）	大于等于 6 分，小于 12 分	满 30 天
	12 分	满 90 天
	大于 12 分，小于 48 分	满 365 天
虚假交易 （严重违规虚假交易除外）	大于等于 48 分	满 365 天

图 4-42

（3）在使用阿里妈妈营销产品或淘宝服务时未因违规而被暂停或终止服务（阿里妈妈营销产品包括钻石展位服务、淘宝直通车、天猫直通车和淘宝客等业务）。

4.2.2.3 钻石展位竞价原理

钻石展位升级为智钻后，在 CPM 出价的基础上新增了 CPC 出价方式，两种不同的方式参与竞价的方式也不同。

1. CPM 出价

CPM 出价是，指按照广告创意每 1 000 次展现计费。钻石展位的 CPM 竞价是价高者得，竞价方式是制订推广计划并投放，竞价者以千次展现的价格参与竞价，但系统会根据竞价者的单次出价进行排序，单次出价最高的推广计划获得展示机会。钻石展位是定向推广，只有符合定向要求的消费者才会看到这个展示广告。

钻石展位调整出价后实时生效，因此在实际竞价中，下一名的店铺、出价都是频繁变化的，每一次展现都是根据下一名的出价结算的。当买家打开网页、浏览资源位时，系统会投放推广创意，同时会根据 CPM 结算方式（结算 CPM = 下一名出价 + 0.1 元，且不会超出自己的出价）计算一次展现的结算价格。最终的扣费是多次展现结算汇总的结果。

如果有 4 家参加竞争的店铺定向了同一个用户群，投放了同一个资源位，同时使用 CPM 出价方式，在某一个时间段中都没有调整出价，那么这 4 家的竞价排名、1 次展现的结算价格、获得展现和总花费如表 4-1 所示。

表 4-1

店铺	出价方式	CPM 出价	对 1 次展现出价	竞价排名	CMP 结算价格/元（下一名 + 0.1）	1 次展现的结算价格	获得展现	点击	点击率/%	总花费/元（1 次展现结算价×展现）	平均点击单价/元（总花费/点击）
A 店	CPM	72.00	0.072 00	1	60 ÷ 0.1 = 60.1	0.060 10	8 713	805	9.24	523.65	0.65
B 店	CPM	60.00	0.060 0	2	54 ÷ 0.1 = 54.1	0.054 10	4 665	421	9.02	252.38	0.60
C 店	CPM	54.00	0.054 00	3	54（下一名 + 0.1 高于自己的出价，因此按自己出价）	0.054 00	2 423	155	6.40	130.84	0.84
D 店	CPM	53.99	0.053 99	4	53.99	0.053 99	590	34	5.76	31.85	0.94

2. CPC 出价

CPC 出价是指广告创意按照用户点击次数计费。使用 CPC 出价时，系统会将 CPC 出价折算成 CPM 出价，折算公式为 CPM 出价 = CPC 出价 × 预估 CTR × 1 000），计算后的结果再与其他 CPM 计划混合竞价。

如果 CPC 出价不变，预估 CTR 越高，折算出来的 CPM 出价就越高。CPC 出价的优势是点击单价可控，但由于预估 CTR 是由系统决定的，折算出来的 CPM 出价不确定，因此不能始终保证有较好的竞价排名。

4.2.2.4 钻石展位广告投放

钻石展位广告投放的操作技巧与直通车类似，需要卖家根据实际情况新建和设置推广计划。钻石展位计划的新建过程包括新建计划，填写计划基本信息设置推广单元和添加创意 4 个步骤，然后按照钻石展位的操作向导依次操作。

1. 新建计划

钻石展位通常包括全店推广计划和单品推广计划，其中全店推广可以推广不同的页面，如"宝贝集合页""店铺首页""活动页面"；单品推广是智钻最新推出的一种针对宝贝的推广形式。可根据卖家实际需求创建全店推广计划或单品推广计划。接下来介绍如何创建全店推广计划，单击"新建推广计划"按钮，选择"全店推广"，具体如图 4-43 和图 4-44 所示。

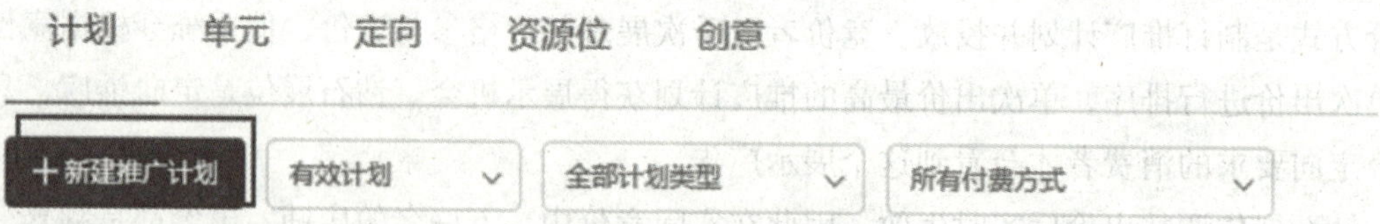

图 4-43

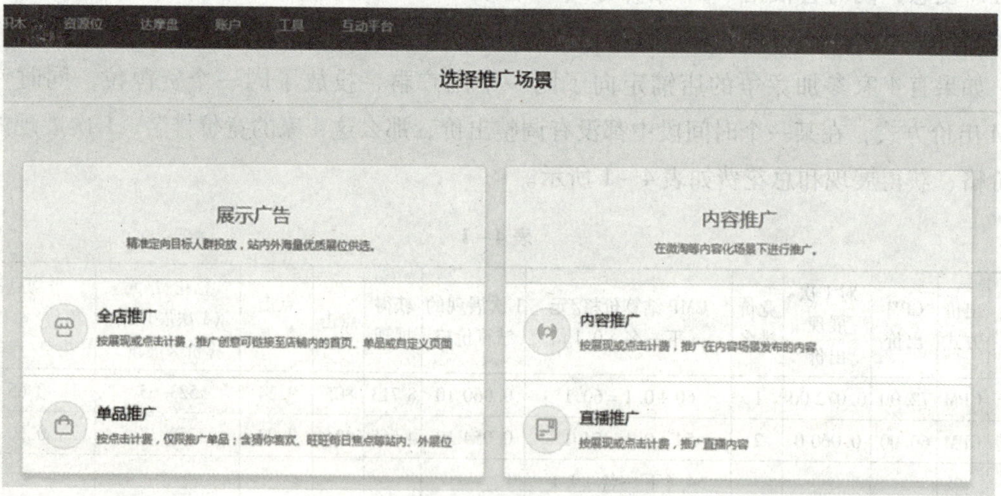

图 4-44

2. 填写计划基本信息

（1）设置营销参数。如图4-45所示，分别设置营销场景和生成方案，对于每一模块的具体含义可单击小问号查看。生成方案有多种可供选择，其中自定义创建方案指商家自主设置定向、资源位和出价；系统推荐方案指系统根据商家的营销目标及店铺特征，为商家推荐并生成推广方案，商家可根据实际需求微调；系统托管方案可设置营销目标和创意，即可由系统为商家开始智能推广，简单高效。对于新手卖家，建议使用系统托管方案，系统自动为商家选择好资源位、定向人群和出价，投放效果更有保障。

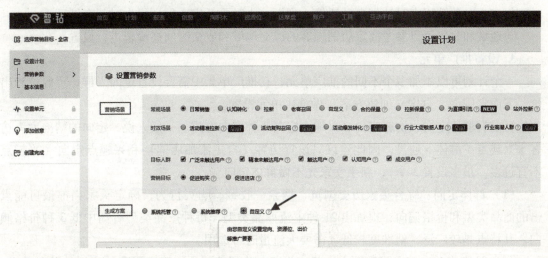

图4-45

（2）设置基本信息，如图4-46所示。

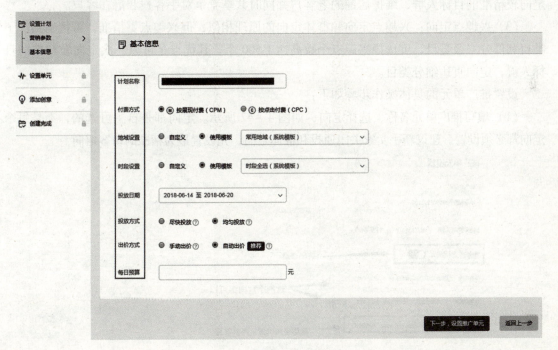

图4-46

①付费方式：分成按 CPC 付费投放模式和按 CPM 付费投放模式。其中，按点击付费即按图片单次点击出价，展现不另外扣费；按展现付费即按图片千次展现出价，点击不另外付费。

②设置计划名称、每日预算、投放日期和投放方式。采用按 CPC 付费每日预算最低不能少于 30 元，采用按 CPM 付费每日预算最低不能少于 300 元。

选择投放方式，分成尽快投放和均匀投放。尽快投放指当遇到符合定向条件的流量时，计划就会参与竞价，直到计划预算全部消耗完毕；均匀投放是指系统将预算分配到每个小时，每个小时预算用完时计划自动暂停，到下一小时再开启，保证每小时都有展现。

③地域和时段可以参考商家店铺顾客的成交地域和成交时间高峰来进行设置。

3. 设置推广单元

一个计划可以添加多个不同的推广单元，在推广单元中需要设置定向人群、资源位和出价。下面将围绕"自定义创建方案"做推广单元设置。

目前有群体定向、访客定向、兴趣点定向 3 种定向方式。一般来说，定向的精准度为访客＞兴趣点＞群体＞通投，因此建议只设置访客（自主添加店铺）和兴趣点定向（兴趣点不宜过多，最多设置 3 个），新手卖家先不做群体定向。

（1）群体定向：综合买家历史浏览、搜索、收藏、购买行为，确定买家当前最可能点击的商品类型和价格偏向，提炼出 21 种主流商品类型，每种产品类型有高中低 3 种价格倾向。其特点是较广泛，精准度较低，需要大流量时可选用。

（2）访客定向：综合买家历史浏览、收藏、购买等行为，确定买家与店铺的关联关系。广告主选定店铺 ID，系统可以向与选定的店铺有关联的访客投放广告。其优点是可以一次定向较精准的目标人群，维护店铺的老客户并同时共享竞争对手客户和潜在客户。

（3）兴趣点定向：兴趣点定向和群体定向的原理相似，但兴趣点更精准，可精确到叶子类目和部分二级类目，可选择兴趣点个数高达 1 500 个。其优点是可以一次定向较精准的目标人群，定向直达细分类目。

设置推广单元的具体操作步骤如下：

（1）填写推广单元名称，选择定向，如图 4 - 47 所示。定向都是自主可选的，不是每个定向都必须设置。建议新手卖家关闭通投和群体定向，先设置最为精准的访客定向。

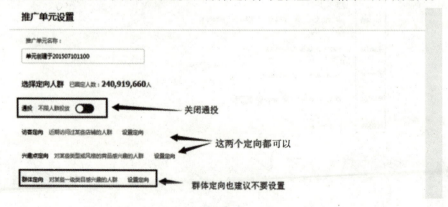

图 4 - 47

（2）设置访客定向如图4-48所示。

自主添加店铺：输入若干个店铺的旺旺ID，直接定向这些店铺的访客。

添加种子店铺：通过输入的种子店铺，系统推荐与该店铺相似风格的相关店铺的访客进行定向，建议填写1个。

若为自主添加店铺，建议多写几个店铺，注意圈定人数不能太少，以10万～20万为佳。自主店铺一般比种子店铺更为精准，如果种子店铺效果不好，也可不设置。

图4-48

（3）设置兴趣点定向，如图4-49所示。兴趣点定向流量相对访客较大，精准度也次之。可以输入某个店铺旺旺ID获取相应兴趣点，一般输入自己的店铺旺旺ID即可；也可以直接搜索关键词，添加相应的兴趣点。这里有一个小建议，由于兴趣点流量相对较大，因此不要把系统推荐的所有兴趣点都一起添加。一般来说，推广什么产品，就添加最相关的几个兴趣点，数量最多为3个。

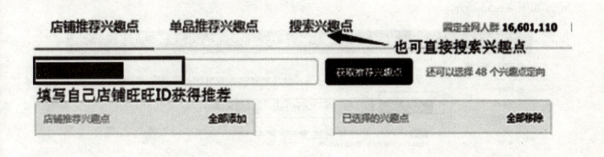

图4-49

（4）添加资源位，如图4-50所示。根据第一步已经选择好的资源位，在这里可以选择已收藏的位置或者直接搜索。

（5）设置出价，如图4-51所示。参考各个定向上每个资源位的建议出价即可，在投放过程中按照获取流量多少来调整。

136　网店运营实务

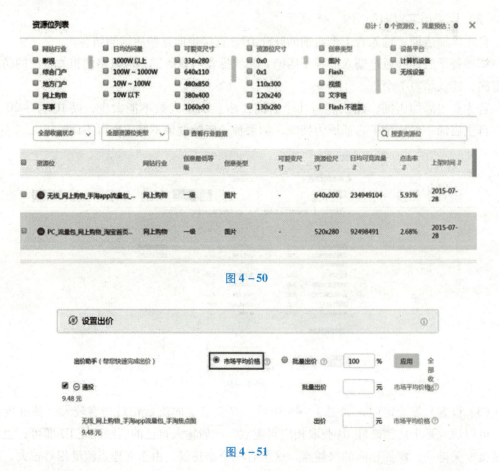

图 4-50

图 4-51

4. 添加创意

从创意库中选择已经审核通过的创意进行添加，或重新添加新上传的创意，需注意新创意需等审核通过后才能正常投放。保存该推广单元，并且在一个计划中可以创建更多推广单元，如图 4-52 所示。

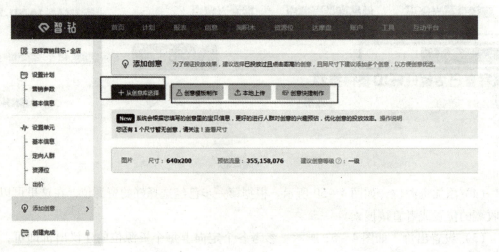

图 4-52

这里需要注意,创意必须符合已选择的资源位的创意要求,具体如图4-53所示。

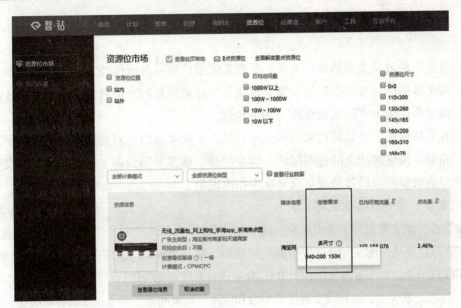

图 4-53

5. 完成

单击"保存"按钮,一个计划即设置完成。

概括而言,全店推广计划和单品推广计划一般有以下几点区别:

(1) 店铺推广可推广到店铺首页、店铺单品、店铺自定义页面,单品推广只支持推广单品。

(2) 全店推广支持 CPC 和 CPM 两种模式,单品推广只支持 CPC 模式。

(3) 不同的推广资源位、不同的人群定向。

图 4-54 从推广主体、扣费模式、推广资源位、人群定向、创意方面列出了智钻全店推广和单品推广的区别。

分类	全店推广	单品推广
推广主体	可推广店铺首页、店铺单品、店铺自定义页面,推广主体丰富	仅支持推广店铺单品页面
扣费模式	支持按点击付费(CPC)和按展现付费(CPM)两种模式	仅支持按点击付费(CPC)模式
推广资源位	智钻全店推广资源位覆盖淘宝、天猫首页,以及各个频道大尺寸版位、淘宝无线APP端、以及淘宝站外,如新浪微博、腾讯、优酷等各大优势媒体,海量资源位,高曝光。其主要常见资源位如下: 手机端: 手机APP淘宝首页焦点图 手机APP天猫首页焦点图 手机爱淘宝焦点图 电脑端: 电脑淘宝首页天猫精选大图	(1)系统以基础流量包的形式,主动投放来自站内站外、电脑手机的丰富优质资源位。 (2)部分转化优质、流量规模较大的资源位单独透出,供广告对更优质的流量进行额外溢价
人群定向	按点击付费(CPC)和按展现付费(CPM)两种模式下提供丰富的定向人群选择: 通投、群体定向、行业店铺定向、类目型定向-高级兴趣点、相似宝贝定向、访客定向、营销场景定向、智能定向、达摩盘定向	目前包含三大定向类型:智能定向、达摩盘定向、扩展定向
创意	支持自主上传创意图片,可以根据推广需求自定义推广创意图片	针对所投放的单品,仅支持将相应宝贝主图作为推广创意,暂无支持自主上传创意图片

图 4-54

4.2.3 淘宝客

4.2.3.1 了解淘宝客

淘宝客是一种效果类营销推广人员,帮助卖家推广商品并获取佣金。与其他付费推广方式相比,淘宝客推广是按照实际的交易完成额作为计费依据的,即商品成交后卖家才需要支付佣金,淘宝客佣金=实际成交金额×佣金比例。

淘宝客支持按单个商品或店铺的形式进行推广,卖家可以针对某个商品或者整个店铺来设定推广佣金。淘宝客佣金的范围很广,佣金越高,越容易得到淘宝客的关注。当交易完成后,系统即会根据佣金设置情况从交易额中扣除佣金。

1. 淘宝客、卖家和卖家之间的关系

淘宝客推广的完整过程主要由卖家、淘宝客、买家和系统4个对象组成。首先卖家设置佣金寻找淘宝客推广商品,淘宝客通过发布商品链接推广商品给买家,买家下单支付并确认收货后,系统将扣除订单佣金,淘宝客可以在下个月20号通过系统对佣金进行结算和提现,具体如图4-55所示。总之,系统为卖家和淘宝客提供平台和保障,卖家和淘宝客通过平台各取所需。

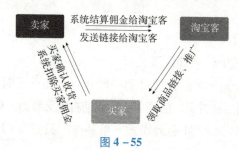

图4-55

2. 淘宝客的推广优势

淘宝客推广的付费模式不仅帮卖家节约了推广成本,同时还免去了前期投入推广成本的风险。此外,淘宝客平台拥有十分丰富的推广资源和百万推广者,可以为卖家提供高效的推广服务,带来高额的投资回报。

3. 淘宝客准入要求

淘宝客与钻石展位、直通车的计费方式不同,只有产生成交量才会付费,推广的风险较低,因此是低成本运营店铺的必备策略。需要加入淘宝客的卖家,必须满足以下标准:

(1)卖家店铺动态评分各项分值均不低于4.5分。

(2)店铺状态正常且出售中的商品数大于或等于10件(同一商品库存有多件的,仅计为1件商品)。

(3)签署支付宝代扣款协议。

(4)未在使用阿里妈妈或其关联公司其他营销产品(包括但不限于钻石展位、淘宝直通车、天猫直通车等)服务时因违规被中止或终止服务。

(5)淘宝个人店铺信用等级在一心及以上或参加了消费者保障计划,企业店铺信用度等级>0。

4.2.3.2 淘宝客推广

1. 加入淘宝客

可以通过卖家中心加入淘宝客,也可以通过阿里妈妈加入淘宝客。

1)卖家中心加入步骤

打开淘宝网,登录店铺账户,依次单击"我的淘宝→卖家中心→营销中心→我要推广→营销入口→常用链接→淘宝客推广",单击"开始拓展"按钮,具体如图4-56所示。

图 4-56

查看淘宝客推广软件产品使用许可协议,请仔细阅读后确认,如图4-57所示。

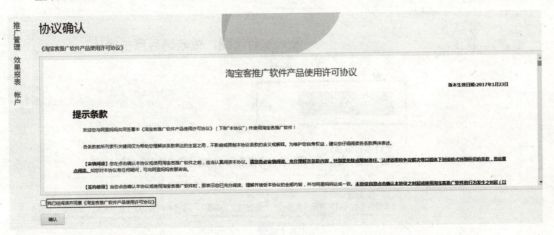

图 4-57

查看全店参与推广提示，没有问题后单击"确定"按钮，如图4-58所示。

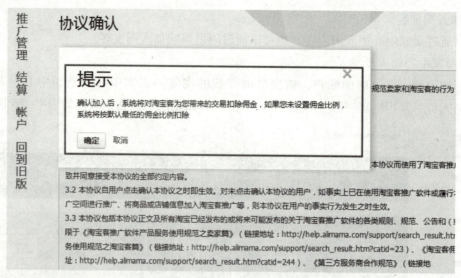

图4-58

输入支付宝账户和支付密码，确认支付宝代扣款协议后即可参加推广，如图4-59所示。

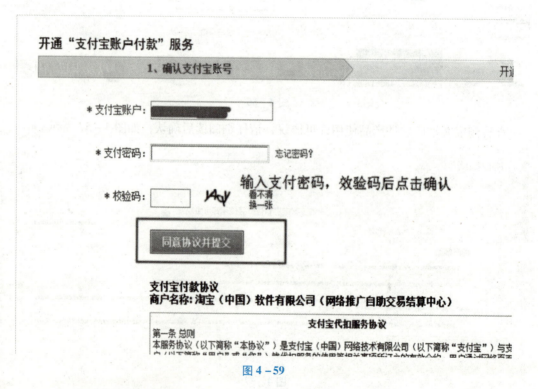

图4-59

2）阿里妈妈加入步骤

进入阿里妈妈（www.alimama.com）首页，登录淘宝会员，选择"营销平台"→"淘宝客"，进入我的淘宝客页面，如图4-60所示。

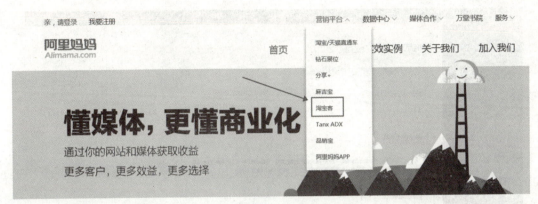

图 4-60

2. 设置营销计划

1）依次单击"联盟后台"→"推广管理"→"营销计划"，即进入商家营销后台，如图 4-61 所示。

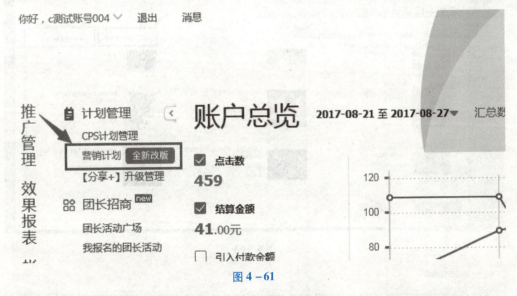

图 4-61

2）选择营销推广类型。商家可根据实际情况进行店铺推广或商品推广的设置与管理。

（1）店铺推广管理：原跳转至通用计划，设置类目佣金比，进行全店商品快捷推广。

（2）商品推广管理：原营销计划的单品推广策略升级为商品推广管理，方便商家设置并查看所有单品推广策略及单品推广数据。

（3）我的活动管理：商家可筛选、查找已报名的，由招商团长发起的活动（报名团长招商活动中的所有活动信息），其中"报名中"状态下的活动可进行报名商品的修改。

（4）在商品推广管理中添加主推商品，可选中"只显示可添加商品"复选框（若商品在本页面里找不到，可能商品不允许参与淘宝客推广）；也可输入商品名称或商品ID，找到商品后，选中加入，具体如图 4-62 和图 4-63 所示。

（5）为主推商品设置推广策略，主要包括推广时间、佣金比率和阿里妈妈推广券信息等，如图 4-64 所示。

图 4-62

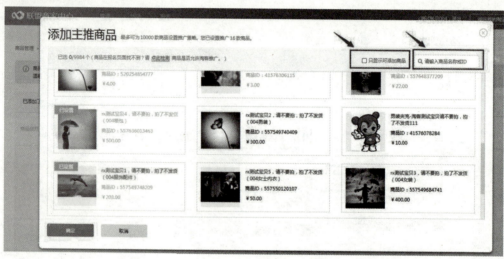

图 4-63

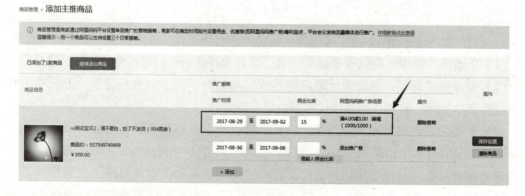

图 4-64

（5）设置完成后，等待生效。已设置好的商品"日常"推广策略，在"未开始"或"推广中"状态下，均可修改推广策略，当日修改，次日生效。同时，若"日常"策略少于

3条，还可以继续"添加策略"，如图4-65所示。

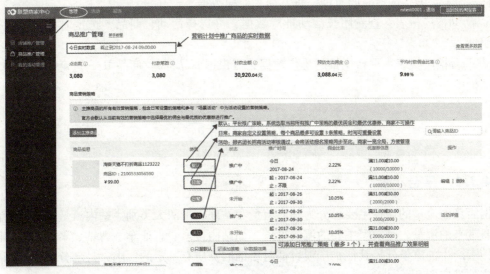

图4-65

(6) 查看商品推广数据。

①默认可看所有商品今日实时数据，单击右侧"查看更多数据"超链接可看得更齐全，如图4-66所示。

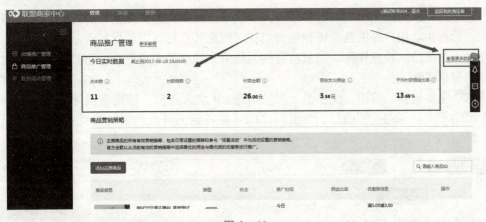

图4-66

②查看单品的今日实时推广效果，如图4-67所示。

图4-67

③查看数据效果报表。

a. 商品推广报表：包含商品的日常策略推广和商品参加的所有活动推广数据，可根据商品标题/商品 ID，选择时间范围，查看商品对应数据。

b. 活动推广报表：查看团长活动推广数据，可选择活动、商品，选定时间范围，查看推广明细。

c. 平台推广报表：平台主推的推广数据，可根据商品标题/商品 ID，选定时间范围，查看商品推广明细。

4.3 站外推广

4.3.1 平台

网店获取流量的途径主要可分为站内流量和站外流量两大类别。站内流量通常是指由淘宝本身带来的流量，是卖家主要的流量渠道，如站内搜索、直通车、智钻、聚划算等。除了站内搜索产生的流量外，其他推广项目都对店铺的资质有一定的要求，且部分项目还需要花费一定的推广资金。

站外流量通常是指在淘宝网以外的其他平台和社交媒体上获取的流量，如折 800、返利网、卷皮网等站外平台。站外平台的推广成本相对较低，可以有效积累和提升店铺的资质和人气，帮助店铺或宝贝获得丰富的站外流量。

4.3.1.1 折 800

折 800 是一个性价比很高的商品限时特卖网站。每日聚集了众多品牌直供商家、淘宝天猫商家，为折 800 用户提供独享折扣的超划算网购商品；每日更新优质商品千余款，具有超低折扣、人工砍价、检验样品、商家监管四大优势。旨在为用户打造一个具有信息量的折扣信息互动分享平台。

折 800 主要包括品牌团、优品汇、淘宝精选、9 块 9 包邮、特卖商城等板块，其中淘宝精选中汇集了天猫和淘宝的商品，点击图片即可跳转到天猫或淘宝的宝贝页面，如图 4-68 所示。

图 4-68

折800汇聚了大量淘宝、天猫卖家,其合作旨在挖掘性价比高、具有价格竞争力的商品,营造物超所值、错过就是损失的购物体验。折800采用大数据精准分配曝光和流量,为淘宝天猫商户带来更多精准流量,打造爆款,很多淘宝网店的经营者都选择通过参加折800的活动推广宣传自己的商品。

与淘宝网的活动一样,折800的活动也需要申请,其策划活动供店铺经营者报名参加,成功参与活动的商品即可获得在网站中展示和出售的机会。作为淘宝网的店铺经营者,可以实时关注折800的活动,根据活动参与条件衡量自己的商品,然后选择具有良好竞争力的产品参与活动,具体如图4-69所示。

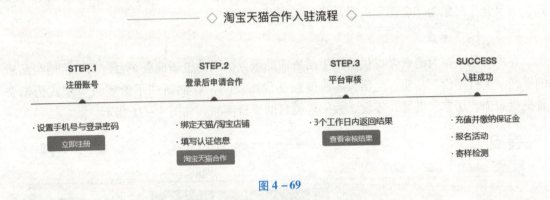

图4-69

4.3.1.2 返利网

返利网是一个市场规模和用户活跃度都比较领先的"返利导购"平台,拥有超1.4亿的注册会员基础,合作电商网站超过400家,覆盖国内主流的电子商务平台,包括天猫、淘宝、京东、唯品会、苏宁易购、当当、拼多多等,具体如图4-70所示。

图4-70

返利网的合作模式主要包括超级返合作、B2C独立网站CPS合作与9块9合作。

（1）超级返合作。超级返是返利网针对品牌商户提供的一项保证 ROI 的效果营销服务，主要合作对象为知名品牌商、运营知名品牌网店的 TP 公司、品牌经销商等。合作类型为天猫、京东、苏宁易购等知名 B2C POP 平台店铺、独立的 B2C 网站。

（2）B2C 独立网站 CPS 合作。返利网为 B2C 独立网站提供了单独的合作模式，合作网站与返利网签订合作协议并交纳相关费用后，返利网将协助合作网站完成技术接口，并提供专属页面，引导会员去合作网站上下单、完成交易，同时返利网会根据销售效果收取佣金，并将部分佣金返还给会员。

（3）9 块 9 合作。9 块 9 合作是一种主要致力于为客户提供平价精品百货服务的合作模式，主要合作对象为知名淘宝商家及优质天猫商家等。

4.3.1.3 卷皮网

卷皮网是一家为消费者提供日常生活所需品服务的平价电子商务平台，倡导价格与品质的平衡，主打平价、品质、生活，多维度甄选优质商品，以创新"平价零售"模式为消费者提供服饰、居家、母婴、零食、数码等类目的平价商品，如图 4-71 所示。

图 4-71

卷皮网的活动类型主要包括卷皮特卖（POP）、卷皮折扣、品牌折扣、9.9 包邮等，淘宝店铺经营者可以直接通过卷皮网首页的免费报名通道报名参与活动，通过参与活动来为自己的店铺引进更多的流量和销量。

可以提供淘宝店铺或产品推广服务的网站平台有很多。除了上面介绍的网站之外，美丽说、花生日记等平台也可以提供相关服务，帮助淘宝店铺或商品引进流量、提升转化率、增加销量等。

4.3.2 社交媒体

社交媒体推广是现在网店推广的主要手段。一般来说，主流的免费网络推广手段主要是通过自媒体来实现的，微博、微信、百度官方贴吧、论坛等平台均属于自媒体形式。

4.3.2.1 微博

微博是一个通过关注机制来分享简短实时信息的广播式的社交网络平台，也是一个基于用户关系进行信息分享、传播及获取的平台。微博的用户数量非常庞大，不仅发布信息十分快速，传播信息的速度也非常快。如果微博博主拥有数量庞大的粉丝，则其发布的信息可以在短时间内传达给非常多的用户，宣传效果十分明显，因此很多人选择将微博作为推广平台。

1. 注册和关注店铺

如果要使用微博进行推广，首先需要注册一个微博账号，然后引导买家关注店铺微博，通过微博不时为买家推送各种活动信息，吸引其前来购买。在注册微博时，微博名称最好设置为店铺名称，微博的个性域名最好与店铺有联系，如店铺的全拼等。这样设置能使店铺信息一目了然，方便粉丝记住店铺名称。

在注册微博的过程中，微博会引导用户进行个人标签设置。对于一个用作网店推广的微博，用户在设置个性标签时，可选择与自己的商品、行业相关的标签。在设置好标签后，微博通常会主动向用户推荐其他标签相似的用户，通过该推荐用户可拓宽社交圈，能与性质相同的博主进行友好互动。

微博设置是微博注册中非常重要的一个环节，特别是对于需要推广品牌的官方微博而言。一般来说，微博设置包括个人资料、个性设置等内容，在个人资料中可以对店铺进行简单描述，展示网店的属性和文化，为店铺建立良好的形象，还可添加店铺的链接，方便粉丝直接通过链接进入店铺。微博头像可以使用品牌或店铺的LOGO，方便粉丝记住，具体如图4-72所示。

图 4-72

现在主流的微博平台包括新浪微博、腾讯微博、搜狐微博等，这些平台都提供微博认证功能，可以针对个人、企业、媒体、网站等进行认证，通过认证的微博名称后会有一个"V"标志。认证微博不仅可以提升其权威性和知名度，同时也更容易赢得其他微博用户的信任，获得更多的粉丝关注，所以建议淘宝卖家尽量对微博进行认证。

如果店铺较小，不是大品牌，缺乏知名度，则不必纠结是否获得微博认证，这类卖家可以将自己的微博打造成有特色的个人微博，发布一些目标客户群感兴趣的话题来吸引粉丝关注。在积累了一定的粉丝基础后，卖家可以再发布产品图片或与产品相关的微博。例如，在淘宝做美妆产品的卖家，平时可以在微博发一些与美妆相关的试用、技巧等信息，吸引比较关注美妆的粉丝。需要注意的是，频繁的广告信息很容易引起粉丝反感，尽量少发，建议多发一些有趣的、日常的微博内容，搭配时下比较流行的表情图片，让微博内容更加贴近生活，如图4-73所示。

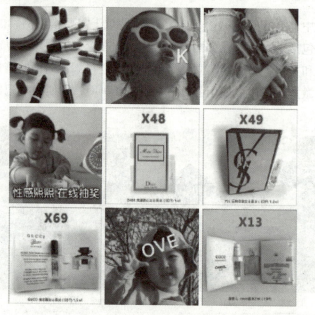

图4-73

2. 转发抽奖

转发抽奖是一种通过店铺的官方微博与粉丝进行互动的方式，规则一般是从转发当前微博的粉丝中抽取一名或几名用户赠送奖品。转发抽奖是一种很常见的推广方式，通过转发抽奖可以将店铺或活动推广至粉丝的粉丝，扩大影响范围，还可积累更多的粉丝，吸引更多的关注量。

转发抽奖一般都以"关注+转发"的形式实现。卖家除了可以单独发布转发抽奖活动外，还可以与其他知名微博合作共同发布转发抽奖活动，通过双方粉丝进行互动营销，扩大影响范围，如图4-74所示。

图 4-74

3. 晒图有奖

晒图有奖是店铺官方微博策划和组织的一种活动形式，它通过邀请买家以上传商品图片并@官方微博的方式参与晒图活动，官方会对参加活动的买家提供的图片进行评比，然后选出人气最高的商品图片，颁发相应的奖品。晒图有奖活动可以使买家体会到购买商品后的参与感，对于卖家来说，既可以宣传商品，又能培养买家忠诚度，是一种非常有效的推广方式，如图 4-75 所示。

4. 发布话题

发布话题是指在微博上发布特指某个描述对象的主题，如"2019 新品汇""时装男士"等。通过微博平台发布话题后，话题将以超链接的形式显示，单击该话题即可打开相关话题页面，微博用户在搜索相关关键词时也可以搜索到该话题信息。一般来说，活动、品牌名、商品名等都可以设置为专门的话题，店铺官方微博可以引导粉丝针对话题进行讨论。当话题的发布和讨论达到一定数量时，微博官方还可以对话题进行推送，以展示给更多的微博用户，建议店铺官方微博在发布微博时尽量带上相关话题。此外，如果遇到节日，还可以带上节日话题，提高微博的搜索和展示概率。如果微博最近有比较有趣的热门话题，也可以编辑与该热门话题相关的微博，带上热门话题一起发布，如图 4-76 所示。

图 4-75

图 4-76

5. 微博热评

通过抢占微博热评，卖家可以借助热门微博的影响力来宣传自己的商品。现在微博上的自媒体营销账号很多，很多网络名人或知名品牌的微博账号已经拥有了几十万甚至几百万的粉丝数量。这些微博账号的影响力非常大，每次发布的微博，不管是转发还是评论，数量都非常多，如果卖家在这些热门微博下进行评论并获得较高的点赞数，就可以成为热门评论置顶或靠前显示。任何微博用户在查看该热门微博的评论时都可以看到置顶评论，卖家通过这种方式就可以达到宣传推广的目的。

4.3.2.2 微信

微信是一个用户基础十分庞大的即时通信软件，主要应用于移动端设备上。随着智能手机、平板电脑等移动端电子设备的普及与发展，微信受众的数量越来越大，甚至拓展到中老年人的群体中。微信的这种广泛大众化和较强即时性的特点，使微信推广具有非常大的发展空间和可观的推广效果。微信与微博不同，微信推广主要依靠微信朋友圈和微信公众平台等方式。

1. 微信朋友圈

微信朋友圈推广是微信推广中比较常见的一种方式，图片、活动、店铺宣传等都可以发送到朋友圈中进行推广。在微信朋友圈中发布的内容一般都是推送给微信好友查看，卖家与朋友圈中的买家进行沟通时较方便，也较利于卖家维护好客户关系。

（1）添加微信好友。微信推广的前提是拥有一定的好友数量，为了扩大商品在朋友圈的影响范围，店铺可以通过策划活动、管理会员等方式，引导和邀请买家添加店铺的微信号。例如，可以在店铺中分享微信二维码，引导买家添加好友，或在发货卡片、退换货登记卡、小礼品等物品上添加微信二维码，引导买家关注等。

（2）制作推广海报。随着手机端技术、手机端设备和手机网络的快速发展，手机端用户逐渐变为淘宝网的主要用户。为了迎合手机市场的发展需求，淘宝开通了手机端店铺，并为手机端店铺提供了装修和推广等功能，卖家可以对手机端店铺进行装修。此外，卖家还能利用当前市场上诸如"创客贴"（图4-77）"图小白""烽火轮"等第三方服务平台制作手机宣传海报，并发布到微信、微博等社交平台来推广宣传手机端店铺。

2. 微信公众号

微信公众号是一个通过公众号推广媒体信息的平台，卖家可以通过申请微信公众号在该平台进行自媒体活动。微信公众号与QQ账号互通，通过微信公众号，卖家可以在微信平台上和特定群体进行文字、图片、语音、视频等形式的沟通和互动，它已经发展成一种主流的线上线下互动营销方式。

微信公众号按照性质的不同，可分为订阅号、服务号、小程序、企业号等。其中订阅号具有发布和传播信息的能力，适合个人和媒体注册；服务号具有管理用户和提供业务服务的能力，适合企业和组织注册；小程序能提供出色的用户体验，可以被便捷地获取与传播，适合有服务内容的企业和组织注册；企业号具有实现企业内部沟通与内部协同管理的功能，适合企业用户注册。

网店卖家可以注册服务号来进行推广，个人卖家也可以注册订阅号来传播和推广商品。不管是注册哪一种类型的微信公众号，其目的都是为个人或者企业创造价值，而创造价值的前提则是做好推广内容。

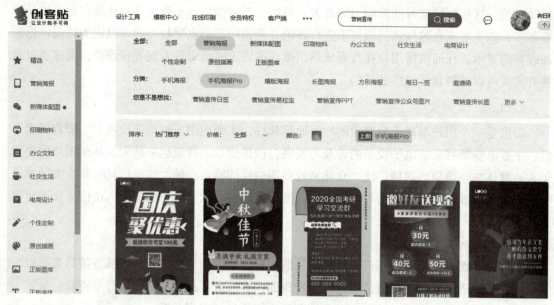

图 4－77

1）账号注册

在微信平台注册公众号时，首先明确该公众号是作为个人账号还是企业账号运营的。如果想推广品牌，建议将账号也规划成一个品牌运营，即在微信、微博等媒体中都使用相同的账号名称，这样可以更好地发挥品牌优势。如果个人卖家或小卖家想通过公众号推广商品，则可以凭借特色和个性化来博取关注。

进入微信官网，在其中选择"公众平台"选项，选择需要创建的公众号类型，根据注册导航依次填写相关信息即可完成注册。注册完成后进入公众号首页，卖家可对自动回复、自定义菜单等进行设置，同时在"素材管理"选项中卖家可以编辑消息并发送，如图 4－78 所示。

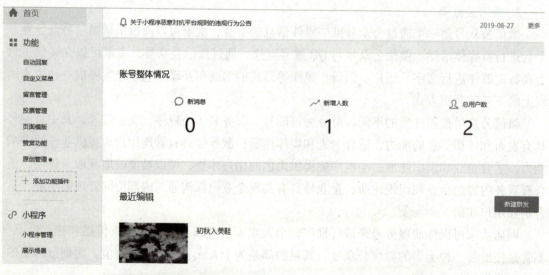

图 4－78

2) 内容编写

微信推广的内容一般为图文结合的形式。文字要求排版整齐，图片要求精致美观，标题要求新颖有创意，内容要求具有可读性，可以吸引用户阅读。例如，可以趣味软文的形式做推广，或结合当前流行元素做话题，引起用户的兴趣，拉近与用户的距离。对于网店卖家而言，策划的店铺活动也可通过微信公众号进行宣传，将商品图片、活动主题、活动内容等发布到公众号中，推送给关注公众号的用户。同时，这些内容也可以发布到其他自媒体上进行宣传，如图4-79所示。

3) 用户互动

在微信公众号中，卖家可以根据实际需要设置自定义菜单，如设置"进店购买""我要参与""服务中心"等，并可在菜单中分别设置相关的子菜单，如图4-80所示，为用户提供相关查询服务。在微信公众号发布内容后，有时会收到部分用户的回复，此时卖家需要多与粉丝互动，对粉丝的问题选择性地进行回复，维护关系。对于部分常见的问题，卖家可以设置自动回复或关键词回复。此外，通过微信团队评审的原创用户可以使用公众平台的留言功能，粉丝可以对其发布的内容进行评论，达到交流互动的目的。

图4-79

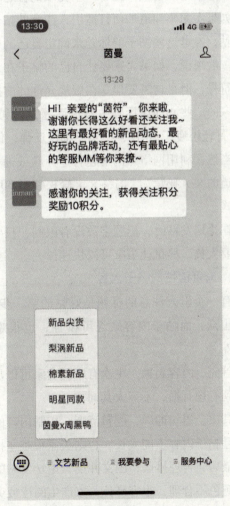

图4-80

4.3.3 淘宝渠道

要想做好店铺，宣传推广必不可少，有推广才有好生意，有推广才有机会从众多竞争者中脱颖而出。淘宝店铺的推广渠道很多，除了站外平台、社交媒体外，淘宝网还为店铺卖家提供了免费推广的途径。

4.3.3.1 淘宝论坛

淘宝论坛是一个供淘宝卖家沟通交流的平台，在论坛中卖家不仅可以查看店铺经营的相关新闻和技巧，还可与其他淘友发帖交流、发表见解、寻找潜在客户及宣传店铺等。然而淘宝论坛中的帖子多不胜数，想要获得他人的关注，还需对帖子进行一些包装。

1. 引人注意的帖子标题

不管是在淘宝论坛发帖推广，还是在其他相关论坛发帖推广，一个优质的、引人注意的标题都是必不可少的。这与现在的软文推广一样，一个好的标题才能吸引买家的关注和浏览，才能带来点击量。拥有一个亮眼的标题，帖子就成功了一大半。

如果卖家不知道如何打造引人注意的帖子标题，可以查看论坛的精华区或板块回复量高的热帖，参考这些帖子的标题来确定自己的标题。

一般来说，如果卖家要让自己的帖子在众多帖子中醒目显示，可以在标题中添加一些显眼的符号，但是这需要建立在版规允许的前提下，否则帖子容易被删除。此外，卖家可以利用买家的一些心理在标题中制造话题，如利用买家爱美、好奇的心理为减肥产品打造标题"3个月轻松瘦了30斤，半年了都没反弹，你信吗？"。

当然，利用网络热门话题打造标题或通过揭秘的方式打造标题也非常有效，如"你所不知道的××秘籍""揭秘××轻松瘦身30斤的真相"就是通过揭秘的方式打造标题的常用句式。

在论坛发帖时，标题字数没有限制，只要逻辑清楚、语句通顺、表达完整即可，不过建议不要太长，尽量让买家可以快速读完。

2. 有可读性的帖子内容

有一个引人注意的标题是好帖的第一步，有可读性的内容则是帖子的基石。如果只有标题出众，而帖子内容缺乏可读性，也很难赢得买家的好感。那么应怎么安排帖子的内容呢？

首先，内容新颖，主次有序。卖家可以从不同角度分析问题，详写买家关注的问题，同时做到有理有据，不夸大其词。

其次，语句通顺，逻辑清晰，控制内容的长短。卖家要保证帖子逻辑清晰，便于买家理解，且帖子内容不能太长，否则买家很难坚持从头看到尾。

最后，合理排版，图文并茂。论坛发帖的版式非常重要，如果排版不合理，字体大小和字体颜色不合理，很容易让买家产生阅读疲劳，影响阅读体验。所以，卖家要保证帖子段落清晰，尽量多分段，同时辅以精美图片，让版面美观整洁。

3. 在论坛发帖

淘宝论坛是淘宝网的官方论坛，可与淘宝网共用账户，无须另外注册。卖家登录到淘宝论坛后，可设置自己的个人信息；同时，在其中也可加入一些营销信息，进行自我营销和宣传。在淘宝论坛中，卖家一般通过发帖的方式来宣传店铺。

4. 回复热门帖子

在淘宝论坛上查看流量较高、比较热门的帖子时，卖家可以通过回复帖子的方式与其他淘友进行讨论，也可以通过回复帖子提高自己产品的展示率。回复帖子的方法：打开需要交流的帖子，在帖子下方单击"回复本帖"按钮，在打开的对话框中输入回复内容，输入完成后单击"立即回复"按钮即可。在回复帖子时，通过回复框上方的工具栏可以设置文本格式，也可以插入图片和链接。

4.3.3.2 微淘

微淘定位于移动端，是在现有的店铺和宝贝之上新构建的一个可无线传播的信息层，每位用户可以自由订阅自己感兴趣的账号，还可与运营者或粉丝进行互动。也就是说，当卖家在微淘上发布信息后，关注该卖家的粉丝即可看到卖家所发布的信息，并可以与其进行互动。

对于卖家而言，微淘是宣传店铺品牌文化、发布折扣活动、管理新老客户、定向推送优秀内容的平台。如果卖家在微淘上拥有众多活跃的忠实粉丝，其发布的内容就可以即时被大量粉丝看到，为宝贝和店铺带来可观的流量。

1. 微淘推广的价值

微淘粉丝是微淘推广的基础，活跃粉丝越多，推广效果越好。当然，作为一种有效的商品和店铺推广手段，微淘也必须经过合理运营才能发挥其最大的价值。

微淘推广的价值主要体现在：

（1）流量价值。现在的电商行业已明显呈现出向无线方向发展的趋势，即手机端逐渐成为电子商务销售的主流途径，很多店铺手机端的成交金额已远远超过电脑端。微淘位于手机淘宝底部导航的第二位，拥有非常有利的展示位置，同时展示形式简洁有效，所展示对象的忠诚度与黏性较之普通买家更高，因此卖家依靠微淘可以引入大量的移动流量。

（2）营销价值。"阿里看无线，无线看微淘"，微淘作为阿里巴巴重要的无线营销平台，得到了来自阿里巴巴的大力支持。卖家在微淘进行运营，相当于拥有了一个有效的营销渠道来吸引粉丝、宣传店铺和产品，同时多了一个渠道触达用户，引导转化。

（3）CRM价值。通过资讯、活动等内容，微淘卖家不仅可以吸引新客户，还能更好地维护老客户，提高客户黏性。

微淘是一种手机端引流和老客户维护的工具，大部分时候，它的运营效果并不能立竿见影，而是需要日积月累才能有所体现。只有慢慢积累起粉丝，卖家才能发挥出微淘推广的理想效果。

2. 微淘粉丝的来源

微淘是卖家进行粉丝运营的阵地，卖家通过微淘可以发布上新宝贝、进行图文广播、推广优惠券、进行粉丝互动等。如果买家在电脑端收藏店铺或者在手机端关注店铺，则代表成为该微淘账号的粉丝。此外，买家在微淘中也可直接关注和取消关注店铺账号。

需要注意的是，店铺粉丝人数与微淘粉丝人数的活跃度并不一致。一般来说，微淘粉丝数主要由电脑端收藏店铺的人数和手淘上关注店铺的人数组成。收藏店铺的那部分买家平常可能不会关注卖家在微淘上发布的上新、话题等活动，活跃度相对较低；而在手淘上直接关注店铺的粉丝活跃度较高，也是微淘的主要活跃人群。因此，卖家只有将微淘推广与手机端运营结合起来，才能发挥更好的效果。

3. 微淘流量引入

在刚开始做微淘时，很多卖家会发现，自己每天发布的内容根本没人看，不仅浪费时间精力，还收不到明显的效果。其实微淘的流量获取与淘宝新店的流量获取一样，需要找对方法。

微淘内容的展现主要有3种形式：关注关系、官方推荐和算法推荐。其中关注动态和宝贝上新主要基于关注关系展现，即主要展示买家关注的微淘内容；而视频直播和精选热榜中包含了官方推荐和算法推荐，可以实现微淘内容从私域到公域的展现。

微淘的流量一般经由粉丝引入，而吸引粉丝关注的前提是内容设计。微淘内容的输出形式众多，卖家可以发布资讯攻略、会员权益、穿搭技巧、问答投票、盖楼活动、产品测评、买家秀等，具体发布形式有九宫格图文、长文章、短视频和视频直播等。

那么究竟怎样设计微淘内容，才能达到更好的效果呢？

1）发布粉丝感兴趣的内容

微淘运营其实就是粉丝运营，其内容既不能单一重复，也不能死板无趣，卖家必须结合自身行业目标消费群的兴趣点，打造与之匹配的内容栏目，运用人格化的运营方式，强化用户的情感交流和互动。目前微淘的粉丝互动形式主要有话题、游戏、任务、情感、买家秀和直播等，其中任务又包含盖楼、投票、签到、邀请好友、收藏店铺等多种玩法。内容玩法形式多样，究竟哪一种方式最有效，还需卖家结合数据进行观察和筛选。例如，某个类目的店铺根据每日发送不同内容来观察粉丝的响应程度，发现粉丝对卖家活动和买家秀的敏感度比较高，这就说明店铺可以主要围绕卖家活动和买家秀来设计微淘内容。

微淘的粉丝积累就是粉丝黏性维护的过程，卖家必须慢慢引导粉丝参与到微淘中，引导粉丝进店实现转化成交，让粉丝养成浏览微淘的习惯。

一般来说，在微淘运营初期，其内容主要可以"买家秀＋卖家活动＋上新预热＋热卖榜单＋活动提醒＋搞笑段子"等形式进行发布。

如果想让微淘内容更具个性化，卖家也可以定期或不定期设计一些有趣的游戏、讨论、节目等，借此来提高粉丝的关注度，增加粉丝数量。

2）实现粉丝运营

根据微淘官方规划，微淘运营不以短期成交为目的，而更注重品牌宣传和粉丝运营，通过持续可触达通道挖掘用户的有效价值,增加用户黏性和回访。微淘希望通过增加优质内容曝光的生命周期,降低内容生产成本,提升转化,这样还可以争取优质粉丝,进行粉丝深度运营,留存核心种子用户。因此,对于卖家而言,粉丝运营才是微淘运营的大势所趋。

微淘上粉丝运营的根本,不外乎增加粉丝互动,拉近粉丝距离,培养粉丝忠诚度。其中比较常用的方法一般是取昵称和话题互动。

取昵称一般是指为店铺和粉丝取昵称,如果店铺经营日韩系少女用品,就可以×酱、×娘来自称,店铺粉丝则可以称为×迷、×粉,如苹果的粉丝称为"果粉",小米的粉丝称为"米粉"等。取昵称是拉近双方距离的非常直接且有效的一种方式,可以实现与店铺粉丝的亲密沟通,定位精准的昵称还能够较好地迎合目标消费群的喜好,达到更好的效果。

话题互动是指通过组织和发布各种话题,带动粉丝在微淘中进行讨论,这也是增加粉丝热度和黏性的一种方式。微博、微信中很多自媒体营销也常采用这种方式与粉丝互动,一个好的讨论话题可以带来非常可观的浏览量、评论量及粉丝的关注度。关于话题的选择,可以参考近期网上比较热门的话题、带一点争议性和差异性的话题,或者日常生活话题等,如"女生喜欢买买买的原因""吃货们,你们最想去吃哪个城市的特色小吃?"等。

粉丝的兴趣点很多,一个有讨论度的话题可以激发他们的评论热情,促使他们表达自己的想法,甚至可以带动平时不爱评论的粉丝进行互动。

3) 结合站外流量共同运营

微淘鼓励卖家账号将站外流量引入站内,撬动内容的自运营。微淘后台的数据抓取工具会分析站外流量来源,提供实时数据统计跟踪,对站外流量进行补贴。

除了微淘站外流量补贴之外,与站外流量结合进行共同推广也是一种扩大营销影响力的方式。例如,卖家可以在微博、微信等平台介绍店铺和商品,发布新品时提前在微博、微信等平台预热,与微博、微信等平台的粉丝互动,实现站外流量与微淘之间的互通,增加微淘私域流量。

4. 微淘分层

为了给予一直在生产优质内容的卖家更多权益,鼓励卖家相互学习、共同进步,微淘会根据卖家的活跃粉丝数、新增活跃粉丝数、图片质量、月发布条数等维度对卖家的微淘表现进行打分和分层。

微淘将通过微淘号商家指数对账号价值进行识别和判断,以划分商家等级(L0~L6),各层级对应标准如图4-81所示。微淘号商家指数是根据账号整体私域运营表现综合计算得出的分数,用于判断商家的微淘运营健康度、粉丝价值、内容价值,微淘号商家指数主要由内容价值分、粉丝价值分及账号健康分3个维度组成。微淘号商家指数越高,代表商家整体越优质。微淘号商家指数可以指导商家更有方向地进行粉丝运营和内容创作,助力商家在微淘号中更好地成长。微淘号商家指数的高低将会影响商家晋级,是各项权益的准入门槛之一,并影响流量分发、账号推荐、微淘活动报名等场景。

商家层级	商家指数	粉丝价值分	内容价值分	账号健康分
L6	800分	600分	600分	—
L5	700分	500分	500分	—
L4	600分	400分	400分	—
L3	450分	300分	300分	—
L2	350分	—	200分	—
L1	—	—	100分	250分
L0	—	—	—	—

图 4-81

微淘商家号各层级对应的含义如图 4-82 所示。

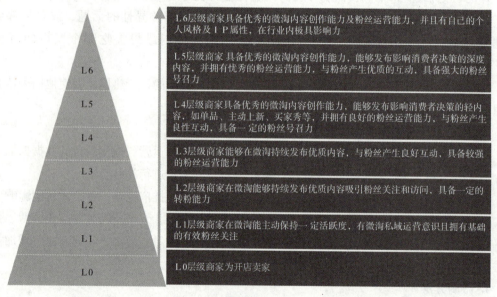

图 4-82

微淘商家号各层级对应的权益如图 4-83 所示。

商家等级	工具权益				流量权限				活动权益	商业权益	
	发布条数	角色认证	直播	微淘粉丝抽奖工具	微淘公益流量扶持	微淘账号发现	猜你喜欢	微淘话题	超级上新日	粉丝置顶	粉丝通
L6	5条/天	√	√	√	优先	优先	优先	根据内容优质度定向邀请	√	√	√
L5	5条/天	√	√	√	优先	优先	优先		√	√	√
L4	3条/天	√	√	√	优先	优先	优先		√	√	√
L3	3条/天	√	√	√	优质内容	优质账号	优质内容		√	√	√
L2	2条/天	√	√	√	优质内容	×	优质内容		√	√	√
L1	4条/天	√	√	√	优质内容	×	优质内容		×	×	×
L0	1条/天	√	√	√	×	×	×		×	×	×

图 4-83

由于微淘号商家指数主要由内容价值分、粉丝价值分及账号健康分3个维度组成，因此提升整体指数需要从以下3个维度发力。

1）内容价值分的提升方法

内容价值分主要考核内容的质量及优质内容规模。其中内容质量分是大数据算法拟合计算出来的一个分值。而内容规模指的是商家近365天内发布有效内容的整体规模。这里需要注意的是，那些不抄袭、不重复发布的优质内容才会被计算。因此，优质的内容越多，整体内容价值分也就越高；而发布低质内容或重复内容，会拉低此项分数。

保持内容健康度，多发布优质内容，有助于提高内容价值分。内容本身需要符合平台对内容的基本要求，如：

（1）图片美观：包括封面图、文内插图的清晰度、美观程度，不得有牛皮癣、未授权明星图等劣质图片内容。

（2）文案通畅，原创度高：是否是自己撰写的内容，是否有抄袭网络信息的现象；语言表达清楚，且生动、丰富、完整。

（3）内容与账号本身类目相关性强，有账号自身主张见解，能够引起用户共鸣。

好的内容能带来好的效果，从而提升内容价值分，效果主要包括这几方面：用户对内容的浏览情况；用户基于内容产生的诸如点赞、评论、转发、收藏等互动情况；用户对内容中推荐的商品是否感兴趣，是否对其购物决策有帮助。

总之，持续发布原创的优质内容，并形成一定的有效内容规模，就可以有效提升内容价值分。

2）粉丝价值分的提升方法

粉丝价值分主要考核商家的粉丝规模及粉丝运营能力。其中粉丝规模主要考核有效粉丝数，若粉丝中有较多的垃圾粉丝、僵尸粉丝，将会降低粉丝价值分；通过刷粉而获得的粉丝将不会被计算，且商家若有严重的刷粉行为，将会被处罚，从而影响整体商家指数分。因此，商家能否运营好自己的粉丝，找准定位，围绕粉丝生产内容，与粉丝产生良性互动，打造属于自己的个人IP对提升粉丝价值分非常重要。下面一些方法可供商家参考：

（1）更多有效粉丝关注：了解粉丝，为粉丝生产优质内容，才能吸引更多关注。

（2）更多粉丝回访：用户成为粉丝之后，阅读所关注达人的内容，观看发布的视频及直播。

（3）更多粉丝互动，提高粉丝的忠诚度：发布优质内容，引起粉丝点赞、收藏、分享、论证等；多与粉丝进行互动，如积极回复粉丝评论。

3）账号健康分的提升方法

账号健康分主要通过账号信用分及账号活跃度两方面进行考核。账号信用分指的是商家在阿里创作平台的信用情况，考核商家是否遵守阿里创作平台管理规范，是否有违规行为。账号活跃度指账号积极活跃的程序，在阿里创作平台中要保持一定的发布内容数和发布频率，并和粉丝保持良好互动。

保持账号信用分情况良好，若有以下行为，账号信用分将会受到影响：发布危害信息、滥发信息、发布淘系外内容、发布广告；有干扰平台经营秩序的行为，违规进行推广，在内容中泄露他人信息，侵犯他人权益，骚扰他人，通过作弊的手段来提升数据表现等行为。若账号信用分在 30 分以下，那么整体账号健康分将会非常低。

账号保持一定的活跃度，在平台上多发布优质内容，每周都进行内容更新。一定的更新频率和优质的内容发布数是账号活跃度的基础。

总之，微淘号商家指数可以通过多发布优质内容，保持内容领域与店铺主营类目的垂直性，以提升内容价值分；为粉丝生产优质内容，吸引粉丝关注、回访、互动，以提升粉丝价值分；保持账号信用良好，且维持一定的发布内容数和发布频率，以提高账号健康分。商家应平常多关注指数的变化，及时总结经验，指数变高时继续保持，指数走低时则及时做出调整。

5. 微淘发布

在微淘管理中，内容运营被昵称为"种草"，优质的种草内容对拉近账号与粉丝的距离，提升粉丝黏性，维护粉丝关系有着较优的作用。种草内容也是微淘优质内容奖励的方向之一，希望创作者从自身真实的视角出发，创作粉丝互动性强、带有个人特点及辨识度的内容。高质量的种草内容有较大的机会被微淘公域、淘宝搜索采纳展现，获取内容推荐流量。

商家种草内容指的是从商家真实的店铺经营心得出发，即以账号本人视角（店铺经营者视角），创作能体现店铺"个人魅力"的内容，拉近店铺和粉丝的距离，为粉丝提供有价值的信息，引导粉丝长草种草。

由于微淘是主要针对手机端用户的推广方式，其内容发布主要通过手机端来实现。打开手机淘宝，进入微淘页面，单击"＋"按钮，即可输入内容、选择图片，编辑完成后直接发布即可。

除了直接发布微淘内容外，还可以通过阿里·创作平台进行店铺上新、好货种草、洋淘秀、主题清单、粉丝福利等。具体方法：进入淘宝卖家中心，在"店铺管理"栏中单击"手机淘宝店铺"超链接，单击"发微淘"超链接，进入阿里·创作平台。选择"创作"→"发微淘"，在右侧选择需要发布的选项并填写相关内容再进行发布，如图 4-84 所示。

图 4-84

4.4 活动营销

淘宝营销活动是淘宝店铺比较常用和比较主流的推广方式，如淘金币、试用中心、聚划算、天天特价等。只要店铺满足活动要求，即可报名参加活动或竞争活动名额。淘宝营销活动对店铺和宝贝流量的影响非常大，不同的推广渠道具有不同的针对性和广泛性，带来的推广效果也不相同。淘宝内部推广渠道的价值很大，淘宝卖家都应该了解和掌握这些重要的推广渠道。

4.4.1 淘金币

4.4.1.1 淘金币的概念

淘金币是淘宝网的一种虚拟积分，是淘宝用户的激励系统和通用积分系统。淘宝平台向活跃的高质量用户奖励淘金币，用户在提供抵扣的商品交易中使用淘金币可以获得折扣，卖家可以在交易中赚取淘金币，并通过花淘金币获得平台流量，提升店铺用户黏性。

4.4.1.2 淘金币的作用

淘金币是淘宝网非常大的流量营销平台，日均1 500万访客数，集结了1.8亿淘金币黏性用户，拥有超高转化率。对于参加淘金币活动的店铺而言，即使活动结束，也会持续为店铺输送回购买家，同时免收销售佣金，活动成本十分低。淘金币对宝贝或店铺推广的作用如下：

（1）淘金币抵扣。淘金币抵扣指全店支持买家使用淘金币抵扣部分商品金额，促成买家下单，提升店内的成交转化率。可使用淘金币抵扣的商品将展示在手机淘宝搜索列表页的"淘金币抵钱"筛选项内。

（2）淘金币频道商品推广。淘金币频道商品推广指卖家在淘金币频道内按商品被点击的次数支付淘金币给淘金币官方账户的方式进行商品推广。商品展示不收取淘金币，买家点击商品时收取淘金币。开通该推广的商品将由系统根据买家的喜好及其购买偏好进行展示。

（3）店铺签到送淘金币。店铺签到送淘金币指卖家给予浏览店铺并签到的买家或者浏览店铺并有过购买记录的买家一定数量的淘金币奖励，以促进买家持续进店浏览，提升店铺用户黏度，提高二次购买率。

（4）关注/收藏店铺送淘金币。关注/收藏店铺送淘金币指卖家对关注/收藏店铺的买家给予一定数量的淘金币奖励，以提升店铺关注人气。

（5）浏览短视频送淘金币。浏览短视频送淘金币指卖家针对观看微淘短视频的买家给予一定数量的淘金币奖励，以提升买家观看短视频的时长，提高买家进店率。

（6）淘宝群任务送淘金币。淘宝群任务送淘金币指已开通淘金币打卡的卖家，可设置针对连续打卡的消费者给予额外的淘金币奖励。

4.4.1.3 淘金币活动准入要求

淘宝网规定，申请加入淘金币的卖家须同时符合以下条件。

1. 店铺基础要求

1）淘宝卖家

（1）符合淘宝网营销规则。

（2）店铺开通卖家淘金币账户，并设置全店抵扣。

（3）店铺淘金币数量≥0。

（4）符合淘宝各类目的行业资质标准。

（5）因出售假冒商品（C类）被处罚的卖家不得报名。

（6）店铺内非虚拟交易占比≥90%，虚拟类目（如本地生活、房产、卡券类等）除外。

2）天猫商家、天猫国际商家

（1）符合天猫营销活动报名基准规则。

（2）符合天猫各类目的行业资质标准。

（3）因虚假交易被违规扣分达48分及以上的卖家及商品永久限制参加营销活动，其他因虚假交易被违规处理的卖家及商品限制参加营销活动90天。

2. 商品基础要求

（1）有基本资质。

（2）淘金币抵扣比例（淘宝）≥1%。

（3）活动结束后的15天内不得以低于参与淘金币活动的折扣价（淘金币抵扣后）报名其他营销活动或在店铺内进行促销。

（4）商品图片、标题与详情。

（5）图片像素：600像素×450像素，1 MB以内。不允许出现水印、LOGO、文字等信息，只凸出商品本身，要求高精度、强质感。

（6）标题要求是"利益点+标题"（如满2件减10元×××），详情页凸出淘金币活动氛围。

4.4.1.4 设置淘金币活动

淘宝卖家通过设置淘金币活动，可以获得更多优质客户、稳定流量和超高转化，同时淘金币活动不需投入成本，不限类目，所有卖家都可参与，是淘宝官方非常热门的一个推广平台。想参与淘金币活动的卖家可通过淘宝后台的卖家中心开通和设置。首次参加淘金币活动的卖家需要先申请淘金币账户，然后根据实际需求进行淘金币抵扣、店铺签到送金币、店铺收藏送金币或淘金币竞价等工具的设置。

4.4.2 试用中心

淘宝试用中心是一个由商家提供试用品供买家试用的营销导购平台和试客分享平台，集用户营销、活动营销、口碑营销、商品营销为一体，聚集了百万个试用机会和试用商品，试用者试用商品后可以提交全面而真实的试用报告，为买家提供购买建议。作为卖家，则可以通过试用中心对店铺和宝贝进行宣传和推广，提高品牌价值与影响力。

4.4.2.1 试用中心的业务

试用中心提供的业务主要包括免费试用和试用报告两个部分。

1. 免费试用

免费试用是试用中心推出的买家可以完全免费获取试用品的专业试用平台，买家只需关注提供试用品的店铺，即可通过该平台自由申请某一种或某几种试用品的试用权，申请通过后即可免费获取该试用品。

2. 试用报告

买家在成功申请到免费试用品后需要提交试用报告。试用报告是会员对商品品质、性能等试用体验后所做出的客观真实的试用感受，支持文字、图片、视频等多种内容呈现方式，可以为其他买家供真实的购物参考，找到真正适合自己的商品。

试用报告可以通过点赞、转发和评论等方式产生互动，对商品起到口碑推广的作用。同时，淘宝将对优质试用报告进行"精华"评定，在满足"试用报告写作基本要求"的前提下，针对各类目商品不同特性做出精彩展示的报告可被评为精华报告，精华报告会在试用报告频道展现。提供试用品的卖家也可以参与"商家推荐"评定，受到卖家赞赏的报告会被卖家评为卖家推荐报告。

4.4.2.2 宝贝参加试用中心的优势

淘宝试用中心是全国最大的免费试用中心，在网店推广中具有很高的影响力，其推广优势主要体现在以下方面：

（1）增加曝光量和粉丝。试用中心不仅可以给买家带来实在的福利，还直接对有购买意向的申请者产生了宣传效果。由于商家提供的试用品有限，但申请试用的人数很多，因此当买家申请试用时，商品就得到了更多曝光。同时，买家在申请试用时会提示关注店铺，这也有效提高了店铺的收藏量和粉丝。

（2）导入优质流量。通过免费试用平台导入的流量比较精准，大部分买家申请试用的商品都是自己目前需要的商品。在申请试用之后，页面下面还将推广显示店铺当前的相关商品，通过这个方式可以拉动店铺整体流量。

（3）试用报告口碑宣传。试用报告相当于买家购买商品后对其详细的评价。图片和文字描述都非常清晰详细，对其他买家而言具有很高的参考价值，同时这样的评价更容易赢得其他买家的信任，打消买家的购买疑虑。

4.4.2.3 试用中心报名条件

试用中心的活动可以用于推广品牌，并提升其影响力，获得更多潜在客户并增加宝贝收藏量，是比较受卖家青睐的一种推广方式，但淘宝网对试用中心的报名条件也设置了要求。

1. 店铺要求

（1）集市店铺的店铺信用等级为一钻以上，店铺综合评分为4.6分以上，并且加入消费者保障服务。

（2）商城店铺的店铺综合评分为4.6分以上。

（3）店铺无严重违规及售假处罚扣分的情况。

2. 商品要求

（1）试用品必须为原厂出产的合格全新且在保质期内的产品。

（2）试用品总价值（报名价×数量）需不低于1 500元，价格不得虚高。

（3）试用品免费发送给消费者，消费者产出试用报告，商品无须返还卖家。

（4）大家电商品若入驻菜鸟仓库、天猫物流宝及天猫国际，其商品试用采用名单发放的形式，不会生成订单，商家按试用后台名单发货。

（5）凡是报名参加试用活动的商品，会自动设置收藏店铺申请条件，商家无须设置。

（6）如报名包含多个库存保有单位（SKU）的商品，系统会随机选择 SKU 下单，建议卖家与买家协商后再发货，如果协商不了，商家需按照报名的 SKU 发货。为避免损失，建议下架其余不期望参加活动的 SKU。

4.4.2.4 试用中心报名流程

参与试用中心活动，一方面，可以展示店铺最优质的商品，提升店铺流量；另一方面，也可以培养店铺潜在客户，增加微淘和店铺收藏量。当店铺满足淘宝试用中心的条件后，即可申请参与使用，其流程如图 4-85 所示。

图 4-85

4.4.3 聚划算

聚划算是淘系规模中爆发力最强的营销平台，汇聚了数量庞大的用户流量，具有非常可观的营销效果。商家通过参加该活动，可以打造超过店铺日销数倍的营销数据，获得更多的收益。聚划算对招商商品的要求较严格，除了基础招商标准外，还对不同类目的商品有不同的要求。招商商品通常需要缴纳一笔保证金和基础费用，聚划算将按照不同类目的费率进行收费。

4.4.3.1 聚划算的参聚类型

聚划算主要包括商品团、品牌团、聚新品、竞拍团 4 种类型。

1. 商品团

商品团是一种限时特惠的体验式营销模式，具有坑位数多、参聚概率相对较大、主团展示、流量稳定的特点。商品团是较好的爆款营销渠道和较低的用户获取成本方式，可以帮助卖家快速地、规模化地获取新客户。商品团的报名流程主要包括选择活动、选择商品、选择坑位、填写商品报名、商品审核、费用冻结、上团前准备 7 个阶段。

2. 品牌团

品牌团是一种基于品牌限时折扣的营销模式，通过品牌规模化出货，可以快速抢占市场份额，提升品牌认知度。品牌团的报名流程主要包括品牌报名、商品报名、上团准备 3 个阶段。

3. 聚新品

聚新品是新品营销效率最高的平台，可以快速引爆新品类及新商品，快速积累新用户群体，形成良好的口碑传播。聚新品适用于高潜力、高增长的新品类、国际品牌、国内知名品牌、知名淘品牌、营销能力强且具备规模化的供应链及服务能力的大中型商家及创新设计、创意概念、创新技术应用、属性升级的商品。聚新品采用保底＋佣金＋封顶的收费模式，要求商品没有销售记录或在10件以内，且备货量为30万~40万件，小二根据品牌影响力、店铺日常运营能力、投放计划、销售预估、价格优势等指标进行选择。

4. 竞拍团

竞拍团是一种适合中小商家快速参聚的营销模式，通过市场化的竞价方式，增加中小卖家的参聚机会。参加竞拍团的卖家需要通过聚划算首页进入竞拍报名阶段，找到竞拍坑位入口，然后选择店铺优秀款提交商品，进入提交商品流程，填写价格和数量。审核通过后，商品即为待排期状态，并可进入竞拍大厅参与竞拍，对商品进行出价。竞拍成功后，可以在保证金页面或者宝贝管理页面支付保证金。

4.4.3.2 聚划算竞拍坑位

聚划算商品团分为竞拍模式和佣金模式，展现位置均在商品团位置，但竞拍模式是以竞拍方式获得排期资格，是否得到坑位由商家自由竞拍决定，且取得坑位后排期不会被更换。

参与竞拍的商家都只能在有效出价时间内出价，竞拍结束后，聚划算会按照出价高低和出价时间确定入围商家。

与其他参聚类型相比，竞拍模式的优点是自由竞拍，卖家拥有更大的主动权和决定权，所以对于竞拍团来说，操作的重点不是报名，而是竞拍坑位。

1. 竞拍团的坑位竞拍规则

竞拍团的坑位竞拍需要注意两项规则，即出价规则和成交规则。

1) 出价规则

（1）竞拍起拍价为2 500元，单次加价幅度为100元及其整数倍，最高加价倍数视具体类目而定。

（2）卖家每次出价时，出价不得低于起拍价。

（3）每次竞拍的卖家可获得3次修改价格的机会，最后一次出价的价格为有效价格。

2) 成交规则

（1）竞拍结束后，根据每个类目的可竞拍的位置数，取出价最高的前几名入围成交。如果入围卖家中存在价格一样的情况，则按照出价时间，先提交有效价格的卖家优先入围。

（2）如果参与卖家数量大于可竞拍的位置数，则竞拍成交价格为未入围卖家中的最高出价金额；如果参与卖家数量小于或等于可竞拍的位置数，则实际成交价格为入围卖家中的最低价。

2. 竞拍团竞拍技巧

参与竞拍的卖家，特别是中小卖家，都希望能够以最合理的价格竞拍到坑位，但应如何参与竞拍呢？

（1）分析数据。竞拍模式依靠价格排序，价格高的竞拍者入围。卖家在竞拍坑位时，要保持理智竞拍，提前需要分析自己的销售行情、成本收益和竞争优势。如果竞拍价格太高，但是产品收益跟不上，那么这次竞拍就无法达到理想的效果，甚至可能造成极大的亏损。

（2）出价。每位参与竞拍的卖家的出价次数是有限的，但竞拍出价时间有1小时，因此建议不要提前出价。如果出价太早，每次出价就浪费一次机会，出价次数用完则失去入围资格。卖家可以以自己可接受的最终竞拍金额为前提，在出价人数和其他卖家出价次数达到一定高度时开始出价。

4.4.3.3 聚划算的选品准备

聚划算作为淘宝的一个优质的团购平台，对参选商品的甄选十分严格，因此卖家在报名聚划算的相关活动时必须提前做好选品准备。一般来说，选品的目的是顺利通过审核和尽可能引爆销量，这也是选品时必须考虑的两个前提条件。

1. 顺利通过审核

报名聚划算活动的商品需要通过淘宝小二人工审核。以商品团为例，在填写了商品报名信息后，进入商品审核阶段。其审核内容包括商品报名价格、报名商品货值、历史成交及评论、商品DSR评分、店铺近3~6月成交排名、店铺聚划算成交额和历史单坑产出水平、库存、价格是否具有市场竞争力、卖家分值择优录取、是否存在拼款和换款等。为了快速通过审核，卖家在报名活动之前应该提前对商品进行选择，对照商品审核阶段的要求选择店铺内满足条件的商品。

此外，由于商品通过初审之后不允许擅自提高团购价和降低商品数量，因此必须提前对商品价格、数量等进行规划和准备，库存、运营人员都必须提前安排。

2. 引爆销量的选品

聚划算作为淘宝网非常火爆的营销平台，具有引爆流量、带动关联营销、拉动品牌推广、积累客户、打造爆款等多重作用。卖家要想利用该平台获得收益，必然离不开选品准备的环节，可以说选品的好坏直接决定了商品销量的好坏。

1）参选商品需要具备的要素

卖家报名参加活动的目的是引爆商品销量，提高销售额，但引爆销量有一个必须的前提——好的款式才能在活动上有好的表现。同时，在款式好的前提下，活动商品还应该具备一些必备要素。

（1）利润空间大，销量转化较好。

（2）热销潜力比较大，评价比较好。

（3）货源比较稳定，不会出现断货、缺货的情况，最好不缺码、缺色。

（4）尺码标准，颜色主流，容易被大众接受。

（5）商品应季，符合当前流行趋势。

需要注意的是，在报名参加活动后通常都有一个准备阶段，如一个月，因此卖家在选择商品时，应考虑一个月后的应季情况。如果4月报名商品为长袖衬衫，但5月活动开始时天气已经转热，购买长袖衬衫的人数会大幅度减少，商品也就无法达到很好的销量。

2）适合参选活动的商品分析

商品价格、属性、流行趋势、转化、货源和客服等都是参选商品应该考虑的要素。一般来说，检测商品是否符合参选条件，可以通过数据分析工具进行分析，先分析行业情况，再分析自己店铺的商品情况。

（1）价格。价格分析通常包括两个方面，分别是价格选择和价格利润空间。价格选择需要分析当前类目下同类商品的主要成交价格和平均价格。例如，女装T恤类目下，成交量最高的价格区间是50～100元，平均价格为65.7元，这个数据就表示50～100元区间的T恤价格销量更好，而平均价格低于65.7元的T恤更容易成功报上活动，即报名活动的价格要低于行业均值。价格利润空间是指价格在满足低于行业均值的前提下，商品剩下的利润空间。卖家报名活动不仅是为了提高转化和销量，也为了提高销售额。

（2）属性。分析商品属性实际上就是分析商品是否热销。依然以女装T恤为例，通过数据分析工具分析T恤的哪种材质成交量高、哪种风格成交量高、哪种版型成交量高、哪种元素成交量高、哪种领型和款式成交量高、哪种面料和颜色成交量高、哪种衣长和袖长成交量高等，与热销元素符合度越高，说明买家接受度越高。

（3）流行趋势。如果当前时段某商品呈现某种流行趋势，则具备该趋势的商品会很容易被消费者所接受。例如，在美妆类目下，当前十分流行泡沫洁面、气垫CC，那么该类型的商品更容易被买家接受。

（4）转化。转化是影响买家购买的重要因素，有1人购买的商品和有100人购买的商品，后者更容易得到买家的信任。也就是说，选择转化率较好的优势商品作为活动商品，更容易带动销量。

（5）货源和客服。充足的货源准备和客服准备都是引爆销量的必备条件，否则有买家上门，但商品缺货，或者客服反应不及时，都会直接造成客户的流失。

3) 在店铺中选择适合参选的商品

为了保证销量，参选活动的商品一般要选择店内的热卖商品、优势商品，同时满足应季、款式好、有利润、有足够库存等条件。从数据的角度分析，即要选择支付转化率高、点击率高、商品货源有保障的商品。卖家可以通过查看直通车中的数据来分析店内商品，即加入购物车率和收藏率；也可以使用生意参谋分析单品的支付转化率和点击率。

（1）支付转化率。支付转化率高的商品，表示买家下单的概率大。店内商品的支付转化率，可以通过生意参谋"商品分析"中的"商品概况"来查看和分析。通过数据显示可以发现有些商品虽然访客数很高，但下单转化率比较低；而有的商品虽然访客数不高，但下单转化率比较高。活动商品通常选择支付转化率高于行业均值的商品。

（2）点击率。选择点击率高的商品，是为了在活动中获得更多的流量。参与互动的商品，活动时间和活动流量有限，尽可能增加流量才能实现收益最大化。店内商品的点击率可以通过生意参谋"商品分析"中的"商品效果"来查看和分析。点击率高的商品表示款式比较受买家欢迎，这样的商品在活动中更容易吸引活动平台中的流量，从而引来更多的访客，给店铺带来更多的成交额。

（3）商品货源有保障。货源是活动商品必须要考虑的因素。一般来说，活动商品在货源选择上需要具备尺码标准、颜色符合买家喜好、质量好等特点。标准的尺码可以缓解客服压力，避免咨询太多、客服回复不及时造成的买家流失。颜色的选择一定要符合商品属性分析出的数据，即商品颜色应该是成交量最高的颜色或包含成交量最高的颜色。质量是活动商品需要重点注意的问题，卖家参报活动的好处并不是只有冲销量、提高销售额，还包括积累客户，质量好的商品不仅不会造成太大的售后压力，还能为店铺带来更多回头客。

4）活动商品备货

参加活动的商品，一定要保证库存稳定。库存不稳定的商品将会给店铺带来很多不利的影响，如果库存不足或发货时间无法保证，活动平台将根据规定取消卖家的活动参与资格，并限制卖家下次参报该活动的时间。此外，发货时间延误不仅需对买家做出相应赔偿，还会对店铺权重产生影响。如果活动商品缺货、缺码，会给买家带来糟糕的购物体验，不利于店铺会员营销活动的开展。

为了保证活动期间商品发货井然有序，卖家需提前做好以下发货准备：

（1）清点入库。清点入库主要是指清点产品的尺码和颜色，准备多少件，各有多少件，做到有备无患。

（2）质检打包。提前做好商品的质检和打包，可以避免很多售后问题，节省发货时间，提高物流质量。其中在做商品打包时，可以将不同商品的不同颜色和尺码分开放置，方便直接发货，这样即使发货量大，也能做到有条不紊。

4.4.4 天天特价

天天特价是淘宝网为集市店铺中小卖家和天猫商家打造的扶持平台，用于扶持有特色货品、独立货源和一定经营潜力的卖家，提供流量和营销等方面的支持。天天特价目前有日常活动和主题活动两个板块，其中日常活动主要包括类目活动和9.9元包邮等，主题活动主要包括清仓特卖等。天天特价推广的商品一般有3个卖点——疯狂促销、应季精品、服务保障，旨在为买家提供物美价廉的商品。对于卖家而言，天天特价推广可以有效提升店铺流量和成交率，从而积累客户，增加销售额。

4.4.4.1 天天特价的准入要求

为了筛选优质卖家和商品，淘宝网对参加天天特价的店铺和商品均有一定的要求，其主要内容如下。

1. 商家条件

商家必须同时符合以下条件方可报名。同时，天天特价也有权基于选择更为优质商品/商家等原因，面向满足特定要求的商家定向招商。

（1）本活动针对淘宝店铺和天猫店铺（含天猫国际商家、飞猪天猫商家、飞猪天猫国际商家）招商。

①天猫店铺（含飞猪商家）：

a. 必须符合《天猫商家营销准入基础规则》。

b. 不在因违反《营销平台商家管理规则》导致被处罚的处罚期内。

②天猫国际店铺：

a. 必须符合《天猫国际商家营销准入基础规则》。

b. 不在因违反《营销平台商家管理规则》导致被处罚的处罚期内。

③淘宝店铺（含飞猪集市商家）、飞猪国际商家：

a. 淘宝店铺必须支持淘宝消费者保障服务。

b. 近半年店铺非虚拟交易的 DSR 评分 3 项指标分别不得低于 4.6（开店不足半年的自开店之日起算）。

④店铺实物交易占比必须在90%及以上，以下类型店铺除外：

a. 主营一级类目为消费卡、购物提货券、餐饮美食、移动/联通/电信充值中心、手机号码/套餐/增值业务、网络游戏点卡、腾讯QQ专区、装修设计/施工/监理、装修服务、生活娱乐充值类目的店铺。

b. 主营一级类目为景点门票/演艺演出/周边游、特价酒店/特色客栈/公寓旅馆、度假线路/签证送关/旅游服务类目的飞猪店铺。

c. 店铺开店时长必须在90天及以上。

d. 店铺近30天纠纷退款率超过店铺所在主营类目的纠纷退款率均值的5倍，且店铺近30天纠纷退款笔数大于等于3笔的店铺，限制参加营销活动。

e. 店铺因违反《淘宝规则》《飞猪规则》导致被限制参加营销平台活动的违规行为参照《营销平台基础招商规则》的规定。

2. 商品条件

报名商品必须同时符合以下条件方可报名：

（1）报名商品库存必须在50件及以上。

（2）报名商品近30天的历史销售记录必须在5件及以上。

（3）报名商品若为淘货源认证淘宝商家提供的1688商品，无历史销量要求。

（4）除特殊类目商品外，其他报名商品的报名价格必须满足《天猫及营销平台最低标价规则》的"天天特卖最低标价"的要求。

（5）报名商品必须设置商品限购数量，限购数量最高为5个（特殊类目除外）。

（6）品牌商品必须有品牌方提供的售卖证明，或者商品以报名库存为要求的购买发票，或者有品牌渠道商的资质证明；自有品牌商品提供自有品牌的相关证明。

（7）除特殊类目商品外，其他报名商品必须支持包邮。

4.4.4.2 天天特价报名注意事项

天天特价是中小卖家必争之地，也是一个打造热卖款的利器。卖家在报名天天特价之前，应该先了解活动报名流程、报名规则和图片规范。

1. 报名流程

天天特价的报名流程与其他活动类似。卖家点击报名后，需要选择报名的日期，不同的日期提供的活动选项会略有差异。选择合适的活动日期后，卖家需要同意招商规则，填写报名表，等待审核。

如果审核通过，卖家需要清点库存，并清理其他活动。通过天天特价审核的店铺需在首页和参与活动的宝贝详情页面展示天天特价频道指定LOGO图片和天天特价定制邮费模板。为了提高商品点击率和转化率，还需要对宝贝进行优化。

2. 报名规则

天天特价的系统审核排序主要依据的是商品、店铺等的综合评分，如果图片、相似款、授权等不合格，系统会在报名后3~5天通知卖家，接到通知的卖家修改后可以重新选择日期报名。天天特价审核结果一般在活动开始前2~4天通知卖家。审核未通过的卖家可在收到未通过消息后重新选择合适的宝贝报名。

如果审核通过，则卖家必须在正式活动开始前两天15：00前进行相关设置：

（1）库存建议修改为报名提供的库存。

（2）取消该宝贝的促销价格，恢复报名时的原价。

（3）保持商品在线状态。活动期间如果商品未售罄下架，系统会自动屏蔽展示直到恢复上架。

（4）活动期间（包括预热）若使用其他优惠工具，打折价格不得低于特价活动价格。
（5）设置全国包邮。
（6）标题前面添加天天特价。
（7）一口价、库存、标题、主图等内容，在活动前两天15：00锁定后不能再进行编辑。
（8）宝贝页面会在活动前两天15：00前锁定，此日期后不能再对宝贝页面进行装修。
（9）悬挂活动横幅广告（banner）。

3. 图片规范

商品图片是报名天天特价需要重点注意的因素，如果图片不符合要求，将被取消当次活动资格，盗图、侵权等情节严重者将永久拒绝报名。天天特价的图片要求与商品主图要求略有区别，如图4-86所示，主要要求如下：

（1）图片尺寸为480像素×480像素，手淘首页资源位图片尺寸为800像素×800像素。
（2）图片格式为jpg、jpeg、png。
（3）图片大小不超过1 MB。
（4）图片为白底、纯色或浅色背景图或者场景图均可。
（5）图片清晰，主题明确且美观，不拉伸变形，不拼接、无水印、无LOGO、无文字信息。
（6）商品图片应主题突出，易于识别，不会产生歧义，构图完整饱满。

图4-86

第 5 章

网店客服

5.1 概述

客户是网店的生存之本，营运之基，力量之源。有客户才有市场。没有客户，网店便失去利润的源泉，从而失去存在的意义。因此，网店运营必须强调"客户导向"，只有深入掌握客户消费心理，快速响应并满足客户多变性、个性化的需求，网店才能在激烈的市场竞争中得以生存和发展。客服在网店里兼具着"形象代言""咨询顾问""销售员""调解员""管理员"等多重身份，活动范围涵盖所有与客户接触或相互作用的各方面，旨在满足客户需要，对网店留住客户、发展客户和管理客户有着重要作用。

5.1.1 网店客服的含义

网店客服就是专门负责招呼买家，回答买家咨询，向买家介绍商品，为买家提供良好售后服务的人。一般一些规模较小的网店，客服往往是一人身兼数职，工作没有细分。而一些规模较大，日交易量较高的网店，为更好地帮助买家答疑、促成交易或做好售后服务，会对客服做细致的分工。例如，有通过千牛、微信或 QQ 等及时通信工具、电话解答买家问题的客服，有专门帮助买家更好地挑选商品的导购客服，有专门处理买家投诉的客服，有专门负责买家退换货的客服等。

5.1.2 网店客服的作用

一个有着专业知识和良好沟通技巧的客服，可以给客户提供更多的购物建议，更完善地解答买家的疑问，更快速地对买家售后问题给予反馈，从而更好地服务于买家。只有更好地服务于买家，才能为网店获得更多的发展机会。总而言之，网店客服在店铺推广、商品销售、售后客户维护和管理方面都起着非常重要的作用，具体表现如下。

1. 塑造店铺形象

对于一个网络店铺而言，买家看到的商品都是一张张的图片，既看不到卖家本人，也看不到商品本身，无法了解各种实际情况，因此往往会产生距离感和怀疑感。这时客服就显得尤为重要。买家通过与客服在网上的交流，可以逐步了解卖家的服务、态度及其他信息，客服的一个笑脸（千牛或QQ的表情符号）或者一个亲切的问候，都能让买家真实地感觉到他不是在跟冷冰冰的电脑打交道，而是跟一个善解人意的人在沟通，这样会帮助买家放弃初始的戒备，从而在买家心目中逐步树立起店铺的良好形象。

2. 提高成交率

现在很多买家都会在下单之前针对不太清楚的内容询问卖家，或者询问优惠措施等。客服在线能够及时回复买家的疑问，可以让买家及时了解需要的内容，从而立即达成交易。

有时买家不一定对商品本身有什么疑问，仅仅是想确认一下商品是否与事实相符，此时客服的及时确认回复就可以打消买家的很多顾虑，促成交易。也有时买家拍下商品，但并不是急着要，因此没有及时付款，这时在线客服可以适时跟进，通过向买家询问汇款方式等督促买家及时付款。

对于一个犹豫不决的买家，一个有着专业知识和良好销售技巧的客服可以帮助买家选择合适的商品，促成买家的购买行为，从而提高成交率。

3. 提高客户回头率

当买家在客服的良好服务下完成了一次满意的交易后，买家不仅了解了卖家的商品质量与物流，也对卖家的服务品质有了切身体会。当买家需要再次购买同类商品时，往往会倾向于选择他所熟悉和了解的卖家，从而提高其再次购买的概率。

5.1.3 网店客服必备的基本功

要成为一位合格的网店客服，需要练好3个基本功：良好的素质、专业的知识和高效的沟通技巧。

5.1.3.1 良好的素质

一个合格的网店客服应该具备一些良好的基本素质，如良好的心理素质、品格素质、技能素质及其他综合素质等。

1. 心理素质

网店客服首先应该具备良好的心理素质，因为在客户服务的过程中会承受各种压力、挫折，没有良好的心理素质是不行的。其具体内容如下：

（1）"处变不惊"的应变力。

（2）挫折打击的承受能力。

（3）情绪的自我掌控及调节能力。

（4）满负荷情感付出的支持能力。

（5）积极进取、永不言败的良好心态。

2. 品格素质

（1）忍耐与宽容是网店客服人员的一种美德。

（2）热爱企业、热爱岗位，一名优秀的网店客服人员应该对其所从事的客户服务岗位充满热爱，忠诚于企业的事业，兢兢业业地做好每件事。

（3）要有谦和的态度，谦和的服务态度是能够赢得客户对服务满意度的重要保证。

（4）不轻易承诺，说了就要做到，言必信，行必果。

（5）谦虚是做好网店客服工作的要素之一。

（6）拥有博爱之心，真诚对待每一个人。

（7）要勇于承担责任。

（8）要有强烈的集体荣誉感。

（9）热情主动的服务态度：客服人员还应具备对客户热情主动的服务态度，充满激情，让每位客户感受到客服的服务，在接受客服的同时来接受商品。

（10）良好的自控力：自控力就是控制好自己情绪的能力。客户服务是一项服务工作，客服人员首先自己要有一个好心态，这样才会影响并带动与客户的良性互动。网店客户形形色色，有容易沟通的，也有不容易沟通的，遇到不容易沟通的，客服就要学会控制好自己的情绪，耐心地解答，有技巧地应对。

3. 技能素质

（1）良好的文字语言表达能力。

（2）高超的语言沟通技巧和谈判技巧：优秀的客服应具备高超的语言沟通技巧及谈判技巧，只有具备这样的素质，才能让客户接受商品并在与客户的价格交锋中取胜。

（3）丰富的专业知识：对于自己所经营的产品具有一定的专业知识，如果自己对自己的产品都不了解，又如何保证第一时间回答客户对产品的疑问呢？

（4）丰富的行业知识及经验。

（5）熟练的专业技能。

（6）思维敏捷，具备对客户心理活动的洞察力。

（7）敏锐的观察力和洞察力：网店客服人员应该具备敏锐的观察力和洞察力，只有这样才能清楚地知道客户购买心理的变化。了解了客户的心理，才可以有针对性地对其进行诱导。

（8）具备良好的人际关系沟通能力：良好的沟通是促成买家购买的重要步骤之一，和买家在销售的整个过程中保持良好的沟通是保证交易顺利进行的关键。不管是交易前还是交易后，都要与买家保持良好的沟通，这样不但可以顺利地完成交易，还有可能将新客户吸收为回头客，成为自己的老客户。

（9）具备专业的客户服务电话接听技巧：网店客服不仅需要掌握网上即时通信工具的使用方法，很多时候电话沟通也是必不可少的。

（10）良好的倾听能力。

4. 综合素质

（1）要具有"客户至上"的服务观念。

（2）要具有工作的独立处理能力。

（3）要有对各种问题的分析解决能力。

（4）要有对人际关系的协调能力。

5.1.3.2 专业的知识

1. 商品知识

1）商品的专业知识

客服应当对商品的种类、材质、尺寸、用途、注意事项等都有一定的了解,最好还应当了解行业的有关知识。同时,客服也要对商品的使用方法、洗涤方法、修理方法等有一个基础的了解。

2）商品的周边知识

不同的商品可能仅适合部分人群,如化妆品,存在皮肤性质的问题,不同的皮肤性质在选择化妆品上会有很大的差别;如内衣,不同的年龄、不同的生活习惯都会有不同的需要;又如玩具,有些玩具不适合年龄太小的婴儿,有些玩具不适合年龄太大的儿童等。这些情况都需要客服有一个基本的了解。

此外,对同类的其他商品也要有一个基本的了解,这样客服可以更好地回复和解答客户关于不同类商品的差异问题。

2. 网站交易规则

1）一般交易规则

网店客服应该把自己放在一个商家的角度来了解网店的交易规则,更好地把握自己的交易尺度。有时候,顾客可能第一次在网上交易,不知道该如何进行操作,这时客服除了要指点顾客查看网店的交易规则外,在一些细节上还需要一步步地指导客户如何操作。

此外,客服还要学会查看交易详情,了解如何付款、修改价格、关闭交易、申请退款等。

2）第三方支付平台规则

了解支付宝及其他第三方支付平台的操作规则和流程,可以指导客户通过第三方支付平台完成交易,查看交易的状况,更改现在的交易状况等。

3. 物流知识

1）了解不同的物流及其运作方式

邮寄:分为平邮(国内普通包裹)、快邮(国内快递包裹)和EMS。

快递:分为航空快递包裹和汽运快递包裹。

货运:分为汽运和铁路运输等。

最好还应了解国际邮包(包括空运、陆路、航运)。

2）了解不同物流的其他重要信息

价格:如何计价,以及报价的还价空间还有多大等。

速度:不同物流方式的货物达到情况。

联系方式:在手边准备一份各物流公司的通信录,同时了解如何查询各个物流方式的网点情况。

查询办理:不同物流方式应如何办理查询的问题。

不同物流方式的包裹撤回、地址更改、状态查询、保价、问题件退回、代收货款、索赔的处理等信息。

常用网址和信息的掌握：快递公司联系方式、邮政编码、邮费查询、汇款方式等。

5.1.3.3 高效的沟通技巧

网购因为看不到实物，所以给人的感觉就比较虚幻。为了促成交易，客服必将扮演重要角色，因此客服沟通交谈技巧的运用对促成订单至关重要。

1. 态度方面

1) 树立端正、积极的态度

树立端正、积极的态度对网店客服人员来说尤为重要。尤其是当售出的商品有了问题时，不管是客户的问题还是快递公司的问题，都应该及时解决，不能回避、推脱。积极主动与客户进行沟通，尽快了解情况，尽量让客户觉得他是受尊重、受重视的，并尽快提出解决办法。除了与客户之间的金钱交易之外，还应该让客户感觉到购物的满足感和乐趣。

2) 要有足够的耐心与热情

网店客服常常会遇到一些喜欢打破砂锅问到底的客户，这时就需要客服有足够的耐心和热情，细心地回复，从而让客户产生信任感。此时客服决不可表现出不耐烦，即使客户没有购买也要说一声"欢迎下次光临"。如果客服的服务足够好，这次不成功也许还有下次。砍价的客户也是客服经常会遇到的，可以在彼此能够接受的范围内适当地让步，如果确实不能优惠也应该婉转地回绝，如回复"真的很抱歉，没能让您满意，我会争取努力改进"或者引导客户换个角度来看这件商品，让其感觉货有所值，就不会太在意价格了，也可以建议客户先货比三家。总之，要让客户感觉你是热情真诚的，千万不可说出"我这里不还价"或"没有"等过于硬性的话语。

2. 表情方面

微笑是对客户最好的欢迎，微笑是生命的一种呈现，也是工作成功的象征。所以，当接待客户时，哪怕只是一声轻轻的问候也要送上一个真诚的微笑。虽说网上与客户交流时看不见对方，但只要你是微笑的，客户在言语之间是可以感受得到的。此外，多用一些千牛表情，也能收到很好的效果。无论千牛的哪一种表情都会将自己的情感信号传达给对方，如"欢迎光临！""感谢您的惠顾"等，都应该热情地送上一个微笑，加与不加给人的感受是完全不同的。不要让冰冷的字体语言遮住你迷人的微笑。

3. 礼貌方面

俗话说"良言一句三冬暖，恶语伤人六月寒"，一句"欢迎光临"或一句"谢谢惠顾"，短短的几个字，却能够让客户听起来非常舒服，产生意想不到的效果。

礼貌待客，让客户真正感受到"上帝"的尊重。客户来了，先来一句"欢迎光临，请多多关照"或"欢迎光临，请问有什么可以为您效劳的吗"，诚心实意地"说"出来，会让人有一种十分亲切的感觉，还可以培养感情，这样客户本能的一种抵触心理就会减弱或者消失。

沟通过程中其实最关键的不是说什么话，而是如何说话。让我们看下面小细节的例子，来感受一下不同说法的效果："您"和"MM 您"比较，前者正规客气，后者比较亲切。"不行"和"真的不好意思哦""嗯"和"好的没问题"都是前者生硬，后者比较有人情味。"不接受见面交易"和"不好意思我平时很忙，可能没有时间和你见面交易，请你理解

哦",相信大家都会认为后一种语气更能让人接受。多采用礼貌的态度、谦和的语气,就能顺利地与客户建立起良好的沟通

4. 语言文字方面

(1) 少用"我"字,多使用"您"或者"咱们"这样的字眼,让顾客感觉到我们在全心全意地为他(她)考虑问题。

(2) 常用规范用语:

"请"是一个非常重要的礼貌用语。

"欢迎光临""认识您很高兴""希望在这里能找到您满意的 DD"。

"您好""请问""麻烦""请稍等""不好意思""非常抱歉""多谢支持"……

平时要注意修炼提高自己的内功,同样一件事不同的表达方式就会表达出不同的意思。很多交易中的误会和纠纷就是因为语言表述不当而引起的。

(3) 在客户服务的语言表达中,应尽量避免使用负面语言。这一点非常关键,客户服务语言中不应有负面语言。例如,"我不能""我不会""我不愿意""我不可以"等都是负面语言。

①在客户服务的语言中,没有"我不能"。当你说"我不能"时,客户的注意力就不会集中在你所能给予的事情上,他会集中在"为什么不能""凭什么不能"上。

正确方法:"看看我们能够帮你做什么",这样就避开了与客户说不行、不可以。

②在客户服务的语言中,没有"我不会做"。你说"我不会做",客户会产生负面感觉,认为你在抵抗。而客服希望客户的注意力集中在你讲的话上,而不是注意力的转移。

正确说法:"我们能为你做的是……"

③在客户服务的语言中,没有"这不是我应该做的"。客户会认为他不配提出某种要求,从而不再听你解释。

正确说法:"我很愿意为你做"。

④在客户服务的语言中,没有"我想我做不了"。当你说"不"时,与客户的沟通会马上处于一种消极气氛中。为什么要客户把注意力集中在你或你的公司不能做什么,或者不想做什么呢?

正确方法:告诉客户你能为他做什么,并且非常愿意帮助他们。

⑤在客户服务的语言中,没有"但是"。你受过这样的赞美吗?——"你穿的这件衣服真好看!但是……"。无论你前面讲得多好,如果后面出现了"但是",就等于将前面对客户所说的话进行否定。

正确方法:只要不说"但是",说什么都行!

⑥在客户服务的语言中,有一个"因为"。要让客户接受你的建议,就应该告诉他理由,不能满足客户的要求时要告诉他原因。

5. 千牛方面

1) 千牛沟通的语气和千牛表情的活用

在千牛上和客户对话,应该尽量使用活泼生动的语气,不要让客户感觉到你在怠慢他。虽然很多客户会想"哦,她很忙,所以不理我",但是客户心里还是觉得被疏忽了。这时如

果实在很忙，不妨客气地告诉客户"对不起，我现在比较忙，我可能会回复得慢一点，请理解"，这样，客户才能理解并且体谅你。尽量使用完整客气的语句来表达。例如，说告诉客户不讲价，应该尽量避免直截了当地说"不讲价"，而是礼貌而客气地表达，如"对不起，我们店商品不讲价"，可以的话，还可以简单解释一下原因。

如果没有合适语言来回复客户留言时，与其用"呵呵""哈哈"等语气词，不妨使用千牛的表情。一个生动的表情能让客户直接体会到你的心情。

2）千牛使用技巧

可以通过设置快速回复提前把常用的句子保存起来，这样在忙乱时可以快速回复顾客。例如，欢迎词、不讲价的解释、"请稍等"等，可以给节约大量的时间。在日常回复中，如果发现某些问题是客户问得比较多的，也可以把回答内容保存起来，达到事半功倍的效果。

通过千牛的状态设置，可以给店铺做宣传，如在状态设置中写一些优惠措施、节假日提醒、推荐商品等。

如果暂时不在座位上，可以设置"自动回复"，不至于让客户觉得自己好像没人搭理；也可以在自动回复中加上一些自己的话语，都能起到不错的效果。

6. 其他方面

1）坚守诚信

网络购物虽然方便快捷，但唯一的缺陷就是看不到摸不着，客户面对网上商品难免会有疑虑和戒心。所以，对客户必须要用一颗诚挚的心，像对待朋友一样对待客户，包括诚实地解答客户的疑问，诚实地告诉客户商品的优缺点，诚实地向客户推荐适合她/他的商品。

坚守诚信还表现在一旦答应客户的要求，就应该切实地履行自己的承诺，哪怕自己吃点亏，也不能出尔反尔。

2）凡事留有余地

在与客户交流中，不要用"肯定、保证、绝对"等字样，这不等于你售出的产品是次品，也不表示你对买家不负责任，而是不要让客户有失望的感觉。因为每个人在购买商品时都会有一种期望，如果你保证不了客户的期望，最后就会变成客户的失望。例如，卖化妆品，本身每个人的肤质就不同，你敢百分百保证你售出的产品在几天或一个月内一定能达到客户想象的效果吗？再如，销售出去的商品在路上，能保证快递公司不误期吗？不会被丢失吗？不会被损坏吗？为了不要让客户失望，最好不要轻易说保证。如果用，最好用尽量、争取、努力等词语，效果会更好。多给客户一点真诚，也给自己留有一点余地。

3）多虚心请教，多倾听顾客的声音

当客户上门时，我们并不能马上判断出客户的来意与其所需要的商品，所以需要先问清楚客户的意图，需要什么商品，是送人还是自用，送给什么样的人等。只有了解清楚了客户的情况，准确地对其进行定位，才能做到只介绍对的不介绍贵的，以客为尊，满足客户需求。

当客户表现出犹豫不决或者不明白时，我们也应该先问清楚客户困惑的内容是什么，是哪个问题不清楚。如果客户表述也不清楚，我们可以把自己的理解告诉客户，询问是不是理

4）做一个专业卖家，为客户准确地推介

不是所有的客户对我们的产品都了解和熟悉。当有些客户对商品不了解而来咨询时，我就要为客户耐心解答，不能客户一问三不知，这样会让客户感觉没有信任感，没有谁会愿意在这样的店铺买东西的。

5）表达不同意见时尊重对方的立场

当客户表达不同的意见时，要力求体谅和理解客户，表现出"我理解您现在的心情，目前……"或者"我也是这么想的，不过……"来表达，这样客户能觉得你在体会他的想法，能够站在他的角度思考问题；同样，他也会试图站在你的角度来考虑。

6）保持相同的谈话方式

对于不同的客户，应该尽量用和他们相同的谈话方式来交谈。如果对方是一位年轻的妈妈来给孩子选商品，应该站在母亲的立场考虑孩子的需要，用比较成熟的语气来表述，这样更能得到客户的信赖。如果你自己表现得更像个孩子，客户会对你的推荐表示怀疑。

如果你常常使用网络语言，但是在和客户交流时，有时他对你使用的网络语言不理解，会感觉和你有交流的障碍，而且有的人也不太喜欢太年轻态的语言。所以，建议大家在和客户交流时，要根据客户情况恰当地使用网络语言。

7）经常对客户表示感谢

当客户及时地完成付款，或者很痛快地达成交易时，客服都应该衷心地对其表示感谢，谢谢他这么配合我们的工作，谢谢他为我们节约了时间，谢谢他给了我们一个愉快的交易过程。

8）坚持自己的原则

在销售过程中，经常会遇到讨价还价的客户，这时应当坚持自己的原则。

如果商家在定制价格时已经决定不再议价，那么就应该向要求议价的客户明确表示该原则。例如邮费，如果客户没有符合包邮条件而给某位客户包邮了，后果会很严重，具体表现如下：

①其他客户会觉得不公平，使店铺失去纪律性。

②给客户留下经营管理不正规的印象，从而小看你的店铺。

③给客户留下价格与商品不成正比的感觉，否则为什么你还有包邮的利润空间呢？

④客户下次来购物还会要求和这次一样的特殊待遇或进行更多的议价，这样你需要投入更多的时间和成本来应对。在现在快节奏的社会中，时间就是金钱，珍惜客户的时间也珍惜自己的时间，才是负责的态度。

5.2 网店客户类型分析

充分了解网店客户的特点和基本类型，掌握基本的应对策略，有助于提高网店客服的服务质量和服务效率。通常从不同角度对网店客户进行分类，相应的应对策略也不同。

5.2.1 按客户的性格特征来分

1. 友善型客户

特点：性格随和，对自己以外的人和事没有过高的要求，具备理解、宽容、真诚、信任等美德，通常是商家的忠诚客户。

策略：提供最好的服务，不能因为对方的宽容和理解而放松对自己的要求。

2. 独断型客户

特点：异常自信，有很强的决断力，感情强烈，不善于理解别人；对自己的任何付出一定要求有回报；不能容忍欺骗、被怀疑、怠慢、不被尊重等行为；对自己的想法和要求一定需要被认可，不容易接受别人的意见和建议；通常是投诉较多的客户。

策略：小心应对，尽可能满足其要求，让其有被尊重的感觉。

3. 分析型客户

特点：情感细腻，容易被伤害，有很强的逻辑思维能力；懂道理，也讲道理；对公正的处理和合理的解释可以接受，但不愿意接受任何不公正的待遇；善于运用法律手段保护自己，但从不轻易威胁对方。

策略：真诚对待，遇到问题要及时做出合理解释，争取对方的理解。

4. 自我型客户

特点：以自我为中心，缺乏同情心，从不习惯站在他人的立场考虑问题；绝对不能容忍自己的利益受到任何伤害；有较强的报复心理；性格敏感多疑；时常"以小人之心度君子之腹"。

策略：学会控制自己的情绪，以礼相待，对自己的过失真诚道歉。

5.2.2 按消费者购买行为来分

1. 交际型客户

特点：喜欢聊天，购买前会先向卖家细致了解商品质量、性能、折扣优惠、促销信息，甚至更广泛的话题；聊得愉快了就到店里购买东西，往往成了交易，也成了朋友。

策略：对于这种类型的客户，要真诚、热情地对待。

2. 购买型客户

特点：不喜欢花时间与卖家交流，觉得该了解的信息都在网店里描述了，只要店铺里有自己中意的商品就会直接拍下，并及时付款，收到货物后也不和卖家联系，直接给一个好评，对卖家的热情，反应较冷淡。

策略：对于这种类型的客户，不用花费太多精力去与其刻意保持联系，只要认真做好自己的工作就行，如及时发货、告知其退换货规则等。

3. 讲价型客户

特点：对价格很敏感，喜欢还价，有时便宜了还想更便宜。

策略：对于这种类型的客户，要礼貌对待，但不要随便降价，否则他永远都会觉得自己买亏了。要坚守原则，坚持始终如一，但不要忘记微笑。

4．拍下不买型客户

特点：性格较优柔寡断，拍了商品，但会因为对商品质量或款式是否会让自己满意存在担忧或认为商品价格过高等而不及时付款，等过了网店平台规定的付款期限，交易自动关闭。这往往会让卖家内心非常失望。

策略：对于这种类型的客户，可以通过阿里千牛、短信或电话及时提醒。若是在促销活动期间下单购买的，还可以告知其活动结束后，商品将恢复原价销售，让其产生"这次不买就亏了"的感觉。

5.3　网店客服沟通技巧

一家网店的引流方式可以有很多种，但成交转化的因素无外乎3种：一是店铺的营销手段是否有吸引力；二是店铺的视觉设计能否让买家觉得舒适；三是销售客服的沟通技巧是否到位，是否能促使买家下单购买。所以，网店客服的在线接待是在线销售中非常关键的临门一脚。

要达到优秀的在线接待客户转化率，就需要有一个设计规范合理的接待流程，这样不但可以提高客服的工作效率，尽量减少重复的失误，而且规范的话术可以使接待服务显得更加规范和专业。通常在线接待可以分为9步流程，具体为进门问好→接待咨询→推荐商品→处理异议→促成交易→确认订单→下单发货→礼貌告别→售后服务。

5.3.1　进门问好

进门问好，归结为一个字就是"迎"。

"迎"指的是迎接客户的艺术。无论是售前还是售后服务，良好的第一印象是成功的沟通基础，若"迎"出了失误，则会给客户带来不良的购物体验，不利于促进呼入转化率。例如下面一则沟通案例：

买家：掌柜的在吗？

客服：在。

买家：请问这款"秋冬新款女韩版潮修身牛仔裤（D0736）"还有吗？

客服：没。

这是一则失败的沟通案例，当买家进来打招呼之后，客服只说了一个"在"字；而当买家询问一款产品是否有货时，客服又只以一个"没"字来回复。或许客服当时真的很忙，但这样的"一字真言"在网络沟通中会让客户觉得客服极不热情，他会马上离开，从而影响销售促进。

随着网店销售竞争的日趋激烈，卖家往往会花费较多的时间、人力和物力成本做推广引流，如网络硬广告、直通车或者一些站内的免费推广活动。对于好不容易上门的客户，若是简单的一句"没有"就把客户拒之门外，那么之前的许多努力和付出都会失去价值。因此，对于客服来说，怎样留住每一位呼入的客户是一个需要认真思考的问题。

通常而言，销售客服可以分为3等：三等客服只能卖客户非买不可的东西；二等客服可以关注到客户的显性需求，并做出精准推荐，促成更多成交量；一等客服则可以发现客户的隐性需求，发掘更多关联销售的潜在机会。倘若店铺中客服都是三等客服，只会卖客户非买不可的东西，没有方法、技巧，也不做任何努力，会对网店运营产生极大的负面影响。所以，要成为优秀的一等客服，永远都不要对客户说"不"，而是要深入关注到客户的购买需求，当店内没有客户需要的商品时，可以尝试推荐店铺中其他与其接近的款式商品，从而提高成交概率。

通常标准化的迎客话术可以最大化地提升店铺在客户心目中的专业形象，有效提升呼入转化率。

下面是一些常见的进门问候话术：

例句1：您好！欢迎光临，很高兴为您服务！

例句2：您好！请问有什么可以为您效劳？

例句3：您好！请问您有什么问题需要咨询呢？我很乐意为您解答。

例句4：您好，××店欢迎您！很高兴为您服务！亲，如果喜欢我们的商品，记得收藏我们的店铺哦！

5.3.2 接待咨询

迎接客户之后，就要准备接待客户的咨询。为帮助客服在与买家日常沟通中提高工作效率，我们以千牛为例，先对沟通工具做一些基本的自动回复设置，客服可以根据具体情况来设置自动回复的消息。一般来说，客服的回复速度决定了客户在店里的停留时间，当咨询人数超过一定数目时，用预先设定的自动回复应答新接入客户，有利于安抚客户情绪，也给客服带来一定的缓冲时间。自动回复的话术可以包含如下信息：客服××马上为您提供服务；请稍等片刻；店铺有××新活动，您可以先看一下……

在接受咨询过程中，客服可能因为某些事要暂时离开电脑或客流量过大，无法及时回复每一位客户时，也可以设置自动回复，回复语建议选择一些带有安抚性或促销导向的，如"你好，客服杨柳马上为您提供服务，请稍等片刻。店内今天有周年庆活动，可以先去逛逛哦"。

相对线下沟通，在线沟通存在较大的局限性，因为买卖双方看不到对方的表情和肢体语言，也听不到声音，容易产生误解。此时，表情就是在线沟通的最好代言者，如图5-1所示。一个合适的表情，能够让买家增加对卖家的亲切感，拉近彼此之间的距离。因此，客服要学会善用表情，建议尽量使用积极向上的、能表达善意的表情。

归纳起来，接待咨询环节需要注意的几大关键点如下：

(1) 回复及时给客户留下好印象（黄金6秒）。客户呼入的前6秒通常被称为"黄金6秒"，只有迅速回复客户的咨询，才能及时留住客户，获得下一步向客户推荐产品的机会。

(2) 用词简单生硬影响客户体验（加语气词）。网络对话没有语气、语调，容易使客户

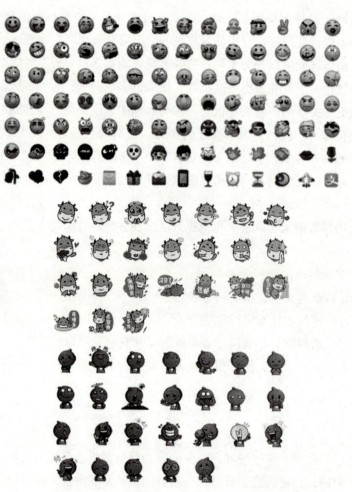

图 5-1

感觉生硬冷淡，所以要善用"哦、嗯、呢"等语气词来有效提升客户体验。

（3）一切都为了让客户留得更久（先交朋友）。让客户在店铺里留得更久的方法不是一味地向客户推荐商品，而是能先和其交朋友，试着去接近客户的内心，只有这样才能让其放下戒备产生信任。

（4）建议搭配适当的"表情"（亲和力加分）。若在文字沟通中适当地加入一些有趣的"表情"，将有利于增加卖家的亲和力，从而拉近与客户的距离。

5.3.3 推荐商品

向客户推荐商品，需要客服根据客户需求有针对性地来"说"，即介绍商品，并能引发客户对商品的兴趣。下面是一个通过"说"来达成关联销售的成功案例。

买家：我拍了牛肉干，你看一下有货吗？

客服：亲喜欢吃辣的呀，我们有款川辣味的猪脯要不要试一下呀？买两款零食可以包邮哦！

买家：一次买多了怕吃不完呢……

客服：不会的啊，这两款量都不算太多的，一般一次吃一包才刚刚过瘾呢，省下的邮费都够买半包肉脯啦！

从这个案例中可以看到，客服在向买家推荐商品时，先根据其要求查看了一下他已经拍下的商品，目的在于：一是帮助客户确认订单，二是为了了解客户的需求。当客服看到客户已经拍下的是辣味的牛肉干时，由此判断客户喜欢吃辣味的零食，所以立即按客户的喜好和需求推荐了另一款川辣味的猪肉脯。当客户表示担心一次买的量太多吃不完时，客服马上站在客户的角度为其考虑，先说明这两款商品实际的量并不多，并且因为好吃所以一般一次吃一包才刚刚过瘾。解决了量的问题后，紧接着又很有技巧地"推"了客户一把，即抓住买家在网购时最为关心的邮资问题，告诉客户买两包可以免邮，而省下来的邮费可以买半包肉脯，因此客服的最终推荐能被客户所接受。

这个成功的"说"服客户的沟通案例，运用了在线销售中一个较为重要的"关联商品推荐"技巧。要成功实施该技巧，关键在于找到产品间的共性。例如，对于一位销售母婴类产品的客服来说，客户呼入进来咨询的第一件产品是待产包，那么这时客服再推荐的产品若是防辐射服就不太合适，因为从客户咨询待产包可以看出，其应该已进入待产期，而防辐射服应是孕初期购买的产品；相反，如果客服推荐产后恢复的绑腹带可能更容易获得成功，因为现代女性对身材要求很高，在生产前就会考虑身材恢复的问题，绑腹带刚好满足了她们的需求。

为了能有效地向客户推荐商品，"问"也是重要的沟通技巧之一。客服通过"问"可以挖掘客户的真实需求，从而才可以有针对性地做出推荐。下面是一个关于商品推荐的案例：

买家：老板，请给我推荐一套日常护肤品。

客服：亲，您可以看一下我们的精油补水套装。

买家：呃……可是我对精油过敏呀！

客服：抱歉，那给您推荐这款抗皱美白套装。

买家：汗！我才过二十岁抗什么皱啊？

从这个案例中可以看出，这是一位销售导向型的客服，她所推荐的两款产品都不适合客户，问题的关键在于她在未了解客户基本情况和需求的基础上就进行了盲目推荐，所以导致了客户的不满意。因此，"问"是为了更好地"说"，在线销售中，"问"通常有封闭式提问和开放式提问两种，前者如"给您发顺丰快递好吗？""给您宽松休闲款好吗？""要给您配件上衣吗？"，后者如"您希望发哪家快递？""您对款式有什么要求？""您还想要买什么吗？"等。根据实践经验，售中沟通较适合采用封闭式提问，便于客服引导客户；而售后沟通较适合采用开放式提问，这样可以给客户较多自由发挥的空间，有利于问题的解决。

表5-1所示是一家销售户外用品的网店客服在向客户推荐商品时常用的话术。

表 5-1

问题	提问背景	解答参考	掌握和技巧
这款鞋子什么时间出产的?	客户也许关心的是是否为新款	鞋子和食品不一样哦,出产时间倒不是最重要的,这款刚上市不久的,您挺喜欢是吗?(抛出问题,了解需求)	建议多抛一些问题,挖掘出客户各方面的需求。例如,款式、喜欢的配色、在哪里穿、干什么用的、价格段、自己穿还是送人等
你们家有没有××的衣服啊?	一般是在查找没有后会这样问,直接购买欲望强	(1)是这样,我们家以卖×××为主,您说的××品牌,您是准备第一次购买试穿吗?(判别该客户是否是该品牌老客户) (2)我知道的,××品牌××不错,您挺有眼光啊。 (3)如果不介意,您不妨了解一下我家的×××品牌和产品,您刚才说的××性能都有,而且还有××新的特点,我给您看下吧(找出商品页面发给顾客)	先肯定、赞扬,后推荐;或者如果觉得该品牌有什么大家都知道的缺点,不妨告知对方,让客户转移品牌
能不能帮忙找下××××样子的商品?	准备想买,如果合适就会买	(1)如果有基本相同款,直接推荐,注意价格相符的。 (2)如果没有,可以先试探问对方看中这款的原因,然后先肯定一下,再转移到推荐自己家的某品牌、产品	尽量抓住客户,促成交易
有没有适合这款T恤的运动短裤,帮我推荐一下啊?	准备想买一套	(1)稍等,这里有个客户很急 (2)(过30秒左右)亲,对不起啊,我还是脱不开身,要不您先自己看,您可以从左边侧栏的按类别搜索中的下拉按钮来查找。我家××产品还是比较多的,应该有可以一起搭配的××,如果有什么困难,可以再呼我一下哦	想帮忙,但心有余而力不足 提醒有困难,还是可以及时帮助的

归纳起来,推荐商品环节需要注意的几大关键点如下:

(1)提问是为了挖掘客户的真实需求,切忌语气过于生硬。

(2)为了能根据"问"的结果精确地向客户推荐其所需商品,客服需要明确自己店铺的产品特性,以及货源优势、质量优势和价格优势。

(3)站在买家的角度考虑问题,喊出买家利益,从而实现买卖双赢。

(4)要时刻体现诚信态度,当店铺有优惠活动时,要及时告知客户,这样有利于让客户感觉到卖家是真正为其考虑,从而增加黏性。

5.3.4 处理异议

处理客户的异议需要"应"的技巧，即对客户在沟通过程中提出的各种问题进行合理回应和解释，目的在于解决买家的异议并促成购买。通常客户的异议主要集中在商品质量和价格方面，如下面一则案例：

买家：我买这么多，店家可以打8折并包邮吗？

客服：亲，我们是有优惠的折扣标准的，您的金额达到200元，只可以享受9折包平邮哦，具体标准请看这里：http://store.taobao.com/shop/rshop/promote.htm?id=12065

买家：不能再优惠点了吗？我是你家老客户啦，已经多次光顾了。

客服：您还可以在赠品区挑选一件20元以下的赠品，价钱上实在不能再便宜了。售价是公司出台规定的，我们客服是没有权利议价的，希望理解哈！

买家还价是客服经常遇到的事，上面案例中这位客服则回应得既得体又巧妙。当客户要求优惠时，他适时把公司的标准告诉了对方，暗示价格是公司行为，有其合理性；当客户再次提出异议时，则适当地承诺一些小赠品，这样既让客户感受到了公司管理的规范性和人性化，也成功促成了交易。

实际中客服回应客户异议的方法有多种，关键是要注意下列几点：

（1）要及时回应客户，尤其当客户有异议时，不要使用自动回复应付客户。

（2）回应客户异议时态度要亲切，要有耐心，解释要得体，用语要规范，尽量多用陈述句，不要使用反问句，因为反问句通常含有质疑和攻击对方的意图，这容易让买家反感。

（3）在线沟通时尽量少用感叹号、过于刺目或浅淡的字体颜色和花哨的字体。因为感叹号一般在强化感情色彩时才用，在处理客户异议时常用感叹号容易让客户产生误解或不适。而客服使用的文字颜色，若过于刺眼或浅淡，或者使用过于花哨的字体，都容易让客户产生视觉疲劳，影响心理感受。

表5-2所示是一些常见的处理客户异议的话术参考。

表5-2

问题	提问背景	解答参考	掌握和技巧
价格能再少点吗？能再打个折吗？	客户养成的习惯问语、碰到较贵的商品、讨价还价心理	（1）我家的商品是正规渠道进货的，价格已经比线下低很多啦！ （2）售价是公司出台规定的，我们客服是没有权利议价的，希望理解哈	（1）话语可以随和一些，缓和气氛 （2）告知网络购物已经比线下专卖店便宜很多了
你家卖得挺贵呀	客户试探性说语	呵呵，不知道您是不是和我们开玩笑啊，贵与不贵是相对的，我们家不是靠低价起家的，如果您了解的话，我们更乐意为您提供一种高价值的服务	缓和一下气氛，探听客户背后有什么信息

续表

问题	提问背景	解答参考	掌握和技巧
有没有送礼品什么的呀？	习惯性问法，爱好此类优惠方法	（1）直接法：不好意思，公司在节假日搞促销活动，一般才会有礼品呀。 （2）提醒法：公司在节假日都会有一些促销活动，回馈新老客户，但促销类型也很多，不一定就是送礼品的，届时您可以积极关注一下。大家彼此理解哈	回复后提醒他积极关注节假日活动，如有必要，可以告知他最近一次的促销情况。提早单独告知，让客户感觉受到礼遇
你们价格怎么这么便宜呢？	质疑产品价格及货源是否正品	（1）设问：哦，您以前都是在专卖店买鞋吧？ （2）网络销售省却了传统企业很多渠道和门店费用，价格一般要比线下优惠。我家商品新款多，货齐全，价格上还很有优势，您可以从中挑选一下	看对方深一步问题说话

5.3.5 促成交易

促成交易是一切在线销售工作的最终目的，需要客服深入掌握"察"的沟通技巧。"察"就是观察客户，要在第一时间搜集客户职业身份、性格脾气、购买力和交易历史等。只有通过察言观色，客服才能真正挖掘客户需求，激发客户购买意向，并最终达成交易。下面是一则一家专营母婴保健食品的网店客服通过"迎、说、问、应、察"成功留住客户、达成交易的案例。

买家：请问这个叶酸胶囊适应什么人群啊？

客服：都可以吃的呀，适应人群挺广泛的。

买家：叶酸不是适合孕妇吃的吗？

客服：孕妇都能吃的东西安全级别是最高的，有些女孩子痛经也会吃我们的叶酸胶囊，效果特别好！

买家：谢谢，我再看看店里其他的。

当客户进来咨询一款名为"天然叶酸"的产品时，客服回复说"适应人群挺广泛"，于是客户有异议，表示她听说叶酸是适合孕妇吃的，但实际上叶酸是所有女性都要补充的，其有调理和延缓衰老的功能，但客户并不一时就能理解，并有要走之意。于是客服开始挽回。

客服：当然我们的叶酸商品对于孕妇是更适合的。我是这里的值班营养师，介绍商品我不一定在行，但是回答营养咨询可是我的强项，您有什么疑问都可以问我哦！

买家：真的吗？如果已经怀孕37天能吃你们的叶酸吗？

客服：请问以前吃过叶酸吗？还有目前有孕吐的现象吗？

买家：没吃过呢，现在只是有点泛酸水，倒是没吐过……

客服：每个人反应是不同的，难受的反应会在4个月左右消失的。

这时客服意识到自己的回复内容有误导之意，于是马上改口说叶酸对于孕妇是更适合的，并介绍自己是值班营养师，介绍商品不在行，但回答营养咨询却是强项，这直接吸引了客户的注意力。接下来客服配合买家咨询的问题，用专业知识给她建议，这样既挽回了客户，也努力表现了自己的专业形象。

买家：为什么好像你家的叶酸要比医院开的贵很多呢？

客服：我们的是天然叶酸，吸收快且无副作用，医院开的叶酸片主要成分是合成叶酸，会增加肝脏的代谢负担，所以以孕妇的健康考虑，这一点差价应该还是很值得的哦！

买家：嗯，有道理，那只要吃这个就可以了吗？

客服：我建议可以搭配胡萝卜素和DHA胶囊一起吃，前者有防辐射和解毒功能，后者对宝宝的脑部发育很有帮助哦！

买家开始对价格提出异议，其实表明买家开始对商品感兴趣了，这时客服运用专业知识来为客户解答疑问，使客户更加产生信任感。于是这位客服又从客户角度出发，适时实行了关联销售。

买家：看样子你真的很专业，遇到你运气真好！

客服：这是缘分啊，平时我常去社区给孕妇做营养讲座，不一定天天都来这里值班。就冲这缘分，今天下单给你包邮吧。

买家：真的啊？你真好，我先买一套，效果好一定会再来的！

客服：好的。以后遇到任何问题也都可以来咨询我们，希望能帮助你们生个健康聪明的宝宝！

买家：谢谢！

这时买家的心态已经完全放松，客服利用"今天下单就包邮"的方式适时促成了这笔交易。另外，买家若是能把这位客服当成个人营养顾问，那么可以预见，这将是一位长期的忠诚客户。

归纳起来，促成交易需要注意的几点如下：

（1）认真观察客户是为了更好地销售，所以要以最终成交作为导向，要在关键时刻能"推"客户一把。

（2）只有换位思考，将心比心才能真正了解客户的需求。

（3）尽量通过多种方式来了解客户，如历史购买记录、用语习惯等。

下面是常见的"促成交易"话术参考：

例句1：若购买多款商品，建议您使用购物车，将商品添加到购物车后一并支付，只统一收取一次运费，这样您的邮费就不会重复支付啦。

例句2：如果对我们的商品感兴趣，还请尽快拍下付款哦，我们可以马上为您安排发货。

例句3：这款是我们的镇店之宝哦，评价和销量都非常不错，现在库存也不多了。亲喜欢的话，请抓紧购买哦。

例句4：这款销得很好，我们也不能保证一直有货的，需要的话还请亲尽快决定哦。

例句5：如果您现在购买，还可以获得××礼品。只有活动期间才有这样的优惠哦，亲及时决定就不会错过这么大的优惠了……否则会很可惜的哦……

5.3.6 确认订单

订单确认有助于进一步明确买卖双方的理解是否一致,可以有效降低卖家的出错率,对一些尚未付款的买家,还可起到提醒客户及时付款的作用。此外,与客户确认收货地址,还可以有效避免骗子盗取买家信息实施网购诈骗的行为。订单确认要尽量遵循 KISS(Keep It Short and Simple)原则,即让信息显得简明扼要。

5.3.7 下单发货

下单发货可以作为一个工作流程的交接,一般就是把已经成交付款的有效订单录入店铺的 ERP 订单管理系统,以便让库房的同事下载打印发货单,进入发货流程。

在下单发货以前要注意对订单的审核,一般订单记录的买家 ID 后有一个类似倒三角的图标,可以帮助客服再次做订单内容的确认。单击这个倒三角图标,可以看到这位买家所有的历史成交记录,包括买过什么,买过几次;还可以对客户分几次购买的订单进行合并发货,以避免重复劳动和浪费快递费。

下面是一些常见的"成交发货"话术参考:

例句 1:请稍等,改好价格后我通知您,谢谢支持。

例句 2:您好,价格修改好了,一共是××元,请您先核对再支付,谢谢!

例句 3:我们会及时安排发货,请您在 2~3 天内保持手机接通,方便快递业务员将商品及时准确送达到您手中,谢谢合作!

例句 4:您好,已经看到您支付成功了。我们会及时为您发货的,感谢您购买我们的商品,有需要请随时招呼我,我是×号客服××。

5.3.8 礼貌告别

礼貌告别需要客服掌握"收"的沟通技巧,"收"就是在沟通过程中适时地、恰当地对问题进行收尾。对于购买成功的客户,可以预祝合作愉快,请其耐心等待收货,如有问题可以随时联系等,这都有利于增加客户情感黏度,降低投诉率。对于没有立即成交的客户,客服应该有礼貌地给买家留出考虑的时间,可以适时地用"有更多优惠活动"之类的信息加以暗示,若客户还是没有下单的意愿,就不要再跟进了,以免引起其反感;相反,客服可以诚恳地表达为其提供服务很高兴的心情,以便将来进行客户管理和跟进。

礼貌告别环节需要注意的几点如下:

(1)用语礼貌,亲切大度,会给客户留下好的印象。

(2)对有意向的客户可先加为好友,以备后续跟进。

(3)学会将不同的客户进行分组和重要级别的设置。

(4)给客户留出考虑的空间,过度催促会适得其反。

(5)告别前适度努力,为下次交易留机会。

下面是一些常见的"礼貌告别"话术参考:

例句1：期待能再次为您服务。祝您晚安！
例句2：亲，感谢您购买我们的商品，合作愉快，欢迎下次光临。
例句3：为您服务很高兴，祝你购物愉快！
例句4：感谢您的信任，我们会尽心尽责为您服务，祝合作愉快！

5.3.9 售后服务

售后服务是整个交易过程的重要环节，因为很多店家都明白，维护好1个老客户比新开发10个新客户都重要。良好的售后服务能有效降低客户投诉和纠纷率，从而提高客户的满意度和忠诚度。

售后服务工作通常可分为3类：一类是正常的交易，基本没有太复杂的问题，只是一些日常小问题需要客服跟进解决；一类是有纠纷的交易，需要客服按照网络购物平台规则和服务规范及时处理，以免影响客户的购物体验；还有一类是基本的售后老客户管理与维护，目的是提高客户黏性，为以后的老客户营销打下良好基础。

5.3.9.1 正常交易

"正常交易"中的日常售后服务工作包含发货后的查单、查件，管理一般客户的售后评价，并针对某些评价做出相应的解释等。为提高客户满意度，需要客服做到"快、热、诚"。"快"是指反应快速。通常客户在售后提出的一些问题，尤其是与商品相关的，都希望能尽快得到答复，否则容易产生焦虑情绪，甚至会将事态严重化。所以客服的及时回复，不但能安抚客户焦虑的情绪，也有利于问题的解决。"热"是指回复时态度要热情。"诚"是指让客户有被以诚相待的感觉，这样便于化解客户的不满情绪。例如下面这个案例：

买家：在吗？我东西怎么还没收到，好多天了。

客服：您好，稍等我帮您查一下看看哦。

买家：好的，谢谢。

客服：让亲久等了，我给亲查过了，包裹当天就发了，发的是××快递，运单号是×××，我这就给您电话联系一下快递公司，给您添麻烦了。

买家：好的，没关系，谢谢。

客服采取主动热情的态度真诚地与客户沟通，告诉他详细的包裹运送快递公司和运单号，并主动为客户联系快递公司。在这种及时联系回应的情况下，通常问题都能轻易解决。

5.3.9.2 纠纷交易

纠纷交易是指在交易行为成立后，客户因为种种原因产生不满而形成纠纷的那类交易。交易纠纷通常可分为3种：产品纠纷、物流纠纷、服务态度纠纷。

1. 产品纠纷

产品纠纷通常是由客户对产品的品质、真伪、使用方法、使用效果等相关因素产生质疑而导致的纠纷。例如以下这则案例：

买家：掌柜你好，刚买的面霜用了后脸上刺痛啊。

客服：亲不用担心，这可能说明起效很快哦。

买家：不会是过敏吧？

客服：一般情况下不会哦，这款面霜很温和的，您今晚在手臂内侧先试一下，然后明早看看有没有过敏现象，若没有的话，就可以放心使用了。

买家：行，那我晚上先试试。

在这个案例中，客服专业的知识和耐心的引导帮助客户打消了疑虑。一般处理商品纠纷时需要注意下列几点：

（1）如果商品质量不过关，可以让客户提供证据或图片，退货或换货。

（2）当客户对商品有误解时，客服应向客户耐心解释商品的特性。

（3）当客户使用商品不当时，客服应耐心引导客户了解正确的使用方法。

2. 物流纠纷

物流纠纷通常是由客户对选择的物流方式、费用、时效、物流公司服务态度等方面产生质疑而导致的纠纷。例如以下这则案例：

买家：你们选的什么破快递啊？就这服务态度。

客服：您好，请问快递有什么问题吗？

买家：他不愿送上门，还说没人拿，就退货回去。

客服：十分抱歉，给亲添麻烦了。我现在就打电话给快递公司，一定让他们尽快处理，给您再投递一次。

买家：好吧，也只能这样了。

客服：抱歉，下次发货给您换其他快递哦。

在这个案例中，客服主动承担责任，积极帮助客户处理问题，及时安抚了客户的愤怒情绪。

3. 态度纠纷

态度纠纷通常是由客户对客服服务态度、店铺售前售后等各项服务产生质疑而导致的纠纷。例如以下这则案例：

买家：掌柜你好，刚买的皮带表面有点凹凸，好像是质量问题，可以退货吗？

客服：上百个客户都买了这个皮带，你是第一个说有问题的！

买家：也许我是第一个收到有凹陷和凸起的。

客服：我知道，皮带都是这样的，您不会没买过休闲皮带吧。

客服：晕死我！要退款早说啊，找那么多借口。

买家：我刚收到货，现在说晚吗？

客服：那我先前那100多位客户的认定呢，他们又不是没买过东西对吧。

买家：拜托，那不是同一条皮带好不好。

买家：商品质量不好，服务态度又这么差，我要给你差评！

这是一则因客服面对客户对产品质量问题的质疑，不但没有耐心解释，还对客户反唇相讥，冷嘲热讽而导致沟通失败的案例。

再来看下面这则案例：

买家：东西收到了，裙子不错，但那件T恤看起来不怎么好哟！

客服：亲，那件T恤今年和去年卖的都是相当不错哦！

客服：没事，亲，如果不喜欢，就退回来。
客服：不过这款上身效果真的不错。
买家：我最怕你说，不喜欢就退，别找那么多借口。
客服：哈哈，不会的。这很正常啊，因为我也是女生啊，能理解买家的心情。
买家：谢谢哈，其实你家衣服的风格我还是蛮喜欢的，以后还会来光顾的。

在这个案例中，客服积极采用了换位思考，以同理心对买家的购物心情表示理解，并及时采取了令买家满意的解决措施。通过这次顺利退货，买家不但不会觉得这家网店不好，反而因其良好的售后服务而成为这家店铺的忠实客户。

在与有纠纷交易的客户沟通过程中，客服需要注意以下几点：
(1) 善于倾听，给客户机会让其说出真实的想法。
(2) 不要直接拒绝客户。
(3) 不要与客户争辩、争吵、打断客户，倾听比辩解更重要。
(4) 每一个客户都是重要资源，不要"表示或暗示客户不重要"。
(5) 措施比空说更有用。
(6) 灵活地按制度办事。

5.3.9.3 客户管理与维护

正常交易之后的客户管理与维护非常重要，因为有统计表明，开发一个新客户的成本是维护好一个老客户成本的7倍，老客户不仅重复购买的开发成本低，而且对商品与品牌更加认同，黏性强，沟通更加顺畅。同时，有不少老客户会愿意写一些很精彩的好评或分享，从而给店铺带来良好的口碑宣传效应。

网店的客户管理与维护通常可按4个步骤进行：数据收集→划分等级→客户分类→客户关怀。

数据收集：这是客户管理与维护的基础，每次交易后，通过网店后台都可以看到客户的基本资料，如手机号码、电子邮箱、收货地址；通过与客户的聊天，细心的客服可能还会收集到客户的生日、兴趣、爱好、肤色、三围等更多私密性信息。

划分等级：根据会员分布的情况设置不同的会员等级制度和有效期，还要设置不同会员等级制度的门槛与优惠政策。

客户分类：根据客户的购买金额、频次、周期、客单价等进行分类管理。

客户关怀：通过邮件、QQ、千牛、手机短信、电话回访等方式进行客户关怀和营销推广，包括生日与节假日关怀、使用售后关怀、购买提醒和促销活动通知等。

下面是一些常见的"售后用语"话术参考：

例句1：您好！请问我们的商品或服务有什么地方让您不满意吗？

例句2：很抱歉给您添麻烦了，由于快递公司的原因给您带来不便，我们表示深深的歉意。我们公司实现无条件退换商品，请您放心，我们一定会给您一个满意答复。

例句3：非常感谢您提出的宝贵建议，我会在第一时间将您的问题反映给相关负责人，给您一个满意的答复。

例句4：假如我们的工作给您带来不便，请您原谅，希望您可以告诉我具体情况，以便我们及时改进及处理。

5.4 网店客服基础数据

在店铺运营中人们经常关注店铺数据,通过对数据的分析来判断工作做得好坏、制订工作计划、衡量工作目标是否达成、判断工作计划是否需要调整,以及向哪个方向进行调整。

通常认为在店铺所有岗位中,客服对于数据的依赖是最少的,但是在这个数据极其丰富的时代,数据对于客服工作也变得越来越重要了。我们通过线上与线下销售情况的对比,发现数据在客服工作中可以提供很大的帮助。例如,在线下如果想知道客户在购买结束后对商品、店铺服务及客服工作的评价,就需要投入大量的人力和物力去收集客户的意见,征集客户的反馈。但是这个工作到了线上就变得很容易,而且更细致、更具体,客户在淘宝平台购买完商品后,可以就商品本身、客服人员态度甚至物流速度等对店铺进行评价和评分。除从顾客体验的角度外,数据还可以帮助衡量每位客服的工作量、工作能力甚至是工作技巧。例如,数据软件可以帮助店铺抓取客服接待量、销售额、询单转化率等数据,帮助店铺判断每位客服不同的工作量、工作能力及技巧。

客服人员也要了解和学习一些和客服工作相关的数据,这样才能更好地进行自我评价,观察自己在工作中的表现,发现自己的短板,然后积极学习与调整。另外,还可以通过对数据的继续观察与分析进行反馈,看看自己的培训学习与工作方式的调整是否有效,从而制订更好的提升计划,让自己在岗位上表现得更加完美。

5.4.1 网店客服相关数据

店铺运营中有很多数据,本节讲解的数据都是和客服工作相关的,或者说客服人员的工作质量会影响数据的变化,更进一步影响店铺的运营。

1. 店铺动态评分

本数据在店铺页面及"生意参谋"→"经营分析"→"评价概况"中都可以看到。

店铺动态评分包括描述相符评分、卖家服务评分和物流服务评分,是 180 天内买家给出的关于店铺宝贝描述满意度、卖家服务态度满意度及物流服务满意度的综合评分,如图 5-2 所示。

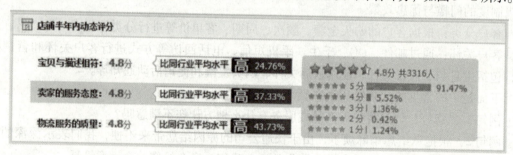

图 5-2

店铺动态评分数据与客服工作关系最密切的是卖家服务态度满意度的评分,即客服人员能否给买家提供满意的服务、能否在服务的过程中保持一个良好的态度、能否为买家提供合理的意见和建议等,都关系到这项得分。

2. 售后服务分析

该数据在生意参谋首页就可以看到，如图 5-3 所示。

图 5-3

在客服工作数据中，售后服务分析也是比较重要的数据，它反映了客服人员为客户解决售后问题的能力。退款率是指全店退款率，虽然客户的退款原因各种各样，但是退款率这个数据能从一个方面反映客服人员的推荐准确度。如果客服人员帮客户推荐的商品适合其本身的特性和需求，那么退款率就会相对低一些。退款时长反映了客服人员的工作效率，乃至店铺本身客户服务体制的退款流程是否合理。

3. 负面评价

该数据可以在"生意参谋"→"经营分析"→"评价概况"中进行查看，如图 5-4 所示。

TOP负面评价商品（近30天）				
商品名称	负面评价数	PC围观人数占比	手淘围观人数占比	TOP负面评价关键词(评价数量)
秋季小白鞋运动休闲鞋女内增高板鞋女韩版	6	16.38%	27.32%	尺寸有偏差(3) 整体不满意(1) 质量一般(1)
网面运动休闲鞋女内增高女板鞋鞋女2016潮	3	11.65%	8.33%	材质一般(1) 不便宜(1) 舒适度一般(1)
2016秋季新款厚底松糕鞋韩版运动休闲鞋女	2	15.79%	8.12%	材质一般(1) 尺寸有偏差(1)
小白鞋女真皮韩版休闲鞋女内增高板鞋女2016潮	2	25.00%	9.85%	整体不满意(2)
透气韩版内增高女鞋休闲鞋女潮跑步鞋	2	13.08%	6.49%	鞋里一般(1) 尺寸有偏差(1)

图 5-4

负面评价数据反映了客户对店铺商品、服务等各个方面的不满意程度。客服人员要对负面评价数据进行收集和整理，把客户提出的不满进行分类，找出属于客服岗位的问题并进行工作调整。客服人员还需要对给出负面评价的顾客进行反馈和跟踪服务，了解客户不满意的原因，安抚客户情绪，进行相应的解释，以及道歉和赔付。只有这样才能化解顾客的不满，消除客户与店铺之间的隔阂,使顾客信任我们,再次来店内消费。

4. 物流异常

该数据可以在"生意参谋"→"经营分析"→"物流概况"中进行查看,如图5-5所示。

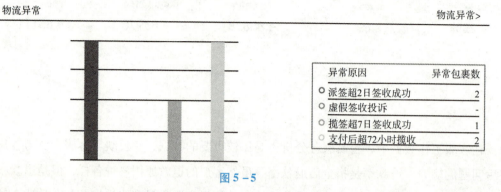

图5-5

对于客服人员来说,经常关注物流状态、对异常状态的物流进行追踪、及时与客户进行沟通也是提升店铺服务质量的工作之一。

5. 客服工作数据

该数据需要通过第三方客服绩效软件进行查询,如图5-6所示。

图5-6

在客服管理中,需要通过一系列的数据来判断客服人员的工作状态,分析客服人员的工作压力,观测客服人员的工作技巧。在这些数据中,比较关键的数据有以下几个:客服销售额、询单转化率、响应速度、客单价和退款金额。这些数据都是通过软件采集的。

客服销售额是指在统计时间内,客服人员总体的销售业绩,这是非常受关注的客服数据之一,反映了客服人员的整体销售能力。

询单转化率是指询单以后拍下并且付款成功的人数占总询单人数的比例。询单转化率反映了客服人员通过与客户的沟通进行销售的能力，考察了客服人员的沟通技巧、商品熟悉程度、竞品对比能力、商品卖点传达能力、商品推荐能力及议价能力等多方面综合能力。

响应速度主要是从首次响应和平均响应两个方面考察。首次响应要及时，尽量在最短的时间内与客户开始对话，把客户留住。平均响应要保持在一个较短的时间内，不要让客户过久地等待，要有问有答，有问必答。

客单价是指通过客服人员服务购买商品的客户的平均消费金额。客单价可以反映客服人员的关联销售能力及催付能力等，关联销售技巧好的客服人员，在绩效中反映出的客单价较高。

退款金额可以很好地反映客服人员准确推荐的能力，以及处理售后问题的能力。

以上讲述的这些数据都是与客服人员的销售能力及销售技巧息息相关的，客服人员也可以查看自己的工作数据，来判断哪里需要优化与提升。

5.4.2 网店客服考核重要指标

5.4.2.1 售前客服考核重要指标

1. 询单转化率

$$询单转化率 = 通过旺旺咨询付款人数 / 询单人数$$

询单转化率和支付率，这两项指标是为了让客服对商品具有责任心，对公司和店铺具有责任心。当客户进店时，说明客户已经对店铺商品产生了浓厚兴趣，但是可能对评价、物流、商品属性等存有疑虑，此时客服能否打消客户的疑虑是十分重要的。客服需要从客户的角度出发，努力解决客户问题，提高询单转化率。

2. 询单成交客单价

$$询单成交客单价 = 平均每个通过旺旺咨询成交消费的成交金额$$

询单成交客单价主要用于考核客服的导购能力和关联营销能力。一般认为，经过客服落实的客单价相对于不经过客服的静默客单价要高一些，而较优秀客服的客单价相对于一般客服的客单价要高一些。

3. 响应速度

$$响应速度 = 平均响应消费者的时间（过滤自动回复）$$

响应速度是指客服接待客户咨询中，客服每次回复客户咨询时间差/时间差次数的均值，用于考核客服响应客户咨询的速度。

5.4.2.2 售后客服考核重要指标

(1) 服务态度 DSR 评分：全店前 180 天订单产生的商家服务态度的 DSR 评分值。

(2) 退款笔数：前 28 天客户发起退款笔数。

(3) 退款率：前 28 天客户发起退款笔数/前 28 天成交笔数。

(4) 退款纠纷率：前 28 天客户发起退款纠纷笔数/前 28 天成交笔数。

(5) 退款自主完结率：商家自主完结的退款笔数/店铺完结的总退款笔数。

(6) 退款完结时长：商家完结退款的总时长/完结的总笔数。

（7）投诉笔数：28 天内客户发起的投诉子订单数

严格的售后指标是为了让商家提供更优质的服务。在整个订单完成的过程中，商家要做的不仅仅是把货物销售出去，不能做一锤子买卖，只有提供好的售后服务才可以留住客户，好的售后体验是老客户营销中非常重要的一个环节。

5.4.2.3 客服绩效考核表

我们应根据店铺自身情况制定相应的客服指标与考核标准，将客服指标用数据来体现，用数据来找出客服工作的成功经验与存在的不足，并针对客服工作的不足进行有针对性的培训，从而提高网店客服的综合能力与素质。某企业销售部客服绩效考核表如表 5-3 所示，供读者参考学习。

表 5-3

销售部客服绩效考核表						
KPI 指标	详细描述	分值	权重	数据	得分	加权得分
询单转化率（X）	最终付款人数/询单人数					
支付率（F）	支付完成笔数/拍下笔数					
落实客单价（Y）	客服落实客单价/店铺客单价					
客服回复率（Z）	回复过的客户数/接待人数					
客服响应时间（T）	平均相应时间（秒）					
日常工作任务	每月工作安排					
工作态度	工作积极性					
考勤	每月迟到、请假情况					

第 6 章

网店物流与配送

在实体类商品的网店经营中,买家通过上网点击购买,完成了商品所有权的转移过程,即商流过程。但真正的网购活动并未结束,只有商品和服务真正转移到买家手中,商务活动才告以终结。因此,在整个网购过程中,物流是以商流的后续者和服务者的姿态出现的。没有物流配送,再轻松便捷的网购活动都将是一纸空文。网店卖家为了能给买家留下良好的印象,一方面送货要及时,另一方面还要保证货品在运输过程中不能损坏或丢失。为提高网店的物流配送能力,我们需要熟悉商品从仓储管理、捡货配货、包装到物流配送的基本流程,了解各环节的相关知识并掌握相关技能。

6.1 商品的包装方法

包装是指为了在物流过程中保护商品,方便储运,促进销售,按一定技术方法采用容器、材料及辅助物等将商品包封并予以适当的装饰和标志的工作总称。简言之,包装是包装物及包装操作的总称。对于卖家来说,包装商品不仅可以有效避免商品在运送过程中受损,而且也在无形地包装自己的店铺。精致的包装可以给买家带来意外的惊喜,而且能让其感受到卖家的细心之处,提高店铺的形象。

包装分为内包装、中层包装、外包装及辅助包装,掌握好这些包装技术,能够让网店商品有效避免损失,减少麻烦。

6.1.1 内包装

内包装即最接近销售商品本身的那层包装材料。由于很多商品已有厂家供应内包装,因此本节只介绍几种使用较多的包装袋。

1. OPP 自封袋

OPP 自封袋如图 6-1 所示。

作用:保持商品整洁,增加商品美感。

优点:透明度高,使商品看起来干净、整洁、美观及上档次。

缺点:密封性差,材料脆,容易破损,而且不能反复使用。

适用范围：文具、小饰品、书籍或小型电子产品等。

使用方法：封口处自带一条粘胶，撕下覆盖膜粘上即可，使用方便，省时省力。

印有图案的 OPP 自封袋深受人们喜爱，包装小饰品显得时尚可爱。

2. PE 自封袋

PE 自封袋如图 6-2 所示。

图 6-1

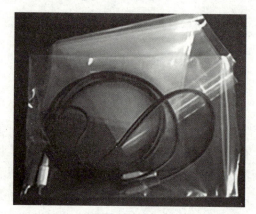

图 6-2

作用：防潮防水，防止商品散落。

优点：防潮性能好，材质柔软，韧性好，不易破损且可反复使用。

缺点：透光度一般。

适用范围：邮票、明信片、化妆品小样、纽扣、螺丝或小食品等需要归纳在一起或经常要取放的商品。

使用方法：封口处一侧有凹道条，另一侧有凸道条，只要轻轻一按就能闭合。

3. 防静电气泡袋

防静电气泡袋如图 6-3 所示。

图 6-3

作用：防止产品在生产、搬运和运输过程中因碰撞或静电导致破坏。

材质：由抗静电 PE 材料制成。
规格：可根据客户的需求定制。
适用范围：可用于一般电子产品包装。

4. 热收缩膜

热收缩膜，就是遇热就收缩的薄膜，即平时看到的桶装方便面外面的薄膜，淘宝店铺卖自产食品、小玩具等可能会用到，如图 6-4 所示。

图 6-4

作用：商品包装紧贴、牢固，且具有防水、防潮、防尘和美观作用，并保护商品免受外部冲击。

优点：无毒无味，透明度好，强度高。

适用范围：广泛应用于医药、食品、五金、玩具、化妆品、礼品、电子元件、地板和装饰材料等制品的外包装。

使用方法：可以使用热收缩机，将收缩膜包在产品或包装件外面，然后加热，使包装材料收缩而裹紧商品。

5. 镀铝气泡袋信封

镀铝气泡袋信封如图 6-5 所示。

图 6-5

作用：利用气泡的缓冲作用，保护被运送商品的安全，防止商品在运送过程中因压、碰或跌落而损坏；利用镀铝膜的防潮、防水特性，更好地保护内部商品。

优点：具有亮丽的金属光泽度、优异的气体和光线阻隔性，以及良好的防潮、耐热、耐穿刺性能，并对印刷、包装、复合具有优良的适应性。

适用范围：多用于运送集成电路板、磁带、光盘、计算器、钱包、电子组件、光学镜头、陶瓷、印刷板等。

6.1.2 中层包装

中层包装就是商品距离箱子之间的空隙的填充材料。常用的填充材料有报纸、纸板、气泡膜、珍珠棉、海绵等。

1. 气泡膜

气泡膜是保护商品、防震、防压、防刮花的最好材料。网店在包装电子数码产品、化妆品、工艺品、家电家具及玩具等用得最多，如图6-6所示。

图6-6 气泡膜

购买气泡膜时，需要注意以下几点：

（1）气泡膜的原料有原米和非原米两种。原米就是第一次参加生产的材料，非原米就是掺了旧料甚至废料的再生材料。原米气泡膜光泽亮，透明度好，有韧性；而非原米气泡膜色泽黯淡甚至发黑，容易瘪气。非原米气泡膜虽然也有防震效果，但容易使卖家的宝贝形象大打折扣。

（2）气泡膜有很多属性，如有大泡和小泡之分。大泡的泡泡标准直径是1厘米，而小泡是0.5厘米；大泡的泡泡高度是0.35厘米，而小泡是0.25厘米；大泡的防震效果要比小泡好很多。大泡又有大泡加厚型和大泡普通型之分，主要是每个泡泡和泡垫的厚度不同。一般来说，幅宽为60厘米的气泡膜加厚型，每100米的质量应该大于2.5千克才合格，而普通的气泡膜的质量则应大于2千克才合格。

（3）走出气泡膜误区。很多卖家买到气泡膜后第一个反应就是泡泡怎么没那么饱满，其实正如气球一般，越鼓的气球反而更容易破。气泡膜也一样，当商品放在气泡膜上，气泡太足容易使其承受在一个点上；而气泡不那么足的则将商品重量平均分散在一个面上，一个面能承受的重量肯定比一个点大。所以购买气泡膜时，不要过分追求泡泡的饱满程度。一般来说，气量为每粒气泡的 2/3 是最理想的。

2．珍珠棉、海绵

珍珠棉用于玻璃品、手机、数码产品等商品的防刮花和防潮，也有轻微的防震作用，如图 6-7 所示。珍珠棉有薄有厚，薄至 0.5 毫米，厚至 6 毫米，薄的可以用来包裹，厚的可以用来切片、做模及固定产品，作用类似于泡沫块。

海绵密度比较低、更软，与珍珠棉作用类似。

图 6-7

3．报纸

废旧报纸是比较廉价的填充物，是中层包装不错的选择。

4．其他填充物

只要善于发现，填充物就在自己身边。例如，包水果的网格棉就是不错的填充物。

建议网店卖家根据自己的商品特色来选择包装材料。利润高的可以选稍微高档一些的材料，利润少的可以选择报纸、纸板，只要包装整齐就可以。

6.1.3 外包装

商品运送到买家手里，其第一眼看到的就是外包装。因此，外包装不仅要结实耐用，而且要美观大方。常见的外包装有纸箱、袋子和纸袋。

1．纸箱

纸箱分为瓦楞纸箱和无瓦楞纸箱，瓦楞纸箱又分为 3 层、5 层、7 层甚至更多，纸类分为 K、A、B、C，目前邮局和淘宝上销售的绝大多数纸箱是瓦楞纸箱。无瓦楞纸箱通常用来装电脑配件。

网店卖家平时要注意收集纸箱,如果需求量较大,不仅可以在网上购买,也可以在厂家定制,或者在超市、批发市场等以低价购买。

如果在邮局邮寄,则对纸箱的要求比较高;如果采用快递邮寄,则通常对纸箱不做要求。但为了保证商品安全,最好选择使用结实的纸箱。

2. 袋子

作为外包装的袋子一般有纯棉白布袋、编织袋及邮政复合气泡袋3种。

纯棉白布袋的优点是韧性好、美观,适合装不怕压的商品,如书、衣服、抱枕等。但一定要注意,布袋是不防水的,所以还需要给商品加内包装。

编织袋又称蛇皮袋,很结实。编织袋适用于装大件柔软的东西,邮局和其他快递都能使用。但需要注意的是,若去邮局邮寄,编织袋必须和布袋一样缝起来,否则不能邮寄。

邮政复合气泡袋是最高档的一种外包装袋,如图6-8所示。里面有非常厚的气泡,防震效果非常好,外观很精致,很上档次,但相应的价格也比较贵。

图6-8

3. 纸类

书籍等印刷品可以用牛皮纸包起来,也可以装在普通牛皮信封里。一般来说,牛皮纸比牛皮信封更厚,所以牛皮纸是书类包装的首选,一些非常轻的东西也可以装在信封里邮寄。

牛皮纸气泡信封在商品包装中也是较常用的一种材料,如图6-9所示。它以牛皮纸为外层,里层内衬气泡,具有坚韧与防震功能,可以防止商品在邮寄过程中因压、碰或跌落而损坏。牛皮纸气泡信封外观美观大方,外层易书写,可贴标签;内部气泡衬垫可以保护内层,易于物品的放入;自贴封口设计安全,简单易用,节省时间。牛皮纸气泡信封较轻巧,一般可节省35%的包装成本;环保,可回收再利用。牛皮纸气泡信封可用于光盘、DVD影碟、礼品、珠宝首饰、书籍、电子零件、纺织品、玩具和相框等的邮寄。

图 6-9

6.1.4 辅助包装

一般而言，经过前面 3 步就已经完成了一个商品的包装，但是，要想在激烈的竞争中区别于对手，就需要花一点心思来完善或者提升自己的商品形象，这就是商品的延伸价值。

1. 警示不干胶

警示不干胶非常能够体现卖家的细腻，也能在一定程度上防止物流过程中损坏商品。

例如，在易碎品外包装上贴上"易碎品"警示不干胶，时刻提醒物流人员小心轻放，避免人为损坏。

在物流过程中，难免会发生商品丢失、商品被调包的现象。为了保证买家和卖家的利益不受损害，有必要提醒买家在收货时确认商品完好。图 6-10 所示的警示不干胶中印有"请确认包装完好后签收！"的中文说明以及小心轻放等标记，能给商品运输带来一定的安全保障。

图 6-10

此外，还可以定制个性标签，根据个别商品需要在标签上印上警示标志，如图 6-11 所示；商家还可以将店铺名称、店铺地址及联系方式印上。

图 6-11

2. 名片

一张设计得具有个性的名片能让买家体会到卖家的用心,多寄两张名片给他们,很可能下一位顾客就是他们的朋友。

3. 带提示语的封箱胶带

如果发快递,且所发的东西比较容易压坏,那么在内包装使用气泡膜的同时还可以考虑使用带提示语的白色封箱胶带,在提示快递员轻拿轻放的同时,更能让买家感觉到卖家工作的细致。

图 6-12 所示为带提示语的白色封箱胶带,这种胶带容易买到。另外,也可以根据个人需要自制个性封箱胶带,如图 6-13 所示,印上自己的店名或联系方式,并告之买家包裹使用专用胶带,这样可以防止商品被人调包。

图 6-12

图 6-13

6.2 包装保护技术

6.2.1 防潮包装技术

很多商品的包装必须做好防潮措施,如茶叶、衣物和字画等。

防潮包装的技术原理是用低透湿或不透湿材料将商品与潮湿大气隔绝,以避免潮气对产品产生影响。为此,在进行防潮包装时可采用下列方法。

1. 选用合适的防潮材料

防潮材料是影响防潮包装质量的关键因素。凡是能延缓或阻止外界潮气透入的材料均可作为防潮阻隔层进行防潮包装。符合这一要求的材料有金属、塑料、陶瓷、玻璃以及经过防潮处理的纸、木材、纤维制品等，而使用最多的是塑料、铝箔等。防潮材料的选用主要由环境条件、包装等级、材料透湿度和经济性等几方面因素综合考虑。

2. 用防潮材料进行密封包装

采用防潮性能极好的材料，如金属、陶瓷、玻璃、复合材料等制成容器，包装干燥商品，然后将容器口部严格密封，潮气便不能进入。

3. 添加合适的防潮衬垫

在易受潮的商品包装内加衬一层或多层防潮材料，如沥青纸、牛皮纸、蜡纸、铝箔、塑料薄膜等。

4. 添加干燥剂

在密封包装内加入适量的干燥剂，使其内部残留的潮气及通过防潮阻隔层透入的潮气均为干燥剂吸收，从而使内装物免受潮气的影响。需要注意的是，这类包装需用透湿性小的防潮材料，否则适得其反。

6.2.2 防震包装技术

防震包装又称缓冲包装，在各种包装方法中占有重要地位。为防止商品在运输、保管、堆码和装卸过程中遭受损坏，需要设法减小外力的影响。防震包装就是指为减缓内装物受到冲击和震动，保护其免受损坏所采取的一定防护措施的包装。防震包装方法主要有以下3种：

全面防震包装法：内装物与外包装之间全部用防震材料填满来进行防震，如填充报纸、海绵等。

部分防震包装法：对于整体性好的商品和有内包装容器的商品，仅在商品或内包装的拐角或局部地方使用防震材料进行衬垫即可，如泡沫塑料防震垫、充气塑料薄膜防震垫和橡胶弹簧等。

悬浮式防震包装法：对于某些贵重易损的商品，可以采用坚固的外包装容器，然后用带、绳、吊环、弹簧等将被装物悬吊在包装容器内，使得内装物都被稳定悬吊而不与包装容器发生碰撞，从而减少损坏。

6.2.3 防破损包装技术

防震包装有较强的防破损能力，是防破损包装技术中有效的一类。此外，还可以使取以下防破损包装技术：

捆扎及裹紧技术：捆扎及裹紧技术可以使杂货、散货成为一个牢固的整体，增加整体性，减少破损。

选择高强度保护材料：利用外包装材料的高强度可防止内装物受外力作用破损，所以，包装时应尽量选择结实耐用的外包装。

6.3 网店物流管理

互联网的发展为网络购物提供了很多便利条件,从商品展示到咨询洽谈,从出价购买到支付货款,交易双方通过互联网可以轻松地完成绝大部分的交易环节。然而,除了虚拟商品以外,实物商品的运输和配送环节还必须通过与线下的各物流公司合作完成。下面将从货物的仓储管理、捡货配货、分类包装、物流配送这几个环节阐述网店的物流管理工作流程。

6.3.1 仓储管理

仓储管理是指对仓库及其库存物品的管理。在企业物流中,这是一个基本的环节,且仓储系统是企业物流系统中不可缺少的子系统。在网店日常运营中,需要了解基本的商品入库流程。

1. 检验商品

当供货商将商品运抵至仓库时,担任收货工作的人员必须严格认真地检查商品外包装是否完好,若出现破损或邻近失效期等情况,要拒收此类货物,并及时上报相关主管部门。

确定商品外包装完好后,再依照订货单和送货单来核对商品的品名、等级、规格、数量、单价、合价、有效期等内容,仔细检查商品的外观有无破损和明显的污渍,做到数量、规格、品种都准确无误,质量完好,配套齐全,方可入库保管。

2. 编写货号

每一款商品都应该有一个对应的货号,即商品编号。编写货号的目的是方便内部管理,在店铺或仓库里找货、盘货更方便。最简单的编号方法是商品属性 + 序列数,具体做法如下:

(1)将商品进行分类,如头饰、耳环、项链、手链、戒指、手镯、胸花(胸针)、吊坠(挂件)、脚链、手机小饰品、毛衣链等。

(2)将每一类别的名称对应写出其汉语拼音,确定商品属性的缩写字母。例如,头饰(toushi)缩写为 TS,脚链(jiaolian)缩写为 JL,胸花或胸针(xionghua 或 xiongzhen)缩写为 XH(XZ),吊坠或挂件(diaozhu 或 guajian)缩写为 DZ(GJ)等。

(3)每一类的数字编号可以是两位数、三位数或者四位数,视该类商品的数量而定,但也要有发展的眼光,因为商品款式可能会越来越多,要留出发展的余地。例如,可以采用 01~99 或者 001~999 的方式来编号,那么,TS-001 就代表头饰类的 001 号款式,JL-001 就代表脚链类的 001 号款式。

如果销售的是品牌商品,厂家一般都有标准的货号,故不需要再编写货号,只需照原样登记。但是,要学会辨认厂家编写的货号,因为货号其实也是商品的一个简短说明。

例如,一台海尔品牌的洗衣机,货号为 XQG50-8866A,代表这是一台全自动滚筒洗衣机,一次能洗干燥状态下质量为 5 千克的衣物,如图 6-14 所示。

```
海尔洗衣机命名规则
举例：XQG50-8866A
主称：X-洗衣机 T-脱水机
自动化程度：Q-全自动洗衣机 P-普通洗衣机 B-半自动洗衣机
洗涤方式：B-波轮洗衣机 G-滚筒洗衣机 J-搅拌机洗衣 S-海尔双动力
规格代号：用额定洗涤量的数值乘以10表示。如50表示洗衣机一次可洗涤干燥状态下质量为5千克的衣物
厂家设计序号：8866
结构型式代号：A
```

图 6-14

3. 入库登记

商品验收无误并编写货号以后即可登记入库，要详细记录商品的名称、数量、规格、入库时间、凭证号码、送货单位和验收情况等，做到账、货、标牌相符。

商品入库以后，还要按照不同的商品属性、材质、规格、功能、型号和颜色等进行分类，然后分别放入货架的相应位置储存，在储存时要根据商品的特性来保存。注意做好防潮处理，以保证仓管货物的安全。

做入库登记时要保证商品的数量准确、价格无误；在商品出库时，为了防止出库货物出现差错，必须严格遵守出库制度，做到凭发货单发货、无单不发货等。

6.3.2 捡货配货

1. 正确挑选

不管质量如何，买家都希望收到的是自己千挑万选的商品。如果发错了货，脾气好些的买家可能会主动与卖家沟通希望退货，或是觉得寄错的商品质量也不错就不计较了；脾气不好的买家可能一句话都不说直接要求退货，或是与卖家产生争执，不但要求退货还给差评。这样，卖家不仅没赚到钱还要倒贴运费。所以在配货时一定要有细心、耐心和诚心。

为避免出差错，在挑选商品时，需要注意以下几点：

（1）服装：同一款式会有不同颜色、不同尺码，需要按照买家要求挑选。

（2）箱包：同一款式会有不同颜色，需要按照买家要求挑选。

（3）化妆品和日常洗护用品：目前很多化妆品的产品说明是英文，外形非常相似，容易混淆，需要仔细鉴别。

（4）饰品：需要仔细检查饰品是否有质量问题，如耳环的耳钩和项链的钩环容易损坏，饰品的水钻容易掉落。不要将有质量问题的产品发给买家。

此外，还需要注意买家的备注，看清楚买家有哪些特殊要求。如果有变动，需要及时和买家沟通联系。

2. 避免漏配

网上购物一般由买家承担运费，因此很多买家为了省运费而会一次性选购多件商品。另外，为了吸引更多买家，也为了提高销售额，很多卖家会开展"满100元全国包邮""多买享受更多折扣"及"加1元就送"等促销活动，这时，买家就会一次性选购足够金额的商品。

对于一次性售出多件商品，需要注意以下几点：

（1）认真核对及配货。先根据订单仔细核对买家购买的商品及数量，然后将商品配齐。

（2）不要忘记赠品。如果卖家经常做类似"买一送一"的促销活动，切记将赠品随单配发。

（3）注意说明书、保修卡及配件。例如手机、数码产品及小家电等，需要注意将说明书、保修卡及配件随单配发。

3. 仔细检查

无论何种商品，发货前一定要先仔细检查有无质量问题。如果发现有质量问题，应及时与供货商协商调换；若有些商品在存放过程中不小心染上污渍，应尽量先处理好再发货。另外，在包装前最好再仔细核对商品的款式、颜色及型号，避免错发和漏发。

6.3.3 分类包装

将不同的商品进行分类包装不仅可以显示物流工作的合理性，还能够在一定程度上增加物流的安全性。同时，不同的包装材料因为重量不同，也会对物流成本产生影响，继而影响整体的经营成本。

6.3.3.1 打包要点

不同的商品会有不同的包装和运输方式，但一般来说，只要尺寸合适，纸箱可以作为所有商品的外包装。下面以纸箱为例阐述货物包装时应注意之处。

给货物打包是一个简单的技术活，但是随意的包装和规范的打包，其结果会有很大的差异。如果能做到图6-15所示的这4点，那么发送出去的货物就有了一定的安全保障系数。

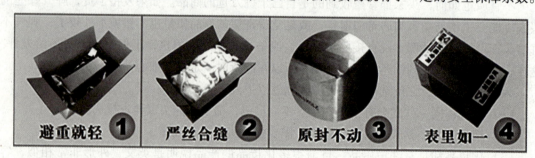

图6-15

（1）避重就轻：商品和纸箱内壁的四周应该预留3厘米左右的缓冲空间，并用填充物将商品固定好，以达到隔离和防震的目的。

（2）严丝合缝：用填充物塞满商品和纸箱之间的空隙，使纸箱的任何一个角度都能经得起外力的冲撞。

(3) 原封不动：纸箱的所有边缝都要用封箱胶带密封好，既可以防止商品泄漏和液体浸入，还可以起到一定的防盗作用。

(4) 表里如一：安全工作可以从纸箱内部延伸到外部，在纸箱封口处贴上 1~2 张防盗封条，可以起到一定的警示和震慑作用，有效地防止内件丢失。防盗封条可以自己制作，也可以在网上购买。

6.3.3.2 分类打包法

1. 最简单的打包法

如果网店卖的是类似于钱包等体积小且不怕压的小商品，又可以使用以下方法来包装商品，既方便又省钱。

1）准备材料

塑料袋、报纸、厚的纸张（铜版纸、亚粉纸、牛皮纸都可以）、包装胶带。

2）包装步骤

(1) 将商品装进塑料袋（一种专门装礼品的塑料袋，在市场上可以买到，各种尺寸都有，有厚的、薄的，价格也较便宜），既可以美化包装，又可以防止商品受潮，而且能让买家感受到卖家的体贴与用心。

(2) 对折五六张报纸，然后将商品包起来，再用胶带粘好。

(3) 用报纸包裹商品后，再用厚的纸张包裹一层，这样可以使整个包裹摸上去感觉更加厚实，同时可以掩饰普通的报纸包装层，使包裹从整体上看起来更漂亮。

(4) 再次包裹后，用包装胶带将包裹封口处严严实实地粘好。

(5) 最后填写包裹单，贴在包裹上即可。

2. 化妆品类打包法

化妆品类商品发货之前，一定要做好包装工作，尤其是那些液态化妆品。若因包装不好而破损，不但卖家利益受到损失，还会污染其他商品。

1）准备材料

气泡膜、报纸、外包装箱（最好是 3 层瓦楞纸箱）、包装胶带。

2）包装步骤

(1) 无论化妆品是否有外包装，都用气泡膜将商品包好。

(2) 用包装胶带在气泡膜外部裹几道，以起到加固作用。

(3) 在外包装纸盒底部塞进旧报纸，放入包裹好的商品。

(4) 再放入旧报纸做填充物，防止商品在运输过程中的剧烈震动。

(5) 用包装胶带将外包装纸盒封好，贴上填写好的包裹单。

3. 食品类打包法

俗话说"民以食为天"，越来越多的买家喜欢足不出户就能吃到各地美食。作为食品类的卖家，不但要注意商品的质量问题，还要在打包问题上多花功夫。

食品类的商品都是有保质期的，有些还有温度上的要求。一般来说，应该选择快递公司进行运送。在包装此类商品时要注意两点：一是干净卫生。此类商品都属于"进口"的食物，即使有自己的单独包装也要注意卫生，包括塑料袋和外包装纸箱。二是给足分量。尤其是那些散称的食品。

1）准备材料

塑料袋、报纸（或气泡膜）、包装胶带、外包装纸箱。

2）包装步骤

（1）用干净的塑料袋将商品包好，如果邮寄的是散称商品，则应多套一个塑料袋。

（2）在外包装纸箱底部塞进旧报纸，如果商品没有外包装则用气泡膜代替。

（3）将包装好的商品放入纸箱，用包装胶带封口。

（4）在纸箱外贴上已经填好的包裹单。

4. 图书类打包法

网上购买图书，不仅比实体店便宜，而且还能通过各种运输方法直接送到买家手上。因此，现在越来越多的买家选择网购图书。与其他商品相比，图书产品的利润较低，而且一般来说较重（尤其是精装书），卖家倘若把握不好打包费用会容易亏损，所以应尽量选择能够提供免费包装纸袋的快递公司发货。图书属于不怕压不怕摔的商品，一般只需两个纸袋就能解决包装问题。

1）准备材料

两个包装纸袋和包装胶带。

2）包装步骤

（1）检查图书有无破损和缺页。

（2）将图书放入一个纸袋中，如果纸袋较大可以折开，再用包装胶带包裹好。

（3）将包好的纸袋放入另一个纸袋中，最后贴上填好的包裹单。

5. 首饰类打包法

一般来说，首饰类商品都有相应的包装盒，但也难以承受挤压和长时间的颠簸，所以这类商品在包装时需要多加留意。

1）准备材料

首饰包装盒、小塑料袋、包装胶带、报纸、外包装纸箱（最好是3层瓦楞纸箱）。

2）包装步骤

（1）将首饰放进首饰包装盒内，如果买家购买多件商品，需要留意商品是否齐全，然后将包装盒放入小塑料袋中。

（2）将纸箱底部封好，放进一些揉成团的旧报纸。

（3）将塑料袋放入，上面用成团的旧报纸填满。

（4）用胶带将纸盒封好，尽量多贴几道。

（5）检查纸箱外观是否有破损的地方，如果有破损则用包装胶带封好。

（6）填写包裹单，贴在包装纸箱上。

6. 数码相机类打包法

市面上的数码相机和手机类的商品更新换代的速度非常快，一般来说，选择网购此类商品的买家也非常看重发货的速度，如果晚到几天，商品在他们心中的价值就会大打折扣。

这类商品通常价格较高，在邮寄时，一定要按照商品的出售总额进行保价，以防商品丢失或损坏。

1）准备材料

气泡膜、海绵条、外包装纸盒（最好是5层瓦楞纸箱）、包装胶带。

2）包装步骤

（1）先将商品放进自带的包装盒中，注意检查保修卡等小配件是否齐全，然后放入气泡膜中包好。

（2）用包装胶带仔细将气泡膜包好的商品裹紧、缠好，该步骤非常重要。最好再包一层气泡膜，然后用包装胶袋固定。

（3）在外包装纸盒底部放入海绵条（若没有可用气泡膜代替），然后将包裹好的商品放进去，再放入塑料膜作为填充物。

（4）轻轻晃动纸箱，检查商品会不会晃动，如果晃动则还需要进行填塞。

（5）用胶带将外包装纸盒四面封好，检查有没有其他有缝或是破损的地方，最好贴上填写好的包裹单。

7. 字画类打包法

字画类商品比较特殊，装裱好的字画相对来说比较简单，包装好后用木板箱运输即可。但那种没有经过装裱的字画该怎么打包呢？

一般来说，合适的包装材料有两种，一种是PVC管，价格有些贵但外观雅致；另一种是硬纸筒，价格实惠，卖家可以根据自己的需要来进行选择。

1）准备材料

PVC管或硬纸筒、报纸、包装胶带。

2）包装步骤

（1）根据字画的长度选择合适的PVC管或硬纸筒。

（2）将字画小心卷好，塞进PVC管或硬纸筒中。

（3）将两头用报纸塞好，最后用包装胶带封口。

（4）在包好的PVC管或硬纸筒上贴上填好的包裹单。

8. 玻璃制品类打包法

买家购买商品时，最不放心的就是如玻璃制品等怕挤压的易碎品了，同时它们也往往是邮局拒收的邮寄物品。那卖家该如何为这类商品打包呢？

1）准备材料

商品包装盒、质地较硬的外包装箱、塑料袋、泡沫塑料板。

2）包装步骤

（1）一般的商品都有包装盒，建议用硬纸板把包装盒中的六个面都隔好，最好能确保商品在里面不晃动，商品外包装用塑料袋套好（这样既可以防水，又不会损坏包装，买家收到商品，拆除马夹袋后，商品包装仍然丝毫无损），接着用封箱带把包装拉紧，可以选择用十字交叉的方法拉紧，这样，商品就加固包装好了。

（2）选择比较坚硬的厚的外包装箱，选用的箱子尺寸要比邮寄的商品稍大，一般长宽高各放大 6 厘米左右，以便使用填充物。

（3）填充物最好选用泡沫塑料，其优点是易填塞，重量轻，有弹性，缓冲性好，可对物品起到很好的保护作用。

（4）将商品置于外包装箱的正中央位置，六面均匀地用泡沫塑料塞紧，用封箱带封好后用力摇一摇，以商品不动为准。

6.3.4 物流配送

商品在售出以后，除了要为其提供安全的包装外，还需要与快递公司合作完成运输和配送这两个重要环节。下面介绍买家所在区域快递到达时效及给买家发货的操作流程等内容。

6.3.4.1 快递选择

买家来自全国各地，在给买家发货前，要了解快递公司对于不同城市的划分、到达时效及收费标准。目前各大快递公司对于全国各省市直辖市的划分如下：

一区：上海市、浙江省、江苏省。

二区：广东省、福建省、安徽省、北京市、天津市、湖北省、湖南省、江西省、河北省、河南省、山东省。

三区：四川省、贵州省、海南省、陕西省、云南省、山西省、重庆市、黑龙江省、甘肃省、辽宁省、吉林省、广西壮族自治区、宁夏回族自治区。

四区：青海省、内蒙古自治区、西藏自治区、新疆维吾尔自治区。

特殊地区：中国香港、中国澳门、中国台湾。

了解地域划分后，卖家还需要对不同地方的到货时效及费用预估有大概的认知。当前大部分快递公司对国内不同区域的预估费用及到达时效如下：

一区：到货时间 1~2 天，费用每千克约 6 元，续重费用每千克约 1 元。

二区：到货时间 2~3 天，费用每千克约 10 元，续重费用每千克约 8 元。

三区：到货时间 3~4 天，费用每千克约 13 元，续重费用每千克约 10 元。

四区：到货时间 4~5 天，费用每千克约 20 元，续重费用每千克约 18 元。

注意：以上时效及费用仅供参考。

快递费用会占卖家很大一部分成本，在开店前期运费成本偏高，随着店铺成熟，发货量增加，卖家的运费也可以与快递公司进行协商调整。通常影响快递费用的因素有发货数量、包裹体积大小、包裹质量、常发地域等。

案例 1：卖家每日发货数量 20 件，但包裹重量约为 5 千克，常发东三省等地。这种情况下，需要与快递公司重点协商包裹续重费用或以商品 5 千克为基本单位、每件包裹到达不同区域费用多少的方式进行协商。

案例 2：卖家参加淘宝天天特价活动，本期活动预估发货量 500~800 件，包裹小，重量不超 1 千克。这种情况下，可以与快递公司单独洽谈大批量的价格或全国通票价。

运费结算方式通常有两种：日结和月结。

日结：日发货量较少的情况尽量使用日结形式，运费账面清楚明了。

月结：日发货量大，当天计算运费较麻烦，选用月结统一结算方便。但对于月结方式要注意做好每日包裹发出数量及包裹重量标注，以防月底与快递公司核对时出现偏差，从而造成不必要的纠纷。

随着当前网购业务的快速增长，出现了很多快递公司。目前大家熟知的有EMS、顺丰、申通、圆通、中通、韵达（以下简称三通一达）、全峰、优速等快递公司，卖家可以根据自己店铺的实际情况选择合适的快递公司。

6.3.4.2 发货流程

买家拍下商品后，卖家需要打印及提交当前的订单。首先要学会查询待发货的宝贝及快递单号填写位置。

订单提交发货步骤如下：

（1）进入我的淘宝，选择"交易管理"→"已卖出的宝贝"。

（2）在显示页面中可看到3个月内订单的所有交易记录，选择"等待发货"选项卡，所显示的订单为待发货订单，单击订单下方的"发货"按钮，如图6-16所示。

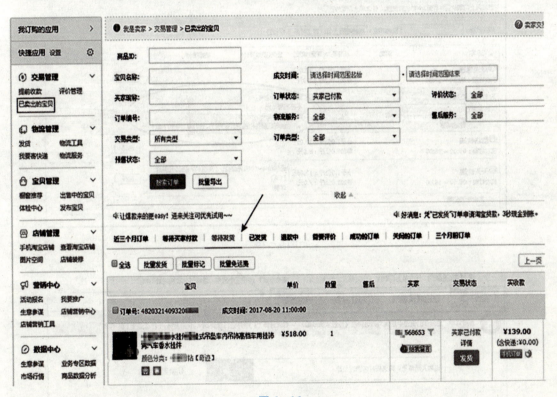

图6-16

（3）进入发货页面，这里有4个选项，分别为在线下单、自己联系物流、无纸化发货和无须物流，如图6-17所示。

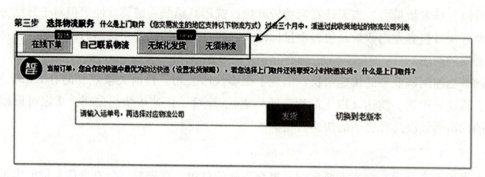

图 6–17

①在线下单：通过后台可以选择需要使用的快递公司直接下单，如图 6–18 所示。同时，这里也会显示此快递所需运费，下单成功后快递公司会与卖家联系，上门取件。

②自己联系物流：卖家若有合作快递公司，直接填写该快递公司运单号即可，如图 6–19 所示。

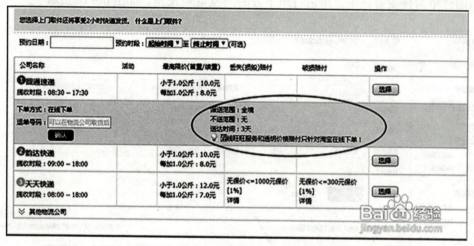

图 6–18

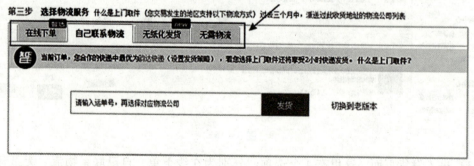

图 6–19

③无纸化发货：在物流智能化的今天，淘系平台电商订单中，发货量在 30 单/天以下的商家由于受条件所限，没有配置打印机，因此每天仍有 400 多万个包裹在使用传统面单。商家仍需手动书写面单及输入快递单号，快递公司揽收包裹后仍需手动书写信息并进行人工分

拣，这大大影响了商家发货和快递公司揽收中转派送的效率，同时还会出现面单和信息书写错误的情况。

为解决这一场景难题，菜鸟推出无纸化发货产品方案。淘宝卖家后台无纸化发货页面端口和快递公司快递掌柜端口实现数据对接，商家和对应快递员绑定关系后，只需在线单击"发货"按钮即可自动获取运单号和揽件码，完成智能发货。商家书写揽件码到对应包裹，快递员上门揽件回网点打印电子面单，根据揽件码匹配贴到对应包裹上，再入仓派送。

使用无纸化发货后，可以做到：

提效：商家无须手写面单和填写单号。

降成本：成本更低，无面单损耗。

智能：派送更高效，降低出错率。

后台操作界面如图 6-20 所示。

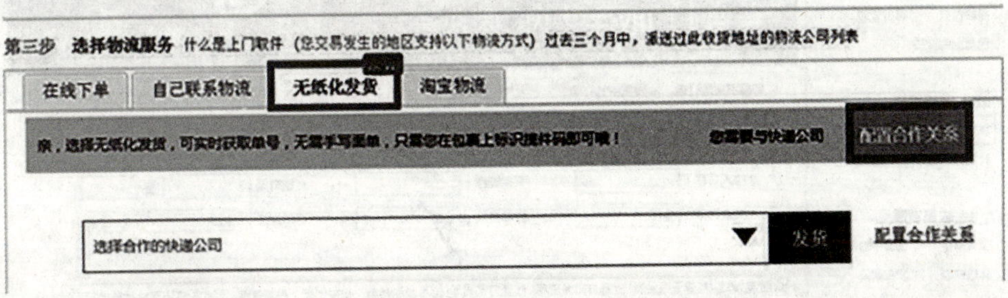

图 6-20

第一次使用"无纸化发货"时需要配置合作关系，填写相应表单即可配置成功。与快递公司合作关系配置成功后，选择"无纸化发货"选项卡，选择已经配置好合作关系的快递员信息，再单击"发货"按钮，系统就会显示自动获取的物流单号和揽件码信息，后台无须商家再手动输入物流单号。商家再将该揽件码用油性记号笔书写在待发货包裹上，及时通知快递员上门取件即可。

④无须物流：通常适用于虚拟商品，如点卡、Q 币、游戏装备等，如图 6-21 所示。

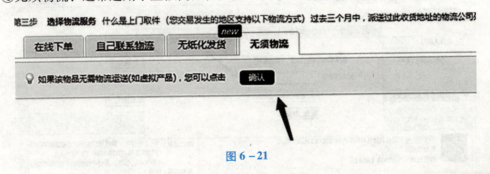

图 6-21

订单在打印及提交发货过程中可以使用较为方便的批量打印方法进行，以节省操作时间

6.3.4.3 订单打印

1. 后台操作订单打印

（1）进入卖家中心，选择"物流管理"→"发货"。

（2）选择页面中呈现的订单或需发货的订单，单击"批量打印运单"

所示。

（3）选择已设置好的快递模板，填写起始运单号，下一订单快递单尾数自动加1。单击"确定"按钮，如果没有问题，在弹出的页面中单击"确认"按钮打印即可，如图6-23所示。

2. 淘宝助理订单打印

淘宝助理是淘宝官方的一款免费客户端工具软件，它可以在不登录淘宝网时就能直接编辑宝贝信息，快捷批量上传宝贝。淘宝助理既是上传和管理宝贝的一个店铺管理工具，同时其也集合了订单打印、发货等功能。应用淘宝助理进行订单打印的步骤如下：

图6-22

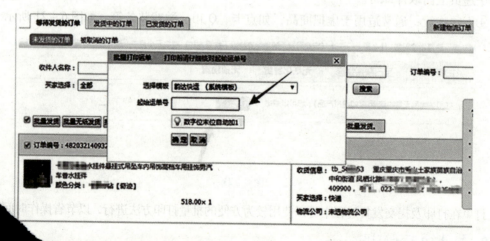

图6-23

宝助理，要打印快递单，必须设置一个快递模板。选择"交易管理"→
6-24所示。在模板管理当中有4个选项：快递单模板、发货单模板、电子面单模板和菜鸟统一模板,如图 6-25 所示。

①快递单模板:选择"快递单模板",在右侧选择需要的快递公司运单样式进行编辑。快递单上可以选择显示的内容,除收、发件人信息外,还可以显示订单信息、买家留言等

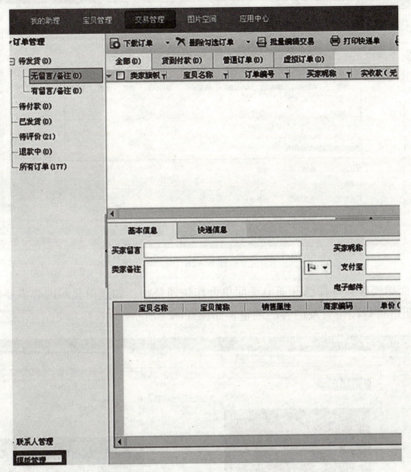

图 6-24

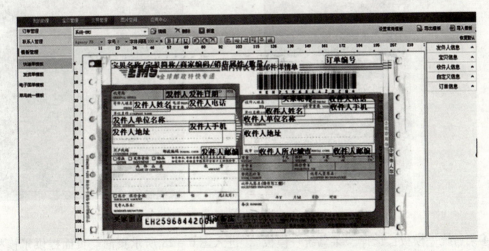

图 6-25

（通过右侧的工具栏都可以添加，也可以选择性地精简）。设置完成后一定要保存。

② 发货单模板：选择发货单模板，右侧工具栏里的信息都可以添加或删除，如图6-26所示。

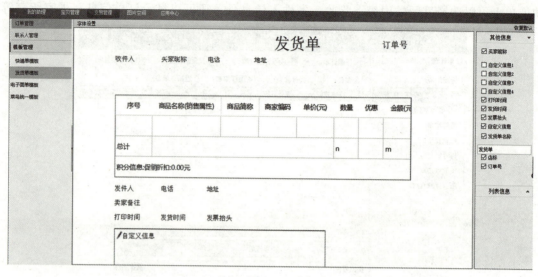

图6-26

③ 电子面单模板：选择已开通电子面单合作快递公司，如运单显示内容需要修改，单击"编辑"按钮进行打印位置及内容的调整，如图6-27所示。

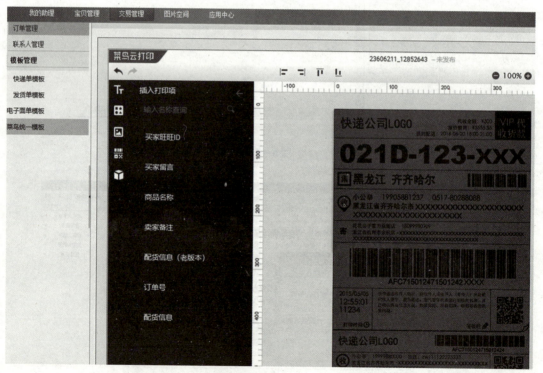

图6-27

④ 菜鸟统一模板：选择"菜鸟统一模板"，进入图6-28所示页面。页面提供了模板自定义模板的内容，可通过自身店铺需求选中对应的信息，在右侧模板会有相应的显示，并可

拖动位置和调整大小。卖家设置完成后，确认最终的自定义区内容和效果，最后单击"保存"按钮。对淘宝助理模板的设置已初步完成，接下来需要了解如何进行订单打印提交流程。

图 6-28

（2）打开并登录淘宝助理，选择"交易管理"，如当前订单当中没有显示最新的订单，则单击"下载订单"按钮，系统自动更新淘宝后台最新订单，如图 6-29 所示。

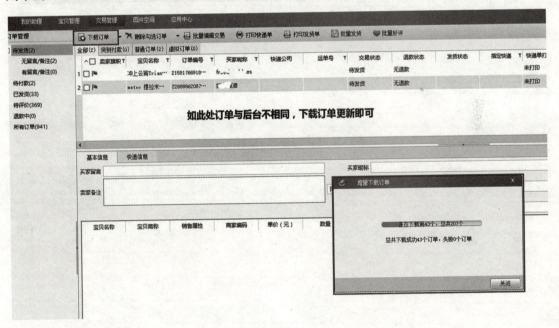

图 6-29

（3）选中下载好的订单或需要发货的订单，单击"打印快递单"按钮，如图 6-30 所示。在弹出的窗口中选择需要的快递单类别及所发的快递公司，最后填写运单号，单击

"打印并保存"按钮。

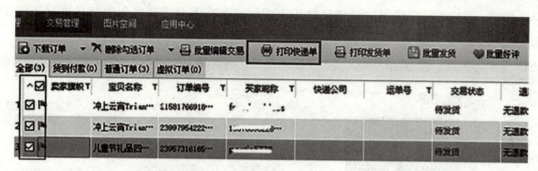

图 6-30

（4）在淘宝助理中单击"批量发货"按钮，如图 6-31 所示。在发货时如果有一个 ID 分开拍下多件宝贝，同一地址系统会自动合并打印，统一使用一个运单号，这样即可进行发货处理。

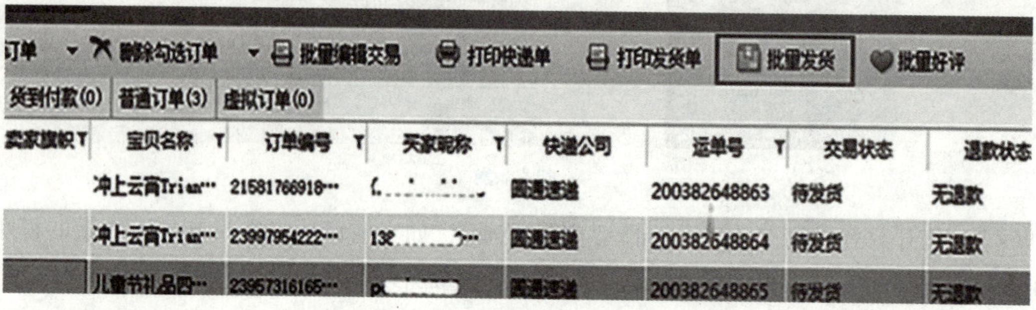

图 6-31

第 7 章

数据运营

7.1 流量分析

数据是电商背后的核心要素之一。经营产生数据，数据又反作用于经营，为经营提供更加合理科学的参考依据。订单数据作为店铺的实际销售产出的体现，承载了客户的最终购物行为信息及客户的基本信息，使商家的推广、选品、营销更加精准，更加节省实际投入与时间成本。数据的分析运用要与实际业务相结合，以业务目的为核心展开精准到位的分析，而且要善于从数据中发现问题。

7.1.1 流量指标

网店运营需要借助一些数据工具，作为一个淘宝或天猫卖家，每天都看生意参谋，但是大部分人仅仅停留在"看"这个层面上，至于这些数据有什么用、怎么去分析、什么样的指标要引起注意、指标不正常要如何进行优化等就很少有人清楚了。如图 7-1 所示，这是来自生意参谋的一张流量概况图，里面涉及一些流量指标，本节将介绍这些流量指标。

图 7-1

7.1.1.1 浏览量和访客数

浏览量（Page View，PV）和访客数（Unique Vistor，UV）是影响网店运营质量的重要指标。在电子商务领域中，正确地阅读和分析这两个指标，对企业的数据分析有非常重要的引导作用。

1. PV、UV 的含义

1）PV

PV 是指网店被浏览的总页面数，用户每一次对网店中的每个网页访问均被记录一次，累计成为 PV 总数。店铺内页面被点击一次，即被记为一次浏览（PV）；一个用户多次点击或刷新同一个页面，会被记为多次浏览（PV），累加不去重。例如，淘宝买家进入淘宝店铺首页后看了 4 个不同的宝贝，且每个宝贝有 1 个页面，那么该淘宝买家对店铺就产生了 5 个 PV（首页 PV + 4 个宝贝的 PV）。PV 是评价网店流量常用的指标之一，也是用来衡量网店用户关注度的重要指标。

2）UV

UV 是指全店各页面的访问人数，一个用户在一天内多次访问店铺被记为一个访客，UV 以用户的淘宝 ID 作为唯一标识并去重。现在大多数的统计工具只能统计到 IP（使用不同 IP 地址访问网店的用户数量）层面上，因此在大多数情况下，IP 与 UV 相差不大。但由于校园网络、企业机关等一些部门的特殊性（通常一个 IP 会有多个人在使用），IP 已经很难真实反映网站的实际情况，所以就引入了更加精确的 UV 概念。其中，IP 是一个反映网络虚拟地址对象的概念，UV 则是一个反映实际使用者的概念，每个 UV 相对于每个 IP，能够更加准确地对应实际的浏览者。使用 UV 作为统计量，可以更加准确地了解单位时间内有多少个访问者来到过相应的页面。

2. 分析 PV、UV 数据

PV 和 UV 上升，说明网店页面被浏览的次数变多了，并且有更多的人来访问网店。但有时网店的 PV 与 UV 并不一定是以相同的趋势变化的，网店可以根据 PV、UV 的联动变化图表了解网店运营情况，并制订改进方法，如表 7-1 所示。

表 7-1

PV	UV	结论
上升	上升	运作良好
上升	下降	加大推广
下降	上升	优化内容
下降	下降	推广 + 优化

7.1.1.2 跳失率

1. 跳失率的含义

跳失率（Bounce Rate）就是用户通过相应入口进入，只浏览一个页面就离开的访问次数占该入口总访问次数的比例。其公式如下：

跳失率 = 只浏览一个页面就离开的访问次数/该页面的全部访问次数

跳失率实质上是衡量被访问页面的一个重要因素，用户已经通过某种方式对页面形成事实上的访问，跳失的原因无非是因为感觉搜索点击达到的页面与预期不相符合，进而言之，是感觉页面内容、服务，甚至整体网站感觉与预期有较大不符，让用户不满意。以一个网店为案例，具体如图7-2所示。

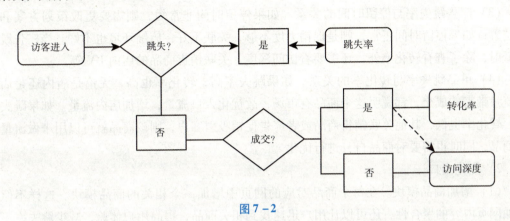

图7-2

跳失率高是指进入网店后马上离开的用户数比浏览网店后再离开的用户数多，说明网店用户体验做得不够好，需要优化。如果该数据一直处于较高水平，淘宝网会认为店铺没有吸引力，最后的结果就是给的权重会越来越低，排名加速下滑，流量降低。反之，跳失率较低，则说明网店做得较好，用户能够在网店中找到自己感兴趣的内容，而且这类用户可能还会再次光顾该网店，从而提高用户的回访度，大大增加用户在网店中消费的概率。

2. 分析跳失率数据

1）评判网站跳失率的方法

一般来说，跳失率低于50%属于正常。不到钻级的小店，跳失率为60%都属于正常；如果是皇冠级以上的店，跳失率达到50%就说明店铺的首页或者宝贝描述不够吸引人，就属于不正常的情况。除此之外，还要考虑网店的运营时间、自身的特点和过往的跳失率变化情况，才能做出最终的判断。

2）跳失率过高的原因

（1）网站内容与客户需求不符。

（2）访问速度过慢。网站的打开速度是影响用户体验的重要因素。研究表明，如果网站超过3秒还没有完全打开，那么57%的用户会离开。当用户访问一个网站时，如果很长时间处于载入页面，而没有进入搜索主页，大多数用户会选择直接将其关闭。

（3）内容引导较差。用户在查看完一个页面后，如果没有得到相关信息的引导，很有可能就会直接关闭页面。

3. 跳失率优化建议

1）优化入口

（1）若某品类商品跳失率低，说明店铺对此类客户吸引力大，应增加此品类商品。例如，女装店铺，全店跳失率80%，而针织衫品类商品的跳失率普遍为40%，则果断增加针织衫商品个数。否则，应优化商品及店铺。

（2）同理，若某关键词组跳失率低，说明店铺对搜索此类关键词的客户吸引力大，则增加此类关键词覆盖面，如加厚、加绒、保暖等同类关键词；否则，店铺应先优化商品，再减少此类关键词覆盖面。

（3）广告跳失率与停留时间的关系。如果停留时间非常短，则需要更改策划方案和投放位置；如果停留时间正常，则是促销力度不够，关联不好，店铺环境也不好。当广告跳失率低时，除了查看转化率外，还需要看访问深度，关联销售商品的店内 UV 等。

（4）单品跳失率与转化率的关系。如果跳失率高，转化率也高，无论是店内还是店外的流量带来的成交，都说明这个商品有市场，故优化入口流量，增加店内流量。如果跳失率低，转化率也低，其他关联销售商品或者广告促销吸引客户，则该商品就可以用来做流量入口商品，同时也需要对商品自身进行优化。

2）优化出口

（1）增加商品模块。在每个商品对应的网页中增加一个相关的商品模块。这样不但能增加网页内容的聚合性，还可以让用户迅速找到相关商品，提高用户体验，减少跳失率。

（2）增加销量、评价。对于普通店铺来说，无销量无评价的商品跳失率是最高的，至少应该一个销量一个评价。

（3）颜色、码数、库存要充足。对于服装店铺来说，码数不齐全是一个硬伤，库存数尽量不要写一个。

（4）优化分类、导航、搜索。导航栏方面，按照用户的潜在分类，如商品品类、功用、消费力、行为倾向等。

（5）优化详情页设计。网页上尽量少用影响反应速度的元素，使用图片前应先优化，并尽量压缩其大小。

7.1.1.3 人均浏览量和平均停留时长

1. 人均浏览量和平均停留时长的含义

人均浏览量也称访问深度（Depth of Visit）：统计时间内的浏览量/访客数，多天的人均浏览量为每天人均浏览量的日均值。

平均停留时长：统计时间内，所有终端访客在该商品详情页面上停留的总时长/所有终端访客访问商品详情的次数。

人均浏览量越多，平均停留时长越长，表明用户对网店中的商品越感兴趣，用户体验度越高，网站的黏性也越好。

2. 人均浏览量和平均停留时长优化建议

在逛大型商场时常常会有这种感觉，走着走着就"迷路"了，怎么逛也逛不完商场，找不到出口。原本打算买完想要的东西就走，却在不知不觉中把整个商场都逛过了，而且手上还多了一些本不打算购买的东西。殊不知，其实是商家故意把商城布局设计得像迷宫一样，让人们不断地兜圈子，这样不仅增加了人们在商场的逗留时间，还提高了商场的销售量。

不仅实体店的商家非常看重买家在店铺的停留时间，网店的卖家也非常希望买家能在店铺多停留一些时间。那么有什么办法能让进入店铺的买家多逛逛呢？下面介绍3种方法。

1) 优化好导航栏

大型商场运用的是迷宫一样的商场路线，而线上店铺却要谨记店铺一定不能乱，而最好的做法就是优化店铺的导航栏。

有一个清晰的导航栏，买家进入店铺的目的性也就越强，能够看到的宝贝也就越多。导航栏的分类应该按照店铺所属类目的分类来设置，或者是根据买家的搜索习惯来设置。如果一个导航栏很简单，没有做任何的分类和标注，买家进来会容易因为没有看到自己想要找的那一类宝贝而跳失。当然，在导航栏很完整的情况下，点击进去的分类页同样也要给买家整齐、一目了然的印象。

2) 合理的关联销售

有了一个完整的导航栏，就能让买家在店铺停留更长时间吗？在买家已经选好一款宝贝时，很多卖家认为，多做一些关联销售会带来更好的效果。那么是否真的是这样呢？其实不然，盲目地加入过多的关联只会分散买家的注意力，从而导致跳失。应进行合理的关联搭配，数量建议选择四五款。在数量上控制，质量上更是要做好筛选，并不是所有的宝贝都可以与其他任何宝贝相关联的。例如，买家已经选中了一款毛呢外套，那么就不建议在关联中推荐另一款毛呢外套，而应搭配一款打底裙或者毛衣。所以，一定要根据买家的购买习惯关联搭配。

3) 老客户的维护

只有老客户才会时时关注店铺是否有上新，是否在做活动。买家对于自己熟络的店铺会直接进行收藏，平时常常进店逛逛。从卖家的角度，平时多做好短信营销、微淘维护，对于提高店铺在老客户面前的曝光率非常有帮助。老客户对于店铺会更加信赖，也更加愿意花时间来看一家自己曾经购买过宝贝的店铺首页和详情页，因此维护好老客户也是提高店铺访问深度的一个好办法。

这3个环节环环相扣，三者如能搭配好，对于店铺提升访问深度，效果是会比较明显的。在买家初次进入店铺后，通过一目了然的导航栏把买家带入想要的页面；再通过关联搭配，引导买家进入其他相关的宝贝链接；最终，把客户变成老客户。

7.1.2 流量来源

淘宝网流量来源有很多，主要分为淘宝站内自然搜索流量、付费广告流量和淘宝站外流量。如果细分的话，只一个站外流量就会有很多未知的流量来源。其实有流量不一定就是好事，不健康的流量只会大大降低店铺的转化率，影响店铺销量。所以，需要时刻分析自己店铺的具体流量来源，再进行推广。这些都可以通过生意参谋的流量分析来完成。

生意参谋有流量分析这一功能，能提供全店流量的概况，流量的来源和去向分析，访客时段、地域、特征和行为分布分析，店内访问路径和页面点击分布分析。流量分析有两大功能：流量概况、流量来源与动线分析。通过流量分析，可以快速盘清流量的来龙去脉，识别访客的特征，同时了解访客在店铺页面上的点击行为，从而评估店铺的引流、装修等健康度,更好地进行流量管理和转化。

7.1.2.1 流量概况

流量概况是店铺整体流量情况的概貌,能够了解店铺整体的流量规模、质量、结构,并了解流量的变化趋势,如图7-3所示。

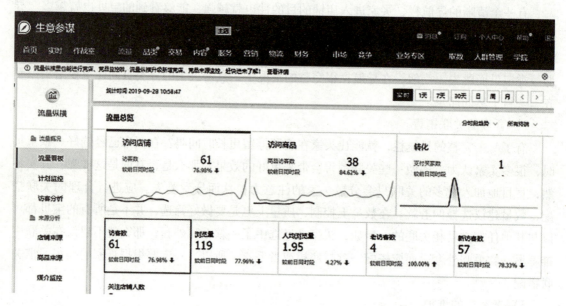

图7-3

根据7天的流量数据,了解流量最核心的信息和问题。从流量总的规模知道店铺的浏览量和访客数,从跳失率、人均浏览量、平均停留时长了解入店访客的质量高低,从流量的付费与免费结构、新老访客结构、手机终端结构掌握店铺流量的整体布局,还可以通过选择日期和终端针对性地查看历史数据和不同终端的情况。

7.1.2.2 流量来源与动线分析

流量来源与动线分析旨在看清店铺的流量入店来源、入店后在店内的流转路径、流量从店铺出去后的去向等。

1. 来源分析的作用

验证引流策略是否奏效,了解各渠道引入流量的转化优劣,发现潜在的高转化流量渠道,从而进一步调整引流策略。通过同行来源的查看,发现行业中的高流量渠道、高转化渠道、未覆盖的空白渠道,从而进一步拓展渠道。

2. 来源如何分析

(1)专注查看自己的流量详情。关注流量的上升和下跌的渠道,细看具体上升和下跌的主要明细渠道。验证引流策略是否起效和合适,确定是否调整引流方式。关注各个渠道的转化率,扩大高转化渠道的流量引入,如图7-4所示。

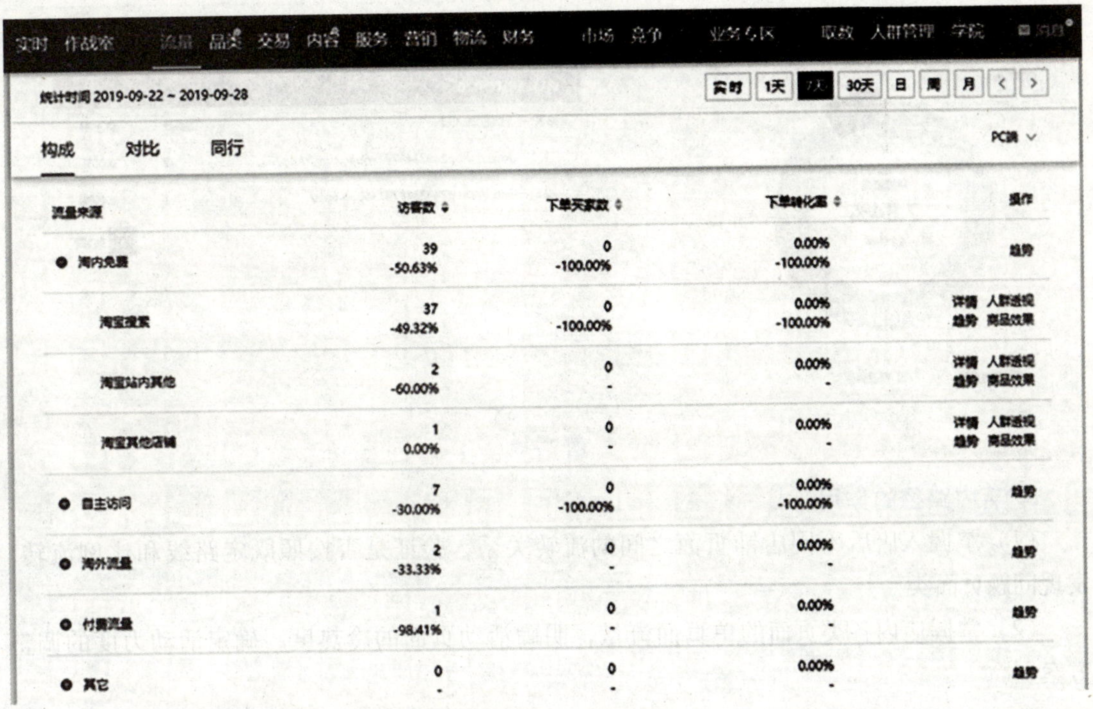

流量来源	访客数	下单买家数	下单转化率	操作
淘内免费	39 -50.63%	0 -100.00%	0.00% -100.00%	趋势
淘宝搜索	37 -49.32%	0 -100.00%	0.00% -100.00%	详情 人群透视 趋势 商品效果
淘宝站内其他	2 -60.00%	0 -	0.00% -	详情 人群透视 趋势 商品效果
淘宝其他店铺	1 0.00%	0 -	0.00% -	详情 人群透视 趋势 商品效果
自主访问	7 -30.00%	0 -100.00%	0.00% -100.00%	趋势
淘外流量	2 -33.33%	0 -	0.00% -	趋势
付费流量	1 -98.41%	0 -	0.00% -	趋势
其它	0 -	0 -	0.00% -	趋势

图7-4

（2）参考查看同行的流量详情。关注同行的引流模式，掌握高流量渠道、高转化渠道、尚未覆盖的流量渠道（高流量、高转化渠道优先拓展），如图7-5所示。

（3）查看入口页面分布和跳失率。查看店内各类页面的入口访客和跳出率，关注高引流页面的跳出情况。将低跳出的入口页面作为引流入口的权重加大。修改或调整高跳出的入口页面，降低其作为引流入口的权重，如图7-6所示。

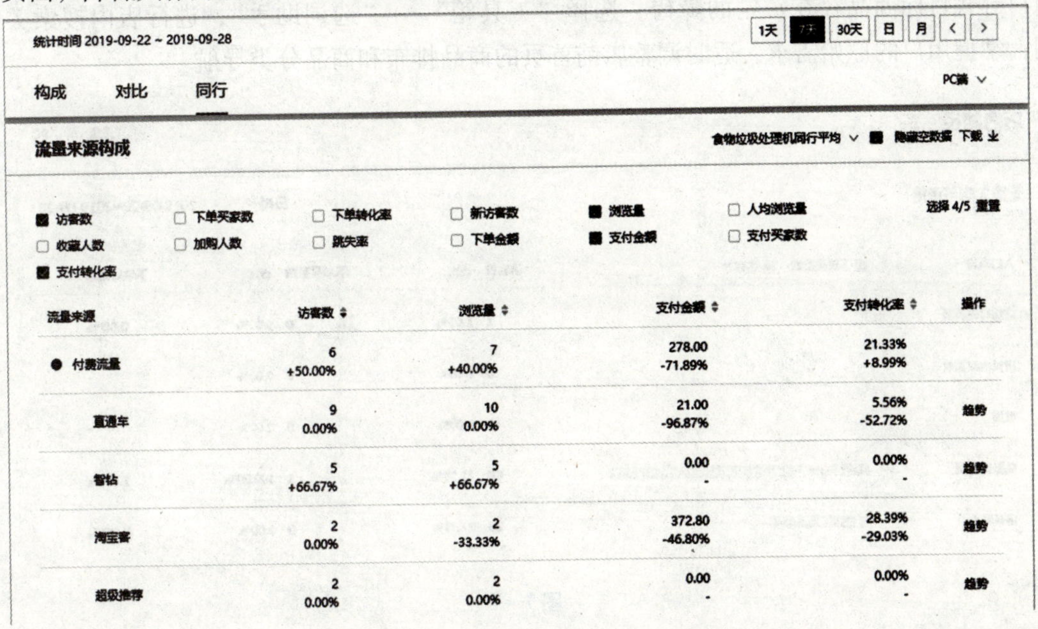

流量来源	访客数	浏览量	支付金额	支付转化率	操作
付费流量	6 +50.00%	7 +40.00%	278.00 -71.89%	21.33% +8.99%	
直通车	9 0.00%	10 0.00%	21.00 -96.87%	5.56% -52.72%	趋势
智钻	5 +66.67%	5 +66.67%	0.00 -	0.00% -	趋势
淘宝客	2 0.00%	2 -33.33%	372.80 -46.80%	28.39% -29.03%	趋势
超级推荐	2 0.00%	2 0.00%	0.00 -	0.00% -	趋势

图7-5

图 7-6

3. 店内路径的作用

(1) 掌握入店后不同店铺页面之间的流转关系，验证是否按照既定路线和比例流转，发现问题页面类。

(2) 掌握店内各类页面的单页面流量，明确活动页面的冷热度，确定活动力度的调整方案。

4. 店内路径如何分析

(1) 查看店内各类页面的流量分布，具体如图 7-7 所示。

①关注宝贝详情页的流量占比，因为此部分流量相比入店的所有流量更接近下单和支付环节。

②关注店铺首页和店铺自定义活动页面的流量分布，及时调整活动力度。

③关注店铺搜索页的流量，如果出现店内搜索流量过大的情况，说明现有的店铺布局对用户寻找目标商品存在一定的障碍。选择"工具箱"→"选词助手"，进行店内搜索关键词；掌握用户的原始需求，适时调整店铺首页的商品排布和商品分类导航。

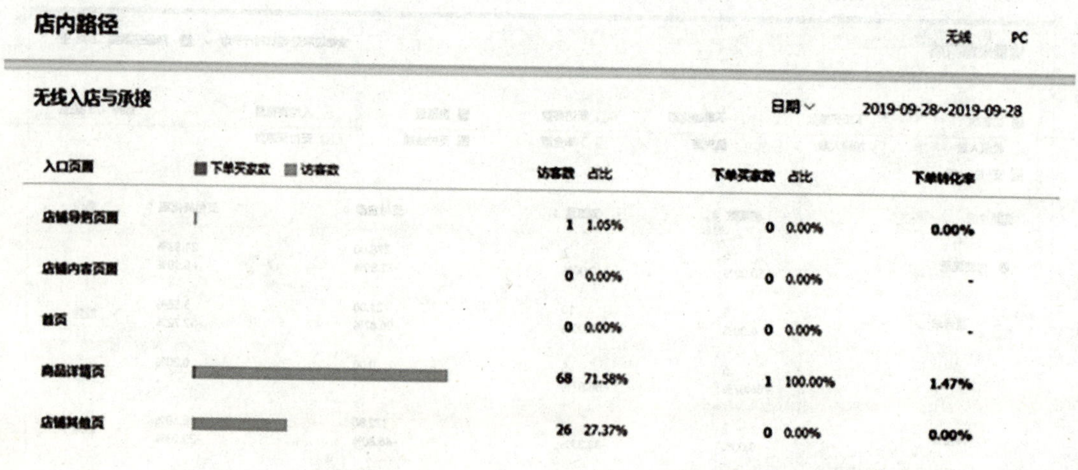

图 7-7

（2）查看店内各类页面之间的流量流转，具体如图7-8所示。

| 店内路径 | | | | | 日期 ∨ | 2019-09-28~2019-09-28 |

店铺导购页面	店铺内容页面	首页	商品详情页	店铺其他页
访客数 5	访客数 1	访客数 1	访客数 77	访客数 26
占比 4.55%	占比 0.91%	占比 0.91%	占比 70.00%	占比 23.64%

来源	访客数	访客数占比
店铺导购页面	1	11.11%
店铺内容页面	1	11.11%
首页	1	11.11%
商品详情页	4	44.44%
店外其他来源	2	22.22%

店铺导购页面
访客数：5

去向	访客数	访客数占比	支付金额	支付金额占比
店铺导购页面	1	12.50%	0	0%
商品详情页	4	50.00%	2,587	100.00%
离开店铺	3	37.50%	0	0%

图7-8

店内流量的流转情况反映的是店内流量流转的通畅度。不同的店内页面类，需要关注的流转路径有所差异。

①首页：关注去向商品详情页和去向分类页的比例结构、首页引导至自定义活动页面的流量，验证效果。

②宝贝详情页：关注去向宝贝详情页的流量比例，衡量宝贝之间流量流转是否通畅。

③店铺自定义页：关注去向店铺自定义页的流量比例，衡量活动对商品流量导入的有效性。

（3）查看各类页面中的TOP流量页面，具体如图7-9所示。

| 页面访问排行 | | | | | 日期 ∨ | 2019-09-22~2019-09-28 | ⬇下载 |

店铺导购页面	店铺内容页面	首页	营销活动页面	商品详情页	店铺其他页
访客数 38	访客数 7	访客数 38	访客数 2	访客数 4,379	访客数 321
占比 0.79%	占比 0.15%	占比 0.79%	占比 0.04%	占比 91.52%	占比 6.71%

排名	访问页面	浏览量	访客数	平均停留时长
1	全部宝贝页	102	34	13.31
2	分类入口页	16	3	6.25
3	分类结果页	13	3	42.84
4	搜索结果页	3	3	112.66
5	搜索入口页	2	1	119.50

图7-9

了解各类页面中被访客浏览最多的页面，通过浏览量、访客数、平均停留时长来评估各类页面的吸引力情况，加强对热访页面的重视。若重点页面的流量不符合预期，应及时调整流量导入的机制；若重点页面的停留时长不符合预期，应及时调整页面布局和内容以增加页面的吸引力。

5. 去向分析的作用

分析离开店铺的主要页面有哪些，从出口页面的调优上解决转化跳失过高的问题。通过了解访客去向，进一步识别访客离开店铺的原因，扬长避短。

6. 如何进行去向分析

查看离开访客数高、浏览量占比大的页面，如图 7-10 所示。查看不同的去向，了解用户离开后的去向，推断离开的意图。

用户去向通常可分为 3 类。第一类也是最多的去向是购物车、买家后台的我的淘宝、收藏夹等，并未前往搜索其他店铺或离开淘宝，所以用户对店铺的不满意程度相对较轻；第二类是淘宝内活动或导购类频道页面，可以推断用户未有明确的去向页面，而是偏逛的状态；第三类是淘宝站外。此时，可以查看离开后的目标页面对应的离开人数和占比。

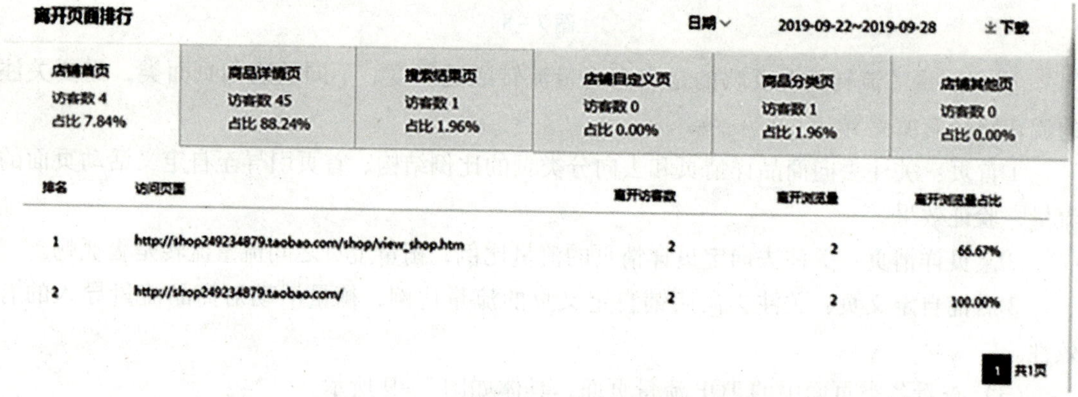

图 7-10

7.2 订单分析

7.2.1 解读成交转化率漏斗模型

成交转化率是一个重要的指标，这个指标关系到店铺的成交人数，同时该指标还与店铺的定位、宝贝的定价有着最直接的关系。其具体关系如下：

全店的销售额 = 成交人数 × 客单价

成交人数 = 访客数 × 全店的成交转化率

如何提高店铺的访客数，很重要的一点就是吸引更多的新客户，不管是投放直通车广告，还是做钻石展位推广，目的都是吸引更多的新客户和回头客，提高回头客的再次购买率。

店铺的访客数经过漏斗的过滤，最后转变成为成交人数，如图 7-11 所示。

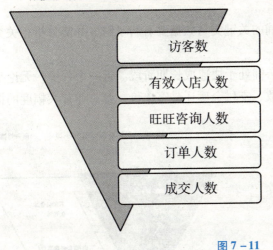

图 7–11

成交转化率漏斗模型的第一层是有效入店率，第二层是旺旺咨询率，第三层是旺旺咨询转化率和静默转化率，第四层是订单支付率，第五层是成交转化率。

1. 有效入店率

衡量访客是否流失的一个很重要的指标就是访客跳失人数，跳失人数指访问店铺一个页面就离开的访客数。与跳失人数相反的是有效入店人数，有效入店人数指访问店铺至少两个页面才离开的访客数，即访客数 = 有效入店人数 + 跳失人数。所以成交转化率漏斗模型第一层就是有效入店率，有效入店率 = 有效入店人数/访客数，跳失率 = 跳失人数/访客数。

对于一个店铺来说，要尽可能地降低全店的跳失率，增加全店的有效入店人数。注意，当访客到达店铺，直接点击收藏、旺旺咨询、购物车、立即订购后离开店铺都应该算有效入店。

2. 旺旺咨询率

旺旺咨询率 = 旺旺咨询人数/访客数

3. 旺旺咨询转化率和静默转化率

旺旺咨询转化率 = 旺旺咨询成交人数/旺旺咨询人数

但店铺里还会存在部分用户（特别是老客户），因为对店铺非常认可了，在购买时不咨询客服就直接下单，所以在成交转化率漏斗模型第三层中有"静默转化率"这个指标。

静默转化率 = 静默成交人数/静默访客数

静默成交用户指未咨询客服就下单购买的用户。

4. 订单支付率

订单支付率 = 成交人数/订单人数

5. 成交转化率

成交转化率 = 成交人数/访客数

7.2.2 交易数据分析

作为一个运营者或者管理者,对店铺的关键交易数据要有所了解,并能分析相关交易数据增加或减少的原因。

从图7-12的交易数据图来看,该店铺处于快速成长期阶段。近一个月里,无论是访客数、下单买家数、下单金额、支付买家数、支付金额还是客单价,都有非常大幅度的提升。

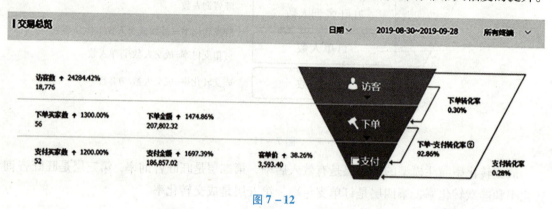

图7-12

但是最近7天的交易数据却显示店铺最近一段时期的经营出现了较大问题,具体如图7-13所示。

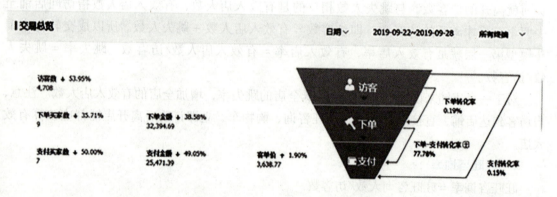

图7-13

借助统计术语环比和同比来分析趋势,本期统计数据与上期比较,如2019年9月与2019年8月比较,称为环比;本期统计数据与历史同时期比较,如2019年9月与2018年9月比较,则称为同比。从图7-13来看,该店铺最近一周客单价环比增加67.72元,但全店支付金额却下跌了49.05%,下单买家数减少了7个。有57.14%的访客来到店铺首页,但没有做一定时间的停留浏览,而是直接就离开了,有99.90%的访客看了主力宝贝,没有转化就离开了页面。这时作为店铺管理者,就需要赶紧了解一下店铺已有访客的特征,然后思考店铺的品类规划、店铺首页布局、商品详情页设计该如何迎合访客的喜好,以便更容易让其下单。

7.3 客户分析

对于电子商务来说，维护一个老客户的成本要远远低于开发一个新客户的成本。分析客户购买频次的目的是寻找最有价值的客户，提高用户网店黏性，尽量多地满足老客户的需求。

客户购买频次即客户在某一时间段内购买的次数。它能够反映客户购物的活跃度，频次越高，其活跃度也越高，客户对于网店的价值也就越大，网店的黏性也就越大。商家通常可以用以下3种方式来增加网店黏性，提高客户购买频次。

1. 客户活跃度分析

客户活跃度可以从平均访问次数、平均停留时间、平均访问深度3个方面进行提高。只要提高这3个数据，自然可以提高客户活跃度。

2. 客户流失分析

分析客户流失，需要通过数据分析发现潜在流失客户名单，设定一个"挽回方案"，尽可能留住需要的客户。最好依据客户的购买记录和行为轨迹，找出他们需要的商品，做出针对性的促销活动挽回这些客户。但是，对这些客户只能是适当关怀，而不要形成骚扰，否则只会把客户"越推越远"。

3. 提高客户平均停留时间

客户停留在店铺中的时间越长，就越有希望购买其中的商品，从而提高购买频次。网店通常可以根据客户的浏览历史记录和购买记录做商品的选择分析，动态地调整网店页面，向客户推荐、提供一些特有的商品信息和广告，从而使客户能够继续保持对网店的兴趣。

值得注意的是，购买频次的高低判定需要结合具体的商品，如奢侈品和耐用品的购买频次一般来说会比快速消费品低。

参 考 文 献

[1] 蔡雪梅. 网店美工实战教程［M］. 北京：人民邮电出版社，2017.
[2] 闫寒. 网店美工与视觉设计［M］. 北京：人民邮电出版社，2018.
[3] 李星. 网店营销与推广［M］. 北京：人民邮电出版社，2019.
[4] 葛青龙. 网店运营与管理［M］. 北京：电子工业出版社，2018.
[5] 淘宝大学. 网店运营［M］. 北京：电子工业出版社，2018.
[6] 贾真. 淘宝天猫店是如何运营的：网店从 0 到千万实操手册［M］. 北京：电子工业出版社，2017.
[7] 麓山文化. 淘宝网店/微店全攻略：开店＋装修＋拍摄＋推广＋客服［M］. 北京：人民邮电出版社，2016.
[8] 张发凌，姜楠，韦余靖. 淘宝网店运营、管理一本就够［M］. 北京：人民邮电出版社，2017.
[9] 千里鹿. 淘宝天猫运营实战技巧精粹［M］. 北京：人民邮电出版社，2017.
[10] 朱志明. 网店货物管理全程指导［M］. 广州：广东经济出版社，2010.
[11] 仲小建. 转化率：淘宝天猫运营 100 招［M］. 北京：电子工业出版社，2018.
[12] 夕阳. 淘宝直通车推广全攻略［M］. 北京：电子工业出版社，2017.
[13] 新突破电商. 淘宝客服：把任何东西卖给任何人［M］. 北京：电子工业出版社，2017.
[14] 罗芳. 淘宝天猫电商运营与数据分析［M］. 北京：中国铁道出版社，2019.
[15] 淘宝大学. 网店运营、美工视觉、客服（入门版）［M］. 北京：电子工业出版社，2018.
[16] 芮曦（小马鱼）. 我在阿里做运营［M］. 北京：电子工业出版社，2018.